HISTOIRE

DU GÉNÉRAL

DE SONIS

PAR

J. DE LA FAYE

HUITIÈME ÉDITION

PARIS

BLOUD ET BARRAL, ÉDITEURS

4, RUE MADAME

HISTOIRE

GÉNÉRAL DE SONIS

GÉNÉRAL DE SONIS

HISTOIRE

DU

GÉNÉRAL DE SONIS

PAR

J. DE LA FAYE

Edition illustrée de HUIT gravures hors texte

PARIS

BLOUD ET BARRAL, LIBRAIRES-ÉDITEURS

4, RUE MADAME, ET 59, RUE DE RENNES

AU GÉNÉRAL DE CHARETTE

Permettez-moi de vous dédier la vie du Général de Sonis.

S'il vous revient l'honneur d'avoir déployé l'Etendard du Sacré-Cœur dans ces plaines de Patay où flottait la bannière de Jeanne d'Arc, à lui revient celui d'avoir fait retentir le cri de : Vive Pie IX ! Vive la France ! dans cette terrible journée de Patay, où grâce à l'héroïque bravoure de Sonis, à votre vaillance et à celle de vos zouaves, on put dire comme François Ier à Pavie : « Tout est perdu, fors l'honneur. »

Un jour, le Général de Sonis vous écrivait : « Je mets ma main dans la vôtre ; tout doit être commun entre nous : joies, douleurs et sacrifices. »

C'est en souvenir de l'union de vos deux âmes, si bien faites pour se comprendre et qu'animait un même esprit de foi et de patriotisme, que je veux inscrire votre nom au frontispice de cet ouvrage.

En le plaçant sous votre égide, mon Général, au moment où il va franchir peut-être témérairement les limites du cercle restreint pour lequel il était écrit, je lui assure la bienveillance du public qui connaît votre dévouement à toutes les nobles causes et qui lira avec intérêt cette étude, destinée à montrer « ce que peuvent des chrétiens et des hommes de cœur ».

Croyez, mon Général, à mes sentiments de profonde sympathie et de respectueuse admiration.

Jacques de la Faye.

AVANT-PROPOS

Le général de Sonis n'est pas un moderne.

Par l'ardeur de sa foi, l'inébranlable fermeté de ses convictions et de son caractère, il est le contemporain de ces chevaliers sans peur et sans reproche dont les noms rayonnent aux premières pages de nos annales et pour lesquels, suivant la belle pensée de Mgr Freppel, « la croix et l'épée étaient le double symbole d'un même sacrifice ».

La croix et l'épée, ces deux mots qui résument toute la vie du général de Sonis, expliquent également le motif qui nous a fait entreprendre son histoire et le but que nous nous sommes proposé.

Dieu ne fait rien au hasard, et il nous a semblé que sa souveraine sagesse n'avait fait apparaître, en notre triste fin de siècle, cette âme vaillante et énergique, que pour montrer à la France troublée, meurtrie par cent ans de révolutions et de scepticisme, la magnifique beauté, la sublime grandeur d'une âme vraiment chrétienne.

L'Ecriture sainte dit en parlant du Juste : « Sa mémoire ne périra pas, et son nom, comme un bel héritage, sera légué à ses enfants. » Mais, quand ce Juste a joué un rôle dans le pays, quand il a tenu une épée comme le général de Sonis, sa mémoire n'appartient plus seulement à ses enfants : l'Eglise et la Patrie ont leur part de ce bel héritage qui les glorifie toutes deux.

C'est donc le chrétien et le soldat qui feront surtout l'objet de cette étude.

Par respect pour une douleur bien récente encore, nous ne ferons qu'effleurer le côté plus intime de la vie du Général et seulement pour ne pas laisser incomplète cette attirante physionomie, qui sous tant de rapports éveille le souvenir des héroïques et légendaires figures de notre vieille histoire nationale.

Loyal et désintéressé comme Bayard, se jetant comme lui dans la mêlée pour arrêter un désastre, le général de Sonis a la foi profonde et naïve de saint Louis, son indomptable fermeté de caractère, sa charité à toute épreuve. Quant à son humble amour du Dieu crucifié, il rappelle celui de Godefroy de Bouillon qui ne voulait pas porter une couronne d'or dans cette Jérusalem où Jésus avait été couronné d'épines... De tels exemples ne sauraient trop être connus, car ils relèvent les courages et parfois arrêtent les défaillances.

C'est pourquoi, au lendemain de ce funèbre 15 août 1887, qui mettait en deuil non seulement une famille, mais encore l'Eglise et l'armée, qui perdaient dans le général de Sonis un de leurs plus dévoués serviteurs, nous nous sommes mis résolûment à l'œuvre.

Nous avions la bonne fortune de connaître tout particulièrement des amis, des compagnons d'armes du général de Sonis ; nous avons fait appel à leurs souvenirs, nous avons feuilleté les pages de notre histoire militaire, compulsé les documents officiels, recueilli dans les livres et les journaux contemporains les échos de cette existence de soixante-deux ans, si bien remplie à tous les points de vue. Tous ces souvenirs et tous ces documents publics ou intimes, nous les avons réunis, groupés, enchaînés les uns aux autres ; notre travail n'est que l'humble fil de soie qui rattache entre elles ces perles précieuses... Magnifique parure d'une âme qui s'oubliait et s'effaçait toujours !...

Dans notre pensée, cette étude devait être beaucoup plus restreinte ; mais la moisson était si abondante, qu'en glanant ainsi de côté et d'autre, les épis ont formé une superbe gerbe et la notice est devenue un livre pour ainsi dire malgré nous... Dieu veuille qu'il remplisse complètement son double but : faire connaître et aimer le soldat chrétien qui s'est appelé le général de Sonis et rappeler les grands événements auxquels il s'est trouvé mêlé. Ces événements sont l'histoire de notre France pendant un demi-siècle.

Quelques-uns, comme les expéditions du Maroc et du Sud Algérien, sont déjà presque oubliés ! Et pourtant, si les victoires remportées sur les grands chefs arabes furent moins brillantes que celles de la campagne d'Italie, elles eurent un résultat plus durable pour la grandeur nationale. Tandis que les unes ouvraient, hélas ! la route de l'Alsace aux Allemands, les autres affermissaient notre influence en Algérie et achevaient la conquête entreprise par Charles X.

Nous avons donc cru devoir faire une assez large part à ces deux expéditions. Malgré nos efforts, il nous a été impossible d'éviter l'aridité de certains détails militaires indispensables à la clarté de notre récit ; on nous les pardonnera, car ils aideront à mieux connaître la vaillance, le dévouement, l'abnégation de nos officiers et de nos soldats, et se rappelant le mot de Jeanne d'Arc : « *Pour punir les péchés des hommes, Dieu permet la perte des batailles* », nos lecteurs chercheront peut-être dans un châtiment divin le secret des douloureuses défaites d'il y a vingt ans !

Aux côtés du général de Sonis, à l'heure terrible de l'invasion, se dressent un chef et des soldats que leur dévouement à la cause de Pie IX avait déjà rendus célèbres... Nous voulons parler du baron de Charette et des zouaves de Lamoricière, devenus sur les bords de la Loire les volontaires de l'Ouest.

Leur souvenir est si intimement lié à celui du général de Sonis, qu'il nous a semblé nécessaire de raconter cette touchante épopée, qui se commence sous les murs de la Ville éternelle, assiégée par le descendant de la pieuse maison de Savoie, se déroule à travers les plaines glacées de la Beauce et du Maine, pour s'achever au pied du Saint-Sacrement dans une chapelle de Bretagne, comme une légende de chevalerie.

Au second plan, dans la demi-teinte, nous avons esquissé la belle figure de Mgr Lavigerie, avec

celles des compagnons d'armes du général de Sonis:
les Montalembert, les Fenin, les Pélissier, les Mac-
Mahon, les Ladmirault, les Galliffet, les de Colomb.
Toutes ces silhouettes africaines, celle de l'apôtre
et celles des soldats, ne peuvent qu'ajouter un reflet
de plus à la gloire de notre héros.

Nous avons également indiqué les fiers profils
des grands vaincus de la Loire : La Motte-Rouge,
d'Aurelles de Paladines, Martin des Pallières, Chanzy;
sans avoir une foi aussi ardente que celle du général
de Sonis, tous étaient des croyants, avec lui ils ont
essayé d'arrêter le flot allemand c   mme lui ils
sont morts du deuil de la Franc

Enfin, l'âme comme le visag   . trait principal
qui lui donne son cachet de personnalité.

Ce qui caractérise l'âme de M. de Sonis, c'est la
résignation. Nous avons donc essayé d'en faire ressortir le côté profondément chrétien et énergique.

Si le général de Sonis a été un des privilégiés de
l'épreuve, il n'en a jamais été écrasé. Avec la vierge
Marie pour laquelle il avait une dévotion toute filiale,
ce vaillant est toujours resté debout au pied de la
Croix, les yeux sur le divin Crucifié. Puisse son
exemple consoler quelques affligés, en les entraînant
au delà des tristesses et des souffrances de cette vie
passagère, dans un sublime *sursum corda*!

Maintenant notre œuvre est terminée.

Puissent ces pages, toutes vibrantes de respectueuse admiration pour celui qui les a inspirées,
rendre plus lumineuse encore l'auréole qui entoure
déjà le nom du général de Sonis.

Puisse l'exemple de son patriotique dévouement développer dans les âmes l'amour de Dieu et de la Patrie !...

Si faible et si imparfait que soit ce travail, nous demandons à Dieu de le bénir et de le faire servir à sa gloire et à l'honneur de la France !

JACQUES DE LA FAYE.

Paris, 1er mars 1890.

HISTOIRE

DU

GÉNÉRAL DE SONIS

CHAPITRE PREMIER

SOMMAIRE

La famille de Sonis. — Tremblement de terre à la Martinique. — Revers de fortune. — Naissance de Gaston de Sonis. — Départ pour la France. — Mort de Mme Charles de Sonis. — Etudes au collège Stanislas. — Première communion. — Entrée à Juilly. — Ses camarades. — Composition sur Jeanne d'Arc.

La famille de Sonis, qui se rattache aux vieilles souches françaises, était depuis longtemps établie aux Antilles, quand Louis-Gaston de Sonis vint au monde, le 25 août 1825.

Son père, Jean-Baptiste-Charles de Sonis, était alors

officier d'ordonnance du gouverneur militaire de la Guadeloupe. Comme beaucoup de créoles, il était venu en France terminer ses études, mais les enchantements et les séductions de Paris ne lui firent pas oublier l'île natale, et quand il eut conquis ses épaulettes de lieutenant, il demanda et obtint sa rentrée aux Antilles, où l'appelaient ses intérêts de fortune et de famille.

M. de Sonis eut bientôt l'occasion d'y connaître une jeune femme d'une grande distinction dont la tristesse et la beauté le frappèrent profondément. C'était Mlle Sylphide de Bebian. Elle avait dix-huit ans et était déjà veuve d'un gentilhomme qui appartenait à une des plus anciennes familles du Poitou : M. de Janvre de Lestortières. Elle vivait seule et retirée avec son enfant, une petite fille qu'elle adorait. Ce ne fut ni sa fortune, ni sa naissance, ni même son charme et sa grâce de créole qui séduisirent M. de Sonis, mais les qualités sérieuses et attachantes de son esprit et de son cœur.

Quant à Mme de Janvre, déjà mûrie par le malheur, elle apprécia promptement la droiture et la loyauté chevaleresque de M. de Sonis. Elle reconnut en lui une si rare élévation de pensées et de sentiments qu'elle n'hésita pas à lui confier non seulement son bonheur, mais aussi celui de sa petite Joséphine, qu'elle aimait tendrement et qui allait retrouver près de lui une affection paternelle. Un lien doux et indissoluble unit bientôt ces deux âmes si chrétiennes que les épreuves inséparables de la vie attendaient, mais à qui étaient réservées les joies saintes du foyer et les ineffables consolations de ceux qui savent s'aimer en Dieu.

Les biens de ce monde sont fragiles, et, fussent-ils durables, ils ne suffiraient pas à rendre l'homme heureux ; le bonheur véritable n'existant que dans la parfaite union des intelligences et des cœurs.

Le terrible tremblement de terre de la Martinique, qui arriva bien peu de temps après leur mariage, prouva au gentilhomme combien il avait eu raison de ne pas établir son bonheur sur les roues dorées de la fortune et de demander d'autres trésors que la richesse à la compagne de sa vie, car la plus grande partie des terres qu'il possédait fut engloutie dans le cataclysme.

M. et Mme de Sonis avaient l'âme trop élevée pour se laisser abattre par ce désastre.

Ils étaient unis par une véritable affection, et surtout ils avaient foi en cette divine Providence qui prend soin du lys des champs et des oiseaux du ciel ; et de même qu'un caillou tombé de la montagne ne peut que rider la surface du lac sans en altérer la profondeur, de même le charmant intérieur des Sonis, un instant troublé, reprit son calme et sa sérénité.

La naissance d'une petite fille(1) était venue d'abord réjouir ce doux foyer.

Puis, le 25 août 1825, Dieu donnait à M. et Mme de Sonis un fils dont l'héroïsme et la sainteté devaient

(1) Aline, qui devint plus tard Mme Flandin. Elle mourut très jeune, ne laissant qu'un fils.

illustrer à tout jamais leur nom déjà noblement porté.
La Providence, en choisissant pour la naissance de cet
enfant si ardemment désiré le jour de la fête de saint
Louis, semblait indiquer pour son patron le saint roi
de France. Les parents le comprirent ainsi et répon-
dirent à cette invitation en donnant à leur fils, avec
le nom de Gaston qui lui était destiné, celui de Louis.

L'enfant devait être digne d'un tel patronage.

En étudiant cette existence de soixante-deux ans,
remplie tout entière par la pratique surélevée des
devoirs d'état, par l'amour de Dieu, de la Patrie, de
la famille, sans une seule défaillance de caractère,
on fait un involontaire rapprochement entre le grand
saint du XIIIe siècle et le héros contemporain

Les âmes sont de même trempe, et c'est vers le
même but qu'elles dirigent leur envolée.

Saint Louis se glorifiait d'être le *sergent du Christ;*
l'illustre mutilé de Loigny ne voudra sur sa tombe
que ces deux mots : « *Miles Christi !* » soldat du
Christ.

L'inoubliable catéchisme est celui qui s'apprend
sur les genoux maternels. Les grands chrétiens ont
toujours pour mères de pieuses femmes; comme si la
foi des fils était la récompense de la vertu des mères.

Mme Charles de Sonis était à la hauteur de cette
sublime mission. Ses enseignements, ses exemples
gravèrent au plus profond de l'âme de ses enfants ce
souverain amour de Dieu, dont l'héroïsme étonne en
notre siècle matérialiste et sceptique.

La vie s'annonçait douce et souriante pour Gaston,
qui s'épanouissait joyeusement sous le beau climat de

la Guadeloupe, dans la bienfaisante atmosphère familiale.

Sa nature affectueuse, la douceur de son caractère, la précocité de son intelligence le rendaient l'idole de ses sœurs ; quant à ses parents, ils remerciaient la Providence chaque jour du trésor qui leur était donné et veillaient avec un soin jaloux à ce que rien ne déformât cette petite âme d'élite.

La naissance d'une troisième fille (1) et, bientôt après, celle d'un second fils (2), vinrent ajouter au bonheur de l'heureuse famille... Gaston prenait très au sérieux ses devoirs d'aîné. Il y avait six ans de différence entre lui et son frère, et rien n'était touchant comme la sollicitude grave dont il l'entourait.

M. et Mme de Sonis mettaient d'ailleurs tout en œuvre pour développer cette affection fraternelle qui est d'un si grand secours dans les luttes de la vie. Dieu bénit leurs efforts, et l'union la plus parfaite régna toujours entre leurs enfants.

L'épreuve est le creuset où se perfectionnent les âmes. A peine au seuil de la vie, le grand vaincu de Patay allait être jeté dans cette douloureuse fournaise.

Il avait à peine sept ans quand le capitaine de Sonis fut rappelé en France. M. de Bebian, le grand-père de Gaston, était alors si gravement malade que sa fille dut rester près de lui ; la séparation fut douloureuse.

Le père emmena les trois aînés, la mère garda

______

(1) Marie. Mourut au Carmel de Poitiers.
(2) Théobald.

les deux plus jeunes et l'on se dit tristement au revoir.

Hélas ! ce revoir ne devait pas exister pour Mme de Sonis. La maladie de M. de Bebian se prolongea pendant plusieurs mois. Après avoir pieusement fermé les yeux de son père, la jeune femme se disposait à aller rejoindre son mari et ses enfants. Mais Dieu en avait décidé autrement et il appela à lui cette douce et sainte femme, dont l'âme remonta au ciel pour conduire et protéger de là sa famille comme elle la conduisait sur la terre, par la force de sa raison, la bonté de son cœur et le charme de son esprit.

La douleur de M. de Sonis fut immense. Il regrettait amèrement de n'avoir pu revoir la femme aimée dont la mort rompait une heureuse union qui n'avait jamais été troublée, et il fut frappé au cœur d'un coup terrible dont il ne se remit jamais.

Cette première douleur laissa des traces profondes dans l'âme impressionnable de Gaston, et le souvenir de cette mère adorée, dont la tendresse avait été le rayon de soleil de son enfance, fut la sauvegarde de sa jeunesse isolée.

Quand l'ange de la mort emporte une jeune mère, c'en est fait de la vie de famille et le foyer se glace avec son dernier regard et son dernier sourire. En arrivant en France, M. de Sonis, trop absorbé par les exigences de sa carrière pour veiller sur ses enfants, avait dû se résigner à les confier à d'autres mains : Joséphine et Aline furent mises au couvent et Gaston au collège Stanislas.

Depuis la trop fameuse ordonnance de Charles X qui

avait fermé les établissements des Jésuites, ces maîtres toujours aimés et vénérés de ceux qui les ont connus, le collège Stanislas avait pris un très grand développement ; sa direction ecclésiastique étant une garantie pour la conscience des pères de famille qui mettent en première ligne l'éducation morale et religieuse.

Les débuts furent terribles pour le pauvre petit créole , soudainement transplanté parmi des inconnus.

Tout lui manquait à la fois, et la douce intimité de famille et le beau soleil du pays natal.

Il frissonnait dans ces jardins entourés de hautes murailles, dans ces longues salles d'études, dans ces grands dortoirs blanchis à la chaux, si froids et si tristes à l'œil.

Habitué à partager les jeux paisibles de ses sœurs, il était au milieu des ses bruyants camarades comme une gazelle effarouchée.

L'intelligente sollicitude dont il fut entouré, l'aida à surmonter cette inévitable sensation d'isolement qui glace à leur début de collégiens les enfants habitués à la douce et bonne vie de famille. Devinant les trésors d'énergie de cette âme si féminine à la surface, ses maîtres firent appel aux sentiments chrétiens de leur élève. Gaston de Sonis connaissait déjà cet austère langage du devoir généreusement accompli, du sacrifice vaillamment accepté, et les exhortations du vénérable directeur de Stanislas, l'abbé Augé, et du pieux aumônier, l'abbé Froment, n'étaient que l'écho des voix aimées de son père et de sa mère.

Docile à ce qu'on lui disait être la volonté divine, l'enfant se soumit aux exigences et aux ennuis de la vie de collège ; il s'y créa vite des amis et s'y trouva heureux.

Le moment était d'ailleurs bien choisi pour évoquer les sentiments de foi que Gaston avait reçus dans sa famille. Il avait onze ans et se préparait à sa première communion avec une ferveur qui le rendait l'exemple de tous ses camarades.

Ce grand acte de la vie religieuse accompli, M. de Sonis retira son fils de Stanislas. Les circonstances qui motivèrent cette décision ne sont pas arrivées jusqu'à nous ; toujours est-il que l'enfant en eut un profond chagrin.

Encouragé par la bienveillance de ses professeurs, il s'était habitué à la discipline du collège, aux bruyants ébats de ses condisciples, et la pensée de se trouver de nouveau avec des inconnus l'épouvantait.

Si rapide qu'eût été son passage à Stanislas et malgré les inévitables tristesses du début, Gaston de Sonis conserva un reconnaissant souvenir de l'école où s'était faite sa première communion, et plus tard, quand le collégien fut devenu le soldat que toute l'Europe connaît, il tint à honneur de faire partie de l'association des anciens élèves.

A la rentrée suivante, en octobre 1837, nous trouvons Gaston à Juilly.

Juilly, dont le nom seul évoque le souvenir de nos plus belles et plus nobles illustrations. C'est, dans le passé : La Fontaine, Berwick, Villars..... Hier, le comte de Bonald, Berryer, Bethmont, les généraux de Narbonne, Rohault de Fleury, Dubern, les amiraux Duperré, de Mackau et tant d'autres..... Tous, hommes d'épée ou hommes de plume, ayant pour unique devise la belle maxime de Malebranche (1) : « Il faut être homme, chrétien et Français. »

Depuis 1790, les Oratoriens (2) n'existaient plus en France. Ils avaient sombré dans la tourmente révolutionnaire avec les fils de saint Dominique et de saint Benoît, et comme eux ils semblaient écrasés à jamais sous les calomnies et les sarcasmes de Voltaire et de ses disciples.

Mais ce qui est de Dieu ne meurt pas. La plume d'or de Chateaubriand, plus tard celle de Montalembert, commencèrent l'œuvre de réhabilitation que devait achever la parole ardente des Lacordaire, des Ravignan, des Petetot, des Guéranger. A la voix de ces apôtres, la vie monastique sortit de son tombeau, et les cloîtres abandonnés se repeuplèrent comme par miracle.

En 1837, cette merveilleuse résurrection ne s'était pas encore accomplie. Les préjugés amoncelés par les soi-disant philosophes du xviii° siècle étaient à peine ébranlés et il fallait un certain courage pour oser les braver en évoquant les grandes figures religieuses de la France d'autrefois.

Cependant si les Oratoriens n'existaient plus, leur

(1) Malebranche était un des professeurs de l'Oratoire. On montre encore à Juilly un marronnier planté par lui.

(2) L'ordre de l'Oratoire, fondé d'abord en Italie par saint Philippe de Néri, fut introduit en France par le cardinal de Bérulle en 1611.

Juilly était toujours debout, rappelant tout un passé
de labeur et de gloire, et les vieilles portes derrière
lesquelles s'étaient formés tant de grandes intelligences, de nobles caractères et de solides chrétiens,
n'avaient été absolument fermées que pendant la Terreur.

En 1796, les PP. Prioleau et Lombois avaient bravement réouvert le collège, et bientôt, grâce à la protection du Premier Consul et de Fontanes, il redevint
aussi brillant que jadis ; mais, la mort de ses zélés
directeurs, la chute de l'Empire, portèrent un coup
fatal à l'antique établissement et, en 1828, il était sur
le point de disparaître, quand les abbés de Salinis et
de Scorbiac, entraînés par la pensée du bien à faire,
reprirent les traditions et les enseignements des Bérulle, des Mascaron et des Malebranche.

Sous leur énergique et intelligente direction, l'école
retrouva son éclat d'autrefois, et lorsque Gaston de
Sonis vint à Juilly, toute une pléiade de jeunes gens
rivalisait de zèle et d'ardeur au travail.

Grâce aux souvenirs d'un de ses anciens condisciples, souvenirs dans lesquels nous avons largement
puisé, nous pouvons suivre de Sonis dans sa vie
d'écolier : au cours, à la chapelle, au réfectoire et au
manège. La même affinité de pensées et de sentiments, la même délicatesse de cœur et d'esprit unis-
sait ces jeunes gens qui, devenus presque tous des
hommes remarquables, restèrent fidèlement attachés
au général. Parmi eux se trouvaient Gaston Tristan
de l'Hermite, Henry Lamy de la Chapelle, de Sannois,
un créole parent de l'impératrice Joséphine ; de Lupel,

qui devint beau-père d'un Montalembert; les Chagot, deux catholiques dévoués; Mérode, de Moyencourt, de Cools, aujourd'hui général; du Authiers, de Baze, qui, officier d'artillerie, abandonna sa carrière pour suivre Lamoricière et défendre Pie IX, d'Arcangue, Palengas, etc.

La vie de collège est si forcément uniforme qu'elle semble devoir effacer la personnalité des adolescents, tous courbés sous la même règle; et pourtant, au travers de cette uniformité qui les enveloppe comme d'un filet, les caractères se dessinent, les tendances s'accentuent, et il est presque toujours facile à un esprit attentif d'entrevoir l'homme dans l'écolier.

Cependant je ne crois pas que les pieux et savants successeurs des Oratoriens aient jamais prévu que le nom du jeune créole confié à leurs soins s'ajouterait à la liste déjà si longue des glorieux élèves de Juilly.

« Gaston de Sonis, m'écrivait un de ses anciens
« condisciples, était dans les quinze premiers de sa
« classe (1). C'était un bon élève, pieux et modeste,
« nous séduisant tous par son aménité, sa franchise,
« sa tenue pleine de grâce, aristocratique et simple à
« la fois... La délicatesse de ses traits, aussi bien que
« son habituelle douceur de caractère, lui avait fait
« donner par son camarade de Lupel, le surnom de
« Mlle de Sonis.

« Il était cependant très énergique et le prouvait
« bien en dominant son tempérament riche, mais
« très créole, et parfois dans ses yeux noirs on

(1) La classe comptait quarante élèves.

« voyait passer des éclairs qui faisaient pressentir le
« vaillant. »

C'était surtout au manège que s'allumaient ces
belles flammes dont la séduction transfigurait son
visage aux lignes un peu trop féminines.

Chaque année, au printemps, les directeurs de
Juilly faisaient venir un peloton de fort beaux chevaux et confiaient leurs élèves à deux écuyers en re-
nom, MM. Leblanc et de Fitte.

« ..... Alors, nous a raconté un des émules du
« général, Sonis sortait de son calme habituel et le
« brillant officier de cavalerie se révélait déjà par sa
« hardiesse à attaquer les chevaux les plus vigoureux
« et les plus indociles de l'écurie. »

Cette passion du cheval, cette hardiesse qui devenait presque de la témérité, suivit notre héros jusqu'à
la fin de sa carrière, et même après l'horrible amputation de Loigny, il ne voulait monter que des chevaux
jeunes et ardents. C'était la seule vanité de ce grand
chrétien.

Après l'équitation, ce qui captivait le plus Gaston
de Sonis, c'était l'histoire, surtout l'histoire du moyen-
âge.

Il se retrouvait en famille, avec ces croyants et ces
héros, qui s'en allaient à travers le monde, visière
baissée et lance haute, pour défendre toutes les justes
et saintes causes.

De tous temps, l'enseignement de l'histoire avait
été en grand honneur dans les écoles d'Oratoriens.

Tandis qu'au xviiie siècle l'Université attardait encore la jeunesse française sur les hauts faits des Grecs et des Romains, les disciples du cardinal de Bérulle s'appliquaient surtout à lui faire connaître les origines de la Patrie et les phases tour à tour sombres et glorieuses qu'elle avait traversées.

Les directeurs de Juilly conservèrent fidèlement la tradition oratorienne, et à l'époque où Gaston de Sonis s'y trouvait, le cours était confié à Léon Boré, une des autorités du monde de l'histoire.

Le savant professeur avait une prédilection véritable pour le jeune créole, comme s'il eût entrevu l'étroite affinité qui rattachait son élève aux grandes et rayonnantes figures de notre France.

Une circonstance fortuite fit de cette intuition presque une certitude, en révélant l'âme élevée qui se cachait sous la délicate enveloppe de Gaston de Sonis.

La classe de troisième eut un jour pour composition d'histoire la vie et la mission de Jeanne d'Arc.

Un tel sujet était fait pour inspirer des adolescents élevés dans le culte enthousiaste de la Patrie, et il y eut dans ces compositions beaucoup de belles pages, bien françaises. Mais aucune n'égalait celle de Gaston ; non pas sous le rapport de la perfection du travail en lui-même (il ne fut que le troisième), mais au point de vue des sentiments admirables qui s'en dégageaient.

Au travers des lignes, on sentait le souffle d'une âme toute vibrante de foi et de patriotisme. L'émotion fut grande à Juilly. Jamais écolier n'avait écrit avec cette merveilleuse envolée, et Léon Boré, rempli d'admiration pour l'œuvre de son élève, en fit publiquement la lecture.

Trente ans plus tard, l'écolier de Juilly se retrouvait sur ces terres orléanaises si bien entrevues dans sa vision d'enfant.

Comme au temps de Jeanne la Lorraine, le pays était en péril et, comme elle, il accourait de bien loin au secours de la patrie envahie.

Hélas ! Dieu ne protégeait plus la France, et le général de Sonis ne put que baigner de son sang cette terre de Patay (1), illustrée par la grande victoire de 1429. Mais du moins, grâce à son héroïsme et à celui de la poignée de braves qui l'avait suivi, le vieil honneur national était sauf. Et l'histoire dira qu'il fallut l'effort de toute une armée allemande pour avoir raison de quelques centaines d'hommes électrisés par la parole et l'exemple d'un grand soldat chrétien !

(1) C'est dans les plaines de Patay que Jeanne d'Arc livra la grande bataille qui chassa définitivement les Anglais de l'Orléanais.

CHAPITRE II

Mort de M. Charles de Sonis. — Gaston de Sonis à Saint-Cyr et
à Saumur. — Arrivée à Castres. — Son mariage. — Ses deux
sœurs au couvent du Carmel. — Séjour à Limoges. — Ses
amis. — Sa grande piété. — Départ pour l'Algérie. — Expédition de Kabylie.

Le triomphe littéraire du jeune de Sonis, triomphe
que l'épopée de Loigny a rendu inoubliable à ses
anciens condisciples, fut à peu près le seul éclair de
sa vie d'écolier.

En 1844, comme il se préparait à Saint-Cyr, un
nouveau malheur vint le frapper. Son père, profondément atteint depuis la perte de Mme de Sonis, mourut
à Bordeaux, où il était alors en garnison, laissant
aux orphelins ce qui vaut mieux qu'une fortune :
l'héritage d'un nom sans tache et l'exemple d'une
vie droite et chrétienne.

Gaston éprouva un très grand chagrin. Il adorait son père, et la pensée de ne plus le revoir lui causait de cruels déchirements.

Mgr Bougaud, dans un livre admirable (1), nous révèle le secret de cette terrible énigme de la douleur imméritée, qui meurtrit les âmes d'élite et dont parfois s'étonnent et s'indignent les esprits superficiels ; ceux qui ne regardent pas plus loin et plus haut que la terre !

« La douleur, dit l'évêque de Laval, vivifie et
« agrandit les âmes. Elle y met une beauté, une
« grandeur touchante... et sur cette triste terre il
« n'y a jamais eu ni une grande œuvre, ni une grande
« âme sans la douleur... Comme si dans cet atelier
« auguste où se forment les âmes, le génie, la gloire,
« la vertu même ne pouvaient que faire l'ébauche.
« Les derniers traits, ceux que se réserve le Maître,
« sont mis par la douleur.
« Certaines cordes et les plus belles ne vibrent en
« l'homme que quand elles ont été trempées de
« larmes !... La douleur est quelque chose de si insi-
« gne qu'elle ajoute à la beauté elle-même. Au visage
« c'est comme au cœur, on s'embellit d'avoir souf-
« fert. »

Etant donné cette loi divine, il était tout simple que Sonis, à qui Dieu réservait une si magnifique auréole, souffrît et pleurât à l'âge où d'ordinaire la vie n'a que des enchantements et des sourires.

(1) *La Douleur.*

Gaston avait à peine dix-neuf ans, quand s'éteignit M. Charles de Sonis, vaincu par l'isolement et le chagrin.

C'était bien jeune être livré à soi-même.

Mais l'aspirant saint-cyrien était déjà un homme au point de vue moral. Il le prouva bien par la façon dont il remplit dès le premier jour la lourde charge que lui imposait la Providence. S'oubliant lui-même, il n'était occupé que de ses sœurs et de son frère, et cette sollicitude intelligente, dévouée, les suivit toute leur vie sans se démentir jamais.

Une seule de ses sœurs, Aline, était mariée ; quant à Théobald, qui avait à peine quinze ans, il se préparait, guidé par les conseils et les exemples de Gaston, à suivre la carrière militaire qui était, comme l'honneur, traditionnelle dans la famille.

Le 1ᵉʳ décembre 1844, Gaston de Sonis entrait à Saint-Cyr, dans un très bon rang.

Il fut à l'école militaire ce qu'il avait été à Stanislas et à Juilly, un élève modèle, remarquablement docile et studieux ; il avait déjà cet amour du devoir qui a caractérisé toute sa vie. Moins communicatif et plus froid qu'on ne l'est à son âge, il vivait un peu à l'écart, mais le crêpe qui attristait son uniforme expliquait cette attitude, et comme il était très simple et très serviable, ses camarades l'aimaient beaucoup.

Il subit fort brillamment son examen de sortie, et ses dessins exécutés avec un réel talent lui valurent des éloges.

Au mois d'octobre 1846, Gaston arrivait à Saumur.

comme officier-élève. Son habileté de cavalier fut bientôt proverbiale. Personne ne montait avec plus d'intrépidité et de hardiesse que ce brave créole.

Il passa les deux années réglementaires sans aucun incident ; son naturel sérieux l'empêchant de se mêler aux joyeuses et folles équipées qui étaient de tradition à l'école de cavalerie.

En sortant de Saumur, le jeune sous-lieutenant fut envoyé au 5ᵉ hussards, qui partait alors pour Castres.

La garnison n'était pas des plus enviées. Pour la plupart des officiers, c'était presque un exil, et Gaston de Sonis était peut-être le seul parmi ses camarades que la perspective d'un séjour dans cette petite ville perdue au fond du Languedoc n'effrayait pas.

Et cependant le gentilhomme avait tout ce qu'il fallait pour briller dans le monde !

Mais sans avoir encore la grande perfection morale qu'il devait atteindre quelques années plus tard, Sonis était déjà trop profondément chrétien pour se laisser entraîner au plaisir des distractions banales et des triomphes mondains. D'ailleurs la mort prématurée de ses parents, l'obligation de veiller sur son jeune frère et ses sœurs avaient jeté sur sa vingtième année un voile de mélancolie et donné à son caractère une note sérieuse et grave bien au-dessus de son âge.

Tout fait événement dans les petites villes. Donc tout Castres était dans les rues ou aux fenêtres pour voir défiler les cavaliers du 5ᵉ hussards qui arrivaient clairons sonnants et drapeau déployé.

Le soir on donnait aux officiers une fête de bienvenue et Gaston de Sonis y reconnut promptement une jeune fille qu'il avait entrevue le matin et qui avait attiré ses regards.

Elle s'appelait Mlle Anaïs Roger et joignait à une grande distinction physique, un charme exquis de simplicité et de modestie.

Sa famille était une des plus anciennes et des plus considérées de Castres ; Gaston s'y fit présenter et fut bientôt profondément impressionné par l'élévation des idées de Mlle Roger et la candeur de son âme qui se reflétait à travers l'incomparable pureté de ses traits.

De Sonis était seul au monde, les tristesses et l'isolement de sa vie d'orphelin l'accablaient.

Il se demanda si Dieu, dans sa paternelle bonté, n'avait pas mis sur sa route cette charmante et pieuse enfant pour rallumer la flamme éteinte de son foyer désert ; dès lors il chercha toutes les occasions de revoir Mlle Roger afin de mieux la connaître, et il devina promptement, sous cette enveloppe douce et timide, les trésors de courage et d'énergie dont elle donnera plus tard tant de preuves ; et plus que jamais il crut que son bon ange, comme celui de Tobie, l'avait amené dans cette petite ville du Languedoc pour y trouver la compagne de sa vie, la femme forte de l'Écriture, vaillante et dévouée jusqu'à l'héroïsme.

Il alla donc trouver M. Roger, lui parla en termes émus de son affection pour Mlle Anaïs et de son désir de l'épouser. Le père accueillit avec bienveillance la demande du jeune officier, mais il trouvait sa fille trop jeune et la carrière militaire lui paraissait sinon effrayante, du moins peu compatible avec la vie de famille.

Cependant, cédant aux instances de Sonis, il lui promit d'en parler à sa fille. Mlle Roger, avec la réserve et la délicatesse des âmes d'élite, ne dissimula pas à son père qu'elle appréciait la noblesse de cœur et de sentiment de M. de Sonis et qu'elle aimait sa carrière toute de courage, de dévouement et de sacrifices. M. Roger, les voyant attirés l'un vers l'autre, et désireux surtout du bonheur de sa fille, ne fit plus d'objections ; cette union si chrétienne était dans les desseins de la Providence, et le mariage eut lieu le 18 avril 1849.

Peu de temps après ce grand événement, Mlle Joséphine de Janvre de Lestortières entra au couvent. Cette vocation religieuse longuement mûrie et sagement éprouvée la conduisit au Carmel de Poitiers, où elle prit le nom de Marie-Thérèse de Jésus. Sa plus jeune sœur, d'une piété non moins séraphique, vint bientôt l'y rejoindre.

Sonis eut un grand chagrin de cette décision, car il aimait tendrement ses sœurs. Mais le cloître ne tarit pas la source des saintes affections, et derrière le rideau noir qui les séparait du monde, les filles de sainte Thérèse suivaient leur cher Gaston jeté dans l'ardente mêlée de la vie. Lui et elles s'écrivaient aussi souvent que le permettait l'austère règle du Carmel.

Le jeune ménage ne resta pas longtemps à Castres. Le régiment dont M. de Sonis faisait partie fut envoyé à Pontivy. Il n'y passa que quelques semaines pour venir bientôt à Paris.

Le sous-lieutenant profita de ce séjour pour se perfectionner dans son talent de dessinateur et prendre quelques leçons de peinture.

Au mois de septembre 1850, Sonis fut nommé lieutenant dans un régiment de la garnison de Limoges.

Il allait trouver là avec d'anciens et chers camarades de Juilly un prêtre d'une haute intelligence et d'une grande vertu qui devait jeter son âme dans les voies sublimes du renoncement et de la sainteté.

L'abbé de Bogenest (1) appartenait à une vieille famille de la Marche. D'abord avocat, il abandonna très vite les promesses d'un brillant avenir pour entrer dans les ordres ; attaché, aussitôt sa sortie du séminaire, à l'évêché, il prit très vite une immense influence dans le diocèse et dans la ville de Limoges dont il était une des gloires et une des lumières.

C'est à ce pieux ecclésiastique que s'adressa le jeune officier. Leurs deux âmes étaient faites pour se comprendre.

A cette époque déjà lointaine, le chemin de fer n'avait pas encore fait de la province un faubourg de Paris et les villes conservaient un dernier vestige de leur ancienne autonomie.

Parmi les villes du Centre, Limoges était célèbre pour sa fidélité à ses traditions non moins énergiquement maintenues par les gens du peuple que par

(1) Grand-vicaire de Limoges pendant un grand nombre d'années, il refusa plusieurs évêchés pour ne pas quitter son cher diocèse.

l'aristocratie. Depuis, hélas! la cité de saint Martial (1)
a suivi le courant.

L'arrivée de Gaston de Sonis à Limoges fut une
grande joie pour ses anciens camarades de Juilly. Ils
le reçurent comme un frère et accueillirent Mme de
Sonis avec la plus vive bienveillance.

Parmi les amis de M. de Sonis, deux surtout furent
toujours chers à son cœur, et il conserva pendant
toute son existence, pour le vicomte Gaston de l'Hermite et pour M. Henry Lamy de la Chapelle, une de
ces amitiés saintes, solides et dévouées, que Dieu
seul inspire, et dont sa correspondance nous révélera
les exquises délicatesses. La sainteté et l'esprit de
sacrifice qui résumèrent sa vie n'exclurent jamais
dans son âme élevée les tendresses du sentiment.

C'était toujours au céleste rendez-vous qu'il con-
viait ses amis, et quand il les quittait sa voix devenait
grave et recueillie en leur disant adieu.

M. de Sonis édifia promptement toute la ville de
Limoges et on parla bientôt de ce jeune et brillant
officier de cavalerie que l'on voyait, chaque matin à
cinq heures, par les plus grands froids de l'hiver, se
diriger vers la cathédrale, y entendre la messe avec
une piété angélique et regagner rapidement le quartier.

C'était déjà le soldat chrétien tel qu'il paraîtra jusqu'à la fin de ses jours, fidèle à ses croyances, ferme
dans ses convictions, sévère envers lui-même et

(1) Saint Martial est l'apôtre du Limousin. D'après la tradition,
il était parmi les enfants bénis par Notre-Seigneur. Ses reliques
sont en grande vénération à Limoges.

indulgent envers les autres, aimé et estimé de tous par la noblesse et la loyauté de son caractère.

Il affirmait hautement sa foi et n'admettait jamais les défaillances et les concessions.

Un jour, dans une promenade militaire, son cheval s'emporta. Il fit une chute qui devait être mortelle ; Dieu, qui réservait ce vaillant à la France, écarta le péril et Sonis fut sauvé !.. Mais il avait vu le danger et reconnu l'intercession divine. Sa première action, en revenant de la promenade, fut d'aller faire dévotement son chemin de croix, en grand uniforme, à l'église de la cathédrale.

Celui-là sera un homme, disait-on, en le voyant passer, et on admirait cette franchise et cette allure militaire qui s'alliaient à tant de charmes et de délicatesses.

Une autre fois, il se trouvait dans un salon avec les officiers de son régiment, lorsque le son argentin d'une petite clochette se fit entendre. Immédiatement il crut que c'était le Saint-Sacrement que l'on portait à un malade et il se dit que lui qui s'était donné à Dieu devait aller s'agenouiller sur son passage. Cependant un combat s'éleva dans son âme entre la grâce et les susceptibilités de l'amour-propre. Combat très violent, raconte-t-il lui-même d'une façon touchante. La grâce triompha. Il courut au balcon, l'ouvrit et se disposait à se prosterner devant tous les indifférents. Mais Dieu avait seulement voulu éprouver la foi de son serviteur. La clochette était celle de la voiture d'une pauvre marchande de légumes.

La sincérité de la grande piété de M. de Sonis

commandait le respect et attirait les cœurs. Toutes les notabilités du monde religieux et aristocratique de Limoges voulurent le connaître et se lier avec lui, et nous le voyons dans les conférences de Saint-Vincent de Paul et dans toutes les associations pieuses de la ville avec MM. de Salles, Edouard, Ernest et Henry Lamy de la Chapelle, qui mettaient leurs brillantes fortunes au service de Dieu et des pauvres, de Livron, Dhérald, ces ardents apôtres de toutes les œuvres catholiques, et Frédéric de Léobardy, ce type accompli du gentilhomme, du royaliste et du chrétien.

C'était surtout au pied des autels, devant le Saint-Sacrement, que ces fervents aimaient à se retrouver. Quelles prières partaient alors de ces cœurs embrasés d'amour pour Notre-Seigneur Jésus pendant ces nuits, que Sonis appelait « des veillées d'honneur ».

Parfois un adorateur fatigué allait à la sacristie se reposer quelques instants sur un matelas. Quand on engageait Sonis à en faire autant il refusait absolument, trouvant des forces à l'immortel foyer où il allumera la flamme de son patriotisme et de son dévoument, l'amour divin dont il disait :

« Lorsqu'on se met à aimer Dieu, on ne peut pas l'aimer assez. »

Sa piété s'alarmait de toutes les superstitions et de toutes les pratiques qui lui paraissaient suspectes. Un jour il se trouva dans un salon de Limoges où on se livrait à des expériences sur les tables tournantes. On proposa au jeune lieutenant de prendre part à ce divertissement. Il refusa, et son attitude froide et sérieuse impressionna les assistants. Quant à la table, qui se livrait avant son arrivée à des mouvements désordonnés, elle ne bougea plus. Tous les efforts pour la faire remuer demeurèrent infructueux et on attribua cet insuccès à la présence de Sonis.

Il était dévoué jusqu'au scrupule à toutes les prescriptions de l'Eglise. Les jours de jeûne il ne prenait qu'un seul repas après le coucher du soleil, et plus tard, malgré les souffrances et les fatigues de sa vie, nous le verrons jeûner tout le Carême, ne rien prendre absolument du Jeudi-Saint au jour de Pâques et répondre au saint religieux qui lui conseillait une austérité moins grande :

« Si je puis en conscience supporter ces privations, pouvez-vous me les défendre? »

La pensée du ciel ne le quittait jamais, et son affection pour ses amis se traduisait parfois bien différemment que dans les relations purement mondaines.

Un premier janvier, se trouvant à Limoges, il s'empressa d'aller chez M. de la Chapelle. Mme Henry de la Chapelle était entourée de nombreux parents et amis qui lui apportaient mille vœux de bonheur, de santé, de tout ce qu'enfin une femme jeune, riche, heureuse, peut désirer. Elle tendit la main à M. de Sonis.

« Moi, lui dit-il sérieusement, je vous souhaite une bonne mort. »

La jeune femme tressaillit, une larme brilla à travers ses cils blonds ; mais c'était une âme vaillante et chrétienne. Elle comprit vite la sublimité du vœu. « Merci ! merci ! » dit-elle vivement en serrant la main loyale de celui qui venait de formuler un souhait de bonne année qui l'avait si étrangement impressionnée (1) . . . .

L'Algérie, cette magnifique conquête de la royauté, attirait vivement le jeune officier, qui demanda et obtint d'échanger l'inaction de la tranquille garnison de Limoges contre les fatigues de la vie des camps et les périls des expéditions dans le désert.

Nommé capitaine le 1er mai 1854, Sonis partit avec sa femme et ses enfants pour cette terre d'Afrique, où il allait porter l'exemple des plus hautes vertus et du plus sublime dévouement.

Comme Lamoricière et le maréchal Bugeaud, Gaston de Sonis croyait, ainsi qu'il l'écrivait à un de ses amis, que le seul moyen d'affermir la conquête c'était de montrer à cette race arabe, « pour qui la religion est le tout de l'homme, qu'elle n'avait point affaire à des vainqueurs sans prières et sans culte ».

Il pensait qu'au lieu de donner aux indigènes le spectacle de l'athéisme et de l'indifférence, il aurait fallu leur montrer la supériorité de la civilisation chrétienne sur la barbarie musulmane par les pratiques religieuses, la dignité de la vie, la loyauté et le désintéressement.

Ce fut ainsi que M. de Sonis s'attira le respect et

(1) Le vœu du général s'est accompli, et Mme de la Chapelle est morte à la fin de l'année 1889 dans les sentiments de la plus grande piété.

l'admiration des Arabes, qui bientôt le surnommèrent *le Juste*.

Nous ne le suivrons pas dans les premières étapes de sa vie d'Afrique. Elles furent nombreuses. En moins de trois ans, il habita successivement Alger, Bône et Blidah, laissant partout le plus édifiant souvenir.

En Algérie comme à Limoges, il assistait fréquemment aux offices, ne manquant ni à sa messe matinale, ni à ses veillées pieuses au pied du Saint-Sacrement, du moins autant que le lui permettaient les exigences du service militaire. Car ce grand chrétien savait que l'accomplissement fidèle du devoir d'état est, aux yeux de Dieu, une véritable prière.

Il aimait beaucoup les cérémonies de l'Eglise, et, comme il l'écrira plus tard à un bénédictin de ses amis (1): «.... Je ne sais rien de consolant comme la prière, rien de grand comme les cérémonies de l'Eglise, rien de beau comme sa liturgie. Je n'ai jamais trouvé d'offices assez longs et j'ai toujours quitté l'église avec peine. »

Excessivement charitable malgré la modicité de sa fortune, il n'avait pas de plus grand bonheur que de secourir les pauvres, et, dans toutes les villes où les conférences de Saint-Vincent de Paul étaient établies, il s'empressait d'en faire partie.

En 1857 eut lieu l'expédition de Kabylie. C'était le dernier point du littoral qui fût encore indépendant,

---

(1) Dom Victor Sarlat, à propos de l'envoi d'un ouvrage de Dom Guéranger.

mais jusqu'alors on n'avait point osé s'aventurer dans le massif montagneux du Djurdjura, qui semblait inaccessible.

« Nous ne sommes pas assez forts pour aller jusque là », avait dit en 1842 le maréchal Bugeaud. Et pourtant l'indépendance de la Grande Kabylie nous enlevait beaucoup de notre prestige militaire, et, par contre, était une provocation constante à l'insurrection des tribus voisines.

Cette situation ne pouvait se prolonger indéfiniment, et les instances du maréchal Randon (1), alors gouverneur d'Algérie, décidèrent Napoléon III à tenter la conquête de ce Djurdjura qui était le centre de la résistance kabyle.

Cette expédition entreprise au lendemain de la guerre de Crimée, à la veille de celle d'Italie, passa presque inaperçue, et pourtant elle eut une grande importance au point de vue de notre domination en Algérie, car elle impressionna beaucoup les Arabes. En montrant le fort Napoléon qui se dressait au sommet de la montagne, ils disaient :

« Les Français sont un grand peuple, puisqu'ils sont montés là-haut ! »

Le maréchal réunit vingt-cinq mille hommes, dont il confia le commandement aux généraux Yusuf, Mac-Mahon et Renault. Ce corps d'armée était soutenu par

(1) Le maréchal Randon, neveu d'un officier supérieur de l'Empire, le général Marchand, avait fait ses débuts militaires pendant la campagne de Russie.

plusieurs colonnes de cavalerie ; dans l'une d'elles se trouvait le capitaine de Sonis. C'était la première fois qu'il allait au feu ; désormais il ne manquera aucune de « ces fêtes de la poudre », comme disent les Arabes en leur pittoresque langage.

Cette glorieuse campagne, commencée le 17 mai 1857, se termina le 16 juillet, grâce à l'habileté, à l'énergie des chefs et au courage des soldats, qui escaladaient sous le feu de l'ennemi les pentes abruptes du légendaire Djurdjura.

Dans cette guerre de montagnes, le rôle de la cavalerie ne pouvait être que très secondaire, et le capitaine de Sonis ne fut employé qu'à des reconnaissances, qui prouvèrent cependant ses merveilleuses aptitudes militaires.

A la fin de juillet 1857, Sonis retrouva sa jeune femme que cette première séparation avait vivement impressionnée. Ce n'était pour elle qu'un début, et bientôt elle allait connaître de plus terribles angoisses.

Quelques mois après, au printemps de 1859, la guerre d'Italie éclatait.

CHAPITRE III

Après la glorieuse campagne de Crimée en 1855-56,
Napoléon III était devenu l'arbitre de l'Europe. Aussi,
Victor-Emmanuel et Cavour (1), désireux de s'en faire
un allié, tournèrent-ils de son côté toutes leurs intri-
gues politiques.

Eclairés par la cruelle expérience de 1848 (2), ils

(1) Cavour était un ancien journaliste, député de Turin en 1848.
Il mourut le 6 juin 1860.

(2) Le père de Victor-Emmanuel, Charles-Albert, avait en 1848

ne voulaient pas entamer seuls une nouvelle lutte contre l'Autriche ; mais l'unité italienne était le rêve de Victor-Emmanuel (1), et son ministre, avec une astucieuse habileté, entraîna l'empereur des Français dans cette guerre dont les conséquences ultérieures, avec Sadowa, furent si désastreuses pour notre patrie et amenèrent la chute du régime impérial.

Au mois de juillet 1858, Cavour, sous le prétexte d'un voyage en Suisse, se rendit à Plombières, où se trouvait Napoléon III. Le Piémontais passa trois jours près du souverain... Quand il le quitta, il emportait les conditions générales d'une alliance qui décidait la guerre avec l'Autriche et la formation d'un royaume d'Italie de onze millions d'âmes environ, en échange de Nice et de la Savoie qui seraient cédées à la France.

M. de Cavour n'était pas le seul artisan de cette alliance néfaste. Le 14 janvier 1858, les bombes d'Orsini avaient rappelé à l'Empereur les engagements révolutionnaires de sa jeunesse et lui firent courber la tête devant d'implacables exigences (2).

déclaré la guerre à l'Autriche, qui depuis 1815 occupait la Lombardie. Après des alternatives de succès et de revers, il fut écrasé à Novare le 24 mars 1849. Il abdiqua le soir même et dut se résigner à subir les exigences de l'Autriche.

(1) « Si je croyais, disait-il à cette époque, que l'Italie dût être plus forte en République, je descendrais du trône et ne demanderais que le commandement d'un régiment. »

(2) En 1835, les deux fils de la reine Hortense, affiliés au carbonarisme, avaient pris part aux mouvements insurrectionnels des Romains, mouvements énergiquement comprimés par l'Autriche ; l'aîné était mort presque les armes à la main.

Le secret fut toutefois gardé strictement pendant six mois.

Mais le 1er janvier 1859, à la grande réception diplomatique des Tuileries, Napoléon III eut vis-à-vis de M. de Hubner une attitude tellement hostile que pour tout le monde la rupture entre l'Autriche et la France était imminente.

C'était, avec une violence moins grande, la répétition de la scène qui avait eu lieu cinquante années auparavant, entre le premier Consul et l'ambassadeur d'Angleterre.

Cependant, en face de l'énergique opposition de la presse catholique, effrayée d'une fédération italienne qui devait fatalement aboutir à la ruine du Saint-Siège, l'Empereur hésita d'abord... Mais Cavour revint à la charge, et malgré les sages conseils de M. Drouyn de l'Huys, alors ministre des affaires étrangères, malgré les instances de l'Impératrice qui, superstitieuse comme les Espagnoles, ne voyait pas sans crainte pour l'avenir l'Empereur toucher d'une main sacrilège au trône des successeurs de saint Pierre, la guerre d'Italie fut décidée, et le 21 avril le Piémont rompait ouvertement avec l'Autriche. Le 22 commencèrent les mouvements des troupes françaises.

L'armée d'Italie était partagée en quatre corps :

Le premier avait pour chef le maréchal Baraguay d'Illiers ;

Le second, le général de Mac-Mahon ;

Le troisième, le maréchal Canrobert ;

Le quatrième, le général Niel.

C'est dans ce quatrième corps que se trouvait la

division Desvaux, formée presque tout entière avec des régiments venus d'Afrique :

Le 1er et le 3e chasseurs, commandés par les colonels de Salignac-Fénelon et de Mézange.

M. de Sonis appartenait au 1er chasseurs d'Afrique et avait un des escadrons sous ses ordres, comme capitaine commandant.

Le 10 mai, l'Empereur partait à son tour pour se mettre à la tête de l'armée d'Italie. A l'exemple de Napoléon Ier, il laissait la régence aux mains de l'Impératrice.

Avant son départ triomphal, départ dont les journaux de l'époque ont donné d'enthousiastes descriptions, il fit une longue proclamation destinée à rassurer l'Europe et surtout les catholiques, qui s'effrayaient, à juste titre, de voir la France prêter son concours à la révolution italienne.

L'Empereur disait à l'Europe : « ... Quand la France tire l'épée, ce n'est pas pour dominer, c'est pour affranchir. Le but de cette guerre, c'est donc de rendre l'Italie à elle-même et non de la faire changer de maîtres. »

Puis s'adressant aux catholiques : « ... Nous n'allons pas pour fomenter le désordre ni ébranler le pouvoir du Saint-Père, que nous avons replacé sur son trône, mais le soustraire à cette pression étrangère qui s'appesantit sur toute la Péninsule. »

Et le souverain terminait par cette belle phrase que les événements devaient bientôt démentir : « ... La Pro-
« vidence bénira nos efforts, car elle est sainte aux
« yeux de Dieu, la cause qui s'appuie sur la justice,

« l'honneur, l'amour de la Patrie et de l'indépen-
« dance ! »

Le capitaine de Sonis était loin de partager sur l'in
dépendance italienne les idées impériales. La justice
de cette cause qui allait avoir pour résultat inévitable
la chute des souverains de Toscane, de Parme et de
Modène, était en opposition avec tous ses sentiments
religieux et politiques. Mais son épée appartenait à la
patrie, et là où apparaissait le drapeau était le devoir. Il partit donc, laissant à Mustapha supérieur
sa femme et ses enfants, qui allaient revenir en
France pour y rester tout le temps que durerait
l'expédition. Cette cruelle séparation se fit au pied des
autels : c'était toujours là où Sonis trouvait la force
avec laquelle il accomplissait généreusement tous les
sacrifices.

Le 14 mai 1859, le 1er régiment des chasseurs d'Afrique quittait Alger, et le 19 il débarquait à Gênes, au
milieu d'un enthousiasme indescriptible. On jetait des
fleurs à nos troupes, et les cris de « Vive la France et
l'Italie ! » retentissaient joyeusement. Et pendant que
nos soldats se répandent dans la ville pour jouir du
spectacle de cette animation, Sonis monte à Notre-
Dame de Carignan (1), la prier pour lui, pour sa famille, pour la Patrie.

Il redoute que l'affranchissement de l'Italie ne
cause un grand trouble dans l'Europe catholique. Il
demande à Dieu de lui donner la force d'accomplir
son devoir de militaire et de chrétien.

(1) Célèbre sanctuaire bâti sur le sommet d'une colline qui
domine Gênes.

L'Empereur était arrivé le 12 mai à Gênes.

Le 14, au milieu de toute cette effervescence, il prend le commandement en chef et adresse à l'armée un ordre du jour où il évoque les glorieux souvenirs de Marengo, de Castiglione, d'Arcole et de Rivoli.

L'armée alliée formait au début de la campagne un demi-cercle autour de l'armée autrichienne dont elle était séparée par les trois cours d'eau de la Sesia, du Tessin et du Pô.

Le premier engagement sérieux eut lieu près du petit village de Montebello, en avant de Voghera. Ce fut la division Forey qui soutint la lutte avec une énergie qui obligea les Autrichiens à se replier. Le lendemain, les habitants de Voghera, fiers de cette victoire remportée au milieu d'eux, pavoisèrent leurs maisons, les illuminèrent et se livrèrent à la plus bruyante gaieté.

Les blessés eux-mêmes avaient sur leur pâle visage une expression de sérénité.

On organisa une ambulance provisoire que vinrent visiter Canrobert et le maréchal Baraguay d'Illiers. Nos braves et malheureux soldats qui y étaient entassés essayaient de se soulever et de sourire à leurs chefs. Ceux-ci les félicitaient, car ils s'étaient vaillamment battus. Puis le maréchal Baraguay d'Illiers, voyant que les préparatifs des opérations qu'ils allaient subir faisaient pâlir quelques pauvres soldats, leur dit en leur montrant son bras mutilé : « Allons, mes enfants, du courage, j'ai passé par là ! »

Sonis lui aussi visitait les blessés, leur distribuait

MARÉCHAL PÉLISSIER

des médailles bénites et leur disait : « Mes amis, cela vous portera bonheur ! »

Il alla aussi visiter le champ funèbre où gisaient au milieu des fleurs printanières, et sous un radieux soleil, de malheureux morts entièrement défigurés. Sonis entra à l'église. Le prêtre qui entendit sa confession lui raconta que jadis, en 1800, il avait assisté au premier combat de Montebello ; « mais, ajouta-t-il, cette fois pendant la bataille je me suis réfugié dans le haut de mon clocher. » « Vous prierez pour les âmes « des deux armées, mon père », dit Sonis au vieux curé en le priant de célébrer deux messes à cette intention.

Le 30 et le 31 mai, Canrobert remporta un brillant succès à Palestro.

Le 31, le quatrième corps ouvrait à l'Empereur le chemin de Novare, et il y transportait le lendemain son quartier général.

L'armée n'était plus qu'à une très petite distance de Milan. Pour couvrir la capitale de la Lombardie, le feld-maréchal autrichien Giulay abandonna précipitamment ses positions et se jeta derrière le Tessin, espérant nous en disputer le passage.

Le 2 juin, Mac-Mahon surprend l'ennemi à Turbigo, traverse la rivière et le lendemain disperse avec son avant-garde une colonne ennemie qui essayait d'arrêter son mouvement.

Si, ce jour-là, le gros de l'armée avait pu franchir le pont de Buffalora, nous entrions sans coup férir à Milan. L'impossibilité de réunir assez tôt les corps

Niel, Canrobert et Baraguay d'Illiers fit remettre le passage au lendemain, 4 juin.

C'est au village de Magenta que Mac-Mahon, maître de la rive gauche du Tessin depuis deux jours, devait venir rejoindre l'Empereur et les trois corps qui étaient avec lui. Mais on avait compté sans l'intrépide maréchal Giulay, et quand notre avant-garde arriva près de Magenta, elle trouva massées en face d'elle toutes les forces autrichiennes.

Le combat fut terrible et dura jusqu'à neuf heures du soir. L'honneur de la journée revint à Mac-Mahon, dont l'arrivée sauva le corps Baraguay d'Illiers d'un désastre probable. Ayant un long chemin à parcourir, Canrobert et Niel, malgré des prodiges d'énergie, ne purent arriver que fort tard.

Le 1er régiment de chasseurs d'Afrique avait été mis en poste d'observation sur la rive gauche du Tessin, attendant, l'arme au bras, l'ordre d'agir, mais cet ordre n'arriva pas, au grand regret de Sonis impatient de prendre part à l'action et de payer de sa personne.

Le 5, on confia aux chasseurs une reconnaissance du côté de Cerrano, dans la crainte d'un retour de l'armée autrichienne, mais ils ne la rencontrèrent pas, et la victoire complète, brillante, définitive, resta à nos armées.

Le lendemain l'Empereur voulut visiter lui-même le champ de bataille de Magenta : à la vue de ce terrain encore ensanglanté, de ces mourants, de ces morts nombreux, il fut profondément ému ! C'était la première fois qu'il voyait un pareil spectacle, et le sentiment de ce que coûte la gloire militaire mit des larmes dans ses yeux.

Le capitaine de Sonis s'empressa de requérir une bande de paysans pour enterrer ces pauvres cadavres défigurés, mutilés, couverts de sang, afin d'en dérober l'effrayant spectacle à nos soldats; puis il se rendit dans les ambulances porter à nos blessés les consolations pieuses qui adoucissent les souffrances et aident à bien mourir.

« Quand Sonis a passé, les cœurs sont toujours prêts à nous recevoir! », disait avec émotion un aumônier.

Le résultat de la bataille de Magenta fut l'évacuation immédiate de Milan par les Autrichiens, la proclamation de la royauté de Victor-Emmanuel par la municipalité milanaise et la chute des gouvernements de Parme, Plaisance et Modène (1). La Toscane avait donné l'exemple dès le 27. Les Romagnes suivirent le mouvement aussitôt après l'évacuation de Bologne.

Dans la petite armée du grand-duc de Modène se trouvait un jeune officier d'origine française qu'on appelait le baron Athanase de Charette.

Au moment de la déclaration de guerre il avait donné sa démission, ne voulant pas porter les armes contre les soldats de la France. Onze ans plus tard l'officier modénois, devenu l'ardent champion de la

---

(1) Le duché de Parme était alors gouverné par une régente, la duchesse Louise, sœur du comte de Chambord et tutrice de son fils Robert.

Papauté, venait apporter à sa patrie envahie le secours de son épée et de sa vaillance, et par une rencontre providentielle, c'était avec un ancien soldat de l'armée d'Italie que le petit-neveu du héros vendéen allait partager cette inoubliable et sanglante auréole de Loigny.

L'énergique brigade d'Afrique n'avait joué depuis le début de la campagne d'Italie qu'un rôle très effacé. Constamment employée à des reconnaissances, elle avait eu peu de part aux brillants combats qui nous ouvraient le Milanais.

Au milieu de cette vie errante, de ces courses sans repos dans cette splendide campagne où les fleurs et les fruits s'épanouissaient sous un soleil radieux, jamais M. de Sonis n'oublie ses pratiques de piété :

« Dès que j'étais arrivé à un campement, a-t-il écrit à un missionnaire, je me mettais à la recherche d'un clocher et je me dirigeais au presbytère. Là, se trouvait un bon curé qui ne savait pas plus de français que je ne savais d'italien. Le latin nous servait à nous entendre ensemble et je me rappelais ce que j'en avais appris au collège pour me tirer d'affaire tant bien que mal.

« Ma confession faite, si je le pouvais je communiais, sinon c'était pour le lendemain ; l'affaire finie, je rentrais au camp le cœur joyeux. La mort pouvait venir,... j'étais en règle. »

Voici encore un fragment d'une lettre sur le même sujet, adressée à son ami Henry de la Chapelle :

« Dans nos reconnaissances, dit-il, en traversant
« des bourgades et des villages, tout à coup nous
« apercevons un clocher !... Le Maître est là : « A
« terre !... » Nous descendons tous les deux de che-
« val. Nous entrons dans l'église. Nous prions un prê-
« tre de nous donner la communion.... c'est fait...
« nous repartons aussitôt... le temps n'est pas à
« nous... Nous faisons notre action de grâces à che-
« val... en courant. »

Quelle sublimité dans ces quelques lignes, dont
voici le corollaire :

Bien des années plus tard, se retrouvant à Limoges avec quelques intimes dans le salon de Mme de la
Chapelle, le général de Sonis évoquait les souvenirs
de cette campagne d'Italie et des consolations qu'il
y avait trouvées.

« Mais, général, dit la pieuse femme... Et la confession ?

« — Oh ! Madame, lui répondit le général avec une
expression inoubliable. En guerre... on est toujours
prêt. »

Ces habitudes de piété, si en dehors des habitudes
militaires, n'étaient pas sans exciter les plaisanteries
des camarades du jeune capitaine. Mais M. de Sonis
avait depuis longtemps vaincu tout respect humain.
D'ailleurs, s'il était le premier à la messe, il était
aussi le premier au feu, et en le voyant si brave en
toute occasion, le sourire s'arrêtait sur les lèvres des
plus incroyants et les railleries tombaient d'elles-mêmes
en face de la profonde estime qu'inspirait à tous ce
caractère si merveilleusement trempé.

L'Empereur et son allié Victor-Emmanuel étaient entrés triomphalement à Milan le 8 juin, et, le lendemain, un *Te Deum* solennel faisait résonner les grandes voûtes de marbre de la cathédrale.

Grisé par l'enthousiasme des Milanais, Napoléon III fit une proclamation *aux Italiens*, qui détruisit l'effet pacificateur de la proclamation de Paris.

L'effervescence devint générale. Rome et Naples s'agitèrent, et derrière la question de l'unité italienne apparut l'ombre menaçante de l'unité allemande.

« Il faut, disait une brochure publiée alors en Prusse,
« il faut rendre la Prusse plus allemande et l'Allemagne
« plus prussienne. La Prusse aura alors accompli
« sa mission, elle cessera d'être comme Prusse, mais
« elle sera devenue l'Allemagne. »

Terrible prophétie qui devait, hélas ! se réaliser onze ans plus tard dans le palais du Roi-Soleil, à Versailles !

Mais en ces premiers jours de juin 1859, Napoléon III n'entendait que les acclamations italiennes et les ardentes protestations d'amitié de Victor-Emmanuel. Il continua donc sa marche en avant ; marche aussi glorieuse au point de vue militaire qu'imprudente au point de vue politique.

Le 11, quatre jours après son entrée triomphale à Milan, l'armée alliée se remettait en mouvement pour entrer en Vénétie.

Elle arrivait, le 23, à Esente et à Castiglione, à l'entrée de la plaine qui sépare la Chièse du Mincio. Les Autrichiens étaient fortement cantonnés sur les hauteurs de Pozzolengo et de Solférino.

Au sommet de ce dernier village, bâti sur un escarpement rocailleux, se trouve une tour très élevée, qu'on appelle la *Spia d'Italia* (1). Les Autrichiens y avaient installé de l'artillerie, et de cette position presque inexpugnable ils commandaient tous les points environnants.

Le même jour, au soir, nos troupes reçurent l'ordre d'être prêtes à partir le lendemain matin, à trois heures. La bataille se préparait sur six lieues d'étendue.

Les Piémontais étaient à la gauche de l'armée, le corps Niel à droite. Partout la lutte devint acharnée. Au centre, l'ennemi est très vivement attaqué par les divisions de Ladmirault et Bazaine. Le brave Ladmirault (2), grièvement blessé à la cuisse, tombe de cheval, mais sa chute n'arrête pas le magnifique élan de nos troupes qui bientôt obligent les Autrichiens à abandonner le champ de bataille pour se replier sur Solférino. Embusqué dans la tour et le cimetière, l'ennemi ouvre un feu terrible sur les nôtres. Sans se laisser déconcerter par cette fusillade meurtrière, les soldats de Mac-Mahon et de Canrobert continuent leur héroïque escalade, et à une heure et demie ils sont enfin maîtres de Solférino.

(1) L'Espionne de l'Italie. Ainsi nommée parce que de là on distingue presque toutes les villes du nord de l'Italie.

(2) Le général de Ladmirault avait alors sous ses ordres un officier d'une grande bravoure, M. de Laveaucoupet. En 1870, les généraux de Ladmirault et de Laveaucoupet se retrouvèrent à Metz. A la capitulation, M. de Laveaucoupet brûla ses drapeaux pour ne pas les livrer aux Prussiens.

Le général de Ladmirault a été gouverneur de Paris après la **Commune.**

Exaltés par leur victoire, ils s'élancent sur Cavriano où se trouvait le quartier général de l'empereur d'Autriche, et l'emportent après une énergique résistance. Cette fois, le centre ennemi est décidément enfoncé. François-Joseph allait donner l'ordre de battre en retraite, quand on lui apprit que son aile droite avait remporté de sérieux avantages sur les Piémontais et que son aile gauche tenait en échec, depuis le matin, le corps du général Niel.

C'était une suprême lueur d'espérance, et l'empereur d'Autriche ne voulut pas abandonner la partie sans tenter un dernier effort de ce côté.

Il ordonna donc au comte de Wimpfen de réunir toutes ses troupes et de les jeter en masse sur la droite de l'armée française épuisée par une journée de combats sous un soleil torride, dans une plaine immense sans ombre et sans eau.

Les chasseurs tyroliens, cette élite de la vaillante infanterie autrichienne, se sont formés en carrés impénétrables qu'il faut enfoncer à tout prix. Le salut du quatrième corps français et le succès de la bataille, peut-être, en dépendent.

La division Desvaux, qui, jusqu'alors, est restée spectatrice de cette lutte formidable, va entrer en scène à son tour. L'heure est solennelle, car c'est à une mort presque certaine que le général va envoyer les chasseurs.

Mais toute hésitation est impossible. « ..... Il faut « rompre à tout prix cette muraille vivante, et c'est « au troisième escadron des chasseurs d'Afrique « qu'échoit l'honneur d'exécuter la première charge.

« De Sonis, qui le commande, fait le signe de la croix
« et s'élance en avant de ses hommes, qu'il entraîne
« à sa suite, électrisés par son exemple.

« Un feu meurtrier l'accueille lui et ses braves, et,
« en quelques instants, de ce magnifique escadron il
« ne reste plus que des débris.

« Mais l'infanterie autrichienne est entamée. De
« Sonis, qui a eu son cheval tué sous lui, court à pied,
« le sabre à la main, parant les coups qu'on lui
« porte ; puis, revenant en arrière, à travers les
« balles qui pleuvent autour de lui sans l'atteindre,
« saute sur le premier cheval qu'il rencontre, rallie
« les siens qu'il ramène au combat suivi du gros de
« la division qui, traversant à son tour les carrés déjà
« rompus, achève la déroute et complète la victoire,
« sur le seul point où l'ennemi, refoulé partout ailleurs,
« opposait encore à nos armes une résistance déses-
« pérée (1). »

Alors François-Joseph se résigne à donner l'ordre de
battre en retraite, et ce qui reste des intrépides escadrons de hussards et de chasseurs d'Afrique se dis-
pose à poursuivre l'armée autrichienne, comme si,
depuis le matin, le sang n'avait pas assez coulé !

Mais Dieu voulut mettre un terme à ces cruelles
hécatombes, et soudain éclate un de ces orages épou-
vantables qui semblent être les messagers de la colère
céleste.

Les éclairs sillonnent les nuages et le tonnerre, qui

(1) Mgr Freppel, *Oraison funèbre du général de Sonis.*

gronde à travers la plaine, semble être le lugubre écho de la canonnade de la journée.

Sur le champ de bataille un vent furieux soulève des flots de poussière... Etourdis, aveuglés, hommes et chevaux ne peuvent plus avancer. D'ailleurs, ils sont épuisés par cette épouvantable lutte de douze heures, et ils ont grand besoin de repos et de nourriture, car « depuis le matin, sous un soleil brûlant, ils ont eu à « lutter non seulement contre les Autrichiens, mais « contre la faim, la chaleur et la soif (1). » Trois cent mille hommes avaient été engagés et près de trente-cinq mille étaient hors de combat.

Quand l'orage fut un peu apaisé, Napoléon III, comme jadis Napoléon Ier, parcourut le champ de bataille, mais l'impression douloureuse qu'il en ressentit fut telle, qu'il résolut de conclure la paix dans le plus bref délai possible.

Le capitaine de Sonis avait fait des prodiges de valeur, et, le lendemain de cette terrible journée (2), il était cité à l'ordre du jour et recevait la croix de la Légion d'honneur.

Jamais croix ne fut mieux gagnée !

Un armistice de quelques heures fut conclu entre les belligérants pour relever les blessés et enterrer les morts.

« Quel spectacle déchirant, écrit le capitaine de Sonis « à un de ses amis ; que de pauvres camarades et de « braves j'ai vu rapporter ainsi dans nos rangs, les

(1) Général Vinoy.
(2) 25 juin

« uns avec une balle dans le ventre, d'autres avec un
« membre de moins, tous souffrant le martyre et bai-
« gnés dans leur sang.

« Que de souffrances, mais aussi que de courage !

« O mon ami, si une faible partie de cet héroïsme
« était mise au service de Dieu, quelle moisson pour
« le ciel ! Mais il est triste de penser que Dieu est
« inconnu !

« Sur ce champ de morts, je n'ai pas vu la robe d'un
« prêtre et mon cœur a saigné ; on dit cependant
« qu'il y a des aumôniers aux ambulances. Le lende-
« main, nous avons été enterrer nos camarades ; ce
« fut une scène que je n'oublierai jamais. Tous furent
« couchés dans la même fosse, revêtus de leurs uni-
« formes comme pour le combat ; un prêtre italien
« bénit cette vaste tombe.

« Nos pauvres blessés sont sur de la paille, dans
« l'écurie d'une ferme.

« Tout est plein, il en meurt à chaque minute. Les
« médecins taillent là-dedans comme des bouchers,
« mais ils accomplissent avec zèle un saint ministère.
« J'ai vu un de mes pauvres chasseurs, qui est resté
« vingt-quatre heures sans être pansé ; il a la cuisse
« brisée de plusieurs coups de feu ; il avait fait ses
« pâques avant de partir. Les plus à plaindre sont
« ceux qui ne peuvent être relevés et qui passent la
« nuit sur le champ de bataille. »

Hélas ! cette nuit affreuse lui était réservée !...
Mais les pensées sublimes de l'éternité lui en adou-
cirent l'amertume.

Sur le champ de bataille de Castiglione, il écrit à sa femme une lettre admirable, qui a été conservée presque miraculeusement (1).

Nous la reproduisons entièrement, car elle nous montre le héros chrétien dans toute la sublimité de sa foi et de sa vaillance.

> « Au bivouac, sur le champ de bataille du 24 juin ;
> en avant de Castiglione, 26 juin 1859.

« Je vous ai écrit après la bataille pour vous annoncer sincèrement que j'étais sain et sauf.

« Aujourd'hui, je vais vous donner quelques détails sur cette journée, qui sera peut-être la plus terrible de ma vie. Dans la nuit du 23 au 24, on nous avertit que le réveil serait sonné à deux heures du matin. A trois heures, nous avons quitté notre bivouac à l'heure dite et nous nous sommes dirigés droit devant nous par un chemin entouré d'arbres qui ne laissaient rien deviner de la grande plaine de six lieues d'étendue sur laquelle a été livré un des plus grands combats des époques modernes.

« Au bout d'une heure de marche, nous avons dû nous arrêter trois quarts d'heure, la bride au bras, pour laisser passer le 1er corps d'armée qui avait l'avance sur nous.

« A quatre heures, nous avons entendu le canon sur notre gauche, puis une fusillade très vive. Enfin

---

(1) Mme de Sonis a brûlé toutes les lettres que lui écrivait son mari.

le feu a été engagé sur une longueur d'environ quatre lieues. Le bruit était effrayant ; tous les villages
qui couronnent les hauteurs étaient attaqués à la fois
par notre infanterie et notre artillerie ; jusqu'au moment où le feu a été commencé, personne ne croyait
à un engagement sérieux. Le secret était parfaitement gardé et l'on disait que l'ennemi n'était pas de
ce côté. Enfin, nous sommes montés à cheval, nous
sommes arrivés au trot dans cette magnifique plaine
où a été consommé le sacrifice sanglant que je n'oublierai jamais.

« Notre division de cavalerie d'Afrique, commandée
par le général Desvaux, a été massée à l'entrée de la
plaine et la division Partouneaux, comprenant les lan-
ciers, les 2° et 7° hussards, a été se former à notre
droite ; l'artillerie de ces deux divisions s'est déployée
en avant d'elles et a ouvert le feu.

« Le feu, ouvert à quatre heures du matin, a été
ainsi nourri, sur toute la ligne, sur une étendue de
plusieurs lieues, jusqu'à la nuit.

« Nous avons assisté de pied ferme et sans bouger
à ce grand drame, nous bornant à faire quelques
mouvements de cavalerie pour essayer d'attirer à
nous la cavalerie autrichienne cachée dans un bois
en face.

« Enfin, vers quatre heures de l'après-midi, notre
division s'est déployée et s'est rapprochée du bois où
était caché l'ennemi.

« Nous avons été prévenus que la charge allait
sonner. Nos deux escadrons étaient superbes ; nous
étions en batterie, occupant une grande partie de la

plaine ; l'infanterie qui était sur les hauteurs nous voyait et attendait avec impatience notre charge destinée à soutenir le corps Niel qui succombait sous le nombre.

« Le quatrième escadron, commandé par Guyot, est formé en colonne derrière l'aile gauche. Le général donne l'ordre à cet escadron d'arriver pour entourer le mouvement, mais le bruit était tel que personne ne s'entendait.

« Enfin, il était si urgent de charger que mon escadron fut désigné ; j'arrivai au trot sur le général et j'arrêtai ma troupe pour prendre ses ordres.

« Sa voix était pleine d'émotion, il sentait qu'il m'envoyait au sacrifice ; il me donne l'ordre d'engager un feu de tirailleurs avec l'ennemi et de chercher à fondre au centre, quand le reste de la ligne chargerait sur les deux ailes.

« Nous étions si près de ceux que nous allions combattre, que je pus voir que c'étaient des chasseurs tyroliens. Je fis remarquer au général que mes hommes seraient tués un à un, mais je lui demandai la permission de charger. Il réfléchit quelques secondes et me dit : « Oui... Chargez de suite... » Je me retournai vers mon escadron et je commandai la charge ; puis je partis à fond de train sans la moindre émotion, le cœur aussi calme que dans les moments de grande paix intérieure. J'étais plein de foi. Je me trouvais au moins à quatre pas de Jalabert qui commandait mon premier peloton, j'étais donc une cible superbe.

« Nous arrivons au galop de charge à l'entrée du

bois. L'infanterie ennemie se recula à notre approche, je la serrai de près. Enfin, arrivé au milieu du taillis, j'aperçus de magnifiques carrés de Tyroliens auxquels les fantassins se joignirent, et qui nous écrasèrent sous un feu roulant, nous entourant de tous côtés.

« Je vis tomber autour de moi mes braves chasseurs et de rage je me précipitai sur ces carrés et je me trouvai en face de figures que je n'oublierai jamais, de baïonnettes qui scintillaient à mes yeux comme des lames de rasoirs et de milliers de balles qui me sifflaient aux oreilles. J'étais seul ; une partie de mon escadron était couchée par terre, l'autre était attaquée de flanc par un escadron de hulans ; mon pauvre cheval gris était sous moi, blessé à mort.

« Je lui mis l'éperon au ventre, il me sortit de tous les carrés et tomba ; je dus alors courir à pied, le sabre en main, poursuivi par des milliers de balles. Après avoir paré avec mon sabre un coup de baïonnette qui devait me tuer, j'arrivai ainsi sur le 3ᵉ chasseurs d'Afrique qui venait de se déployer et qui arrivait avec mon régiment pour soutenir notre mouvement. Un de mes chasseurs m'amena un cheval de troupe, je sautai dessus et ralliai mon monde.

« J'étais parti avec un escadron magnifique, je n'avais plus qu'un peloton ; un de mes officiers, M. de Bailleul, était tombé frappé d'un coup de feu et je n'avais pu retrouver son corps. M. Godard, comme moi, avait eu son cheval tué sous lui après que le régiment eut chargé. C'est là que sont tombés R..., G..., L..., F..., S... et A....

« Tout cela a coûté bien cher à la division des

chasseurs d'Afrique, mais nous avons sauvé le corps Niel et soutenu dignement notre vieille réputation. Je n'ai pas eu la plus légère égratignure.

« Avant la charge, un boulet est venu ricocher entre les jambes de mon cheval, m'a couvert de terre et a été tuer le cheval qui était derrière moi.

« Quelques personnes trouveront peut-être que j'aie tort de vous parler des dangers que j'ai courus, parce qu'ils peuvent se présenter encore et que vous dire tout cela est fournir un aliment à vos inquiétudes et à vos chagrins ; mais je vois les choses de plus haut et je désire que vous les voyiez comme moi.

« Remerciez Dieu de tout votre cœur de m'avoir préservé de la mort par un miracle de sa toute-puissance. Votre foi s'animera par la pensée que toutes les chances de la mort se sont en quelque sorte rassemblées autour de moi afin que la protection de Dieu soit plus éclatante.

« Je m'étais recommandé de toute mon âme à Dieu et à Marie, auxquels je vous avais confiés, vous, ma bien-aimée, et nos enfants. »

Combien cette lettre, répétons-le encore, ne fait-elle pas ressortir et le courage et la foi héroïques de Sonis !

Le 1ᵉʳ juillet, l'armée française traversait le Mincio et entrait dans le fameux quadrilatère (1).

Six jours après, à l'insu de son allié, Napoléon III se rencontrait à Villafranca avec l'empereur d'Autriche et arrêtait les préliminaires de la paix.

(1) Le quadrilatère est formé par les villes de Peschera et Mantoue sur le Mincio, Vérone et Legnagno sur l'Adige.

Obsédé par les ombres sanglantes de Solférino, le fils de la reine Hortense ne voulait plus sacrifier ses meilleurs soldats à l'ambition piémontaise, et, malgré les colères de Victor-Emmanuel et de Cavour, le 11 juillet la paix était faite.

Comme dédommagement à cette brusque pacification, la France abandonnait au Piémont la Lombardie et lui laissait Nice et la Savoie (1). L'Autriche conservait la Vénétie ; enfin, on créait une Confédération italienne sous la présidence honoraire du Pape.

« Voici la guerre finie, écrivait Sonis à son vénérable ami l'abbé de Bosgenest ; elle m'a valu la croix, c'est plus que je ne demandais. »

Le pieux officier quittait l'Italie avec la persuasion que l'on y reviendrait. L'alliance n'était pas dans les cœurs.

C'était encore à M. de Bosgenest qu'il disait : « ..... Entre ce peuple et nous, il y a une barrière infranchissable..... » Et il ajoutait : « Pauvre pays que cette Italie qui n'a plus de vraiment chrétien que sa population des campagnes ! »

Le capitaine de Sonis avait bien jugé le peuple italien. Moins d'un an après, les conventions de Villafranca étaient rompues, et, au mois de novembre 1860, les troupes de Victor-Emmanuel entraient sur le territoire pontifical et prenaient possession du royaume de Naples.

(1) Nice et la Savoie nous furent cédées l'année suivante, au mois de mars 1860. Ce devait être, hélas ! le prix de la non-intervention de Napoléon III dans les événements qui se préparaient en Italie.

Nous avons raconté ailleurs (1) ces douloureux évenements dans lesquels la politique de Napoléon III joua le triste rôle de Ponce Pilate ; nous n'avons pas à y revenir.

A l'heure où s'accomplissaient le guet-à-pens de Castelfidardo et le siège de Gaëte, Sonis avait depuis longtemps quitté l'Italie.

Dieu lui épargna le chagrin d'assister impuissant et l'arme au bras à ces infamies dont son âme chrétienne et royaliste tressaillit sur la terre africaine.

(1) Voir nos *Etudes* sur François II et Pimodan dans les *Illustrations et célébrités du* xixe *siècle* (Bloud et Barral, éditeurs).

CHAPITRE IV

Après le traité de paix de Villafranca, les troupes
d'Afrique rentraient à Alger, le 28 août 1859, épui-
sées de fatigue.

Au moment même où nos soldats étaient ac-
cueillis à Paris avec de véritables ovations, une révolte éclatait sur les frontières du Maroc. Une expédition pour la réprimer fut immédiatement décidée.

Le 1ᵉʳ escadron, celui même de M. de Sonis, n'était
pas désigné pour en faire partie ; il aurait donc pu
demander un congé et rentrer en France revoir sa

femme et ses enfants ; mais la pensée du bien qu'il y avait à faire l'emporta sur le besoin qu'il avait de repos et sur le bonheur de se retrouver au milieu des siens, et sans penser aux périls de toutes sortes qui l'attendaient sur cette terre lointaine, il écrivit à sa femme « que sa carrière était une carrière de perpétuelle abnégation, et que ce serait mieux servir les intérêts de sa famille en allant là où il y aurait plus de chances d'avancement... Ce serait aussi, ajoute-t-il, mieux servir les intérêts de son pays qui avait besoin d'hommes de bonne volonté, lesquels devaient se trouver surtout parmi les chrétiens. »

Mme de Sonis, qui admirait les sentiments si élevés de son mari, ne voulut jamais entraver son zèle et son dévouement. Elle se résigna donc, et unit son sacrifice à celui du vaillant serviteur de la France. Ce ne fut pas, disons-le, sans déchirements de part et d'autre !

« Nous avons bien souffert, écrivait de Sonis à un de ses amis ; dans ces moments-là, il faut vraiment être chrétien ou avoir un cœur de glace. »

Il demanda donc à faire partie de l'expédition du Maroc, ce qu'il obtint facilement, et partit comme capitaine commandant au 3ᵉ régiment de chasseurs d'Afrique.

Le général de Martimprey, qui avait le commandement supérieur des troupes de terre et de mer, était à la tête du corps expéditionnaire et avait sous ses ordres deux divisions d'infanterie, celles des généraux Walsin-Esterhazy et Yusuf, et une division de cavalerie à laquelle appartenait de Sonis et qui était sous les ordres du général Desvaux.

Cette expédition avait pour but de sévir vigoureusement contre les tribus du Maroc que Mohammed-ben-Abdallah avait appelées à la *guerre sainte*.

Les Français occupaient l'Algérie depuis près de trente ans : ce terme devait, suivant le chérif Abdallah et ses coreligionnaires, être le dernier de leur puissance en Afrique. En conséquence, lui et les siens pénétrèrent dans les cercles de Nemours et de Maghnia, enveloppèrent deux escadrons français, tuèrent trente chasseurs ou spahis et promenèrent de sanglants trophées pour exalter le fanatisme musulman.

Alors ils osèrent attaquer le camp français de Tiouly avec six à sept mille combattants, mais ils furent complètement battus et regagnèrent précipitamment leurs frontières, abandonnant morts, blessés et bagages.

Le 30 septembre 1859, nos soldats expéditionnaires quittèrent Alger aux cris répétés de « Vive la France ! »

Sonis avait communié le matin.

M. de Montalembert avait été nommé colonel du 1ᵉʳ régiment des chasseurs d'Afrique, en remplacement de M. de Salignac-Fénelon, promu général quelques jours après Solférino.

En attendant son arrivée, le lieutenant-colonel Fenin, dont on faisait le plus grand éloge, prit le commandement de la troupe et on se mit en marche pour gagner la frontière.

On suivit la route militaire : Blidah, Bou-Metfa, Milianah, Orléansville, Oued-Isly, Mostaganem, Mazagran, et on arriva à Oran où le nouveau colonel, M. de Montalembert, rejoignit son régiment; ensuite, après une courte allocution toute vibrante du plus ardent patriotisme, il donna l'ordre de partir pour Tlemcen.

Le colonel Arthur de Montalembert, frère du grand orateur catholique, avait dû quitter sa femme (1) et ses cinq enfants ; il avait avec M. de Sonis une grande conformité de cœur et de sentiments religieux, et l'amitié de ces deux hommes si bien faits pour se comprendre fut scellée dans un jour suprême par l'ardent dévouement de Sonis.

La colonne s'avançait dans la montagne ; le ciel était brûlant ; depuis plusieurs semaines les rivières étaient à sec, la terre calcinée ; pas un souffle d'air, pas une goutte d'eau, pas un brin d'herbe ! On rencontrait sur la route, suivie par notre infanterie quelques jours auparavant, des cadavres de mulets, des voitures abandonnées, et chacun parlait d'une effrayante mortalité ; on arriva ainsi profondément découragé à Tlemcen.

Hélas ! ces inquiétudes n'étaient que trop fondées, les régiments étaient décimés et l'effroi gagnait officiers et soldats.

M. de Sonis montrait un calme absolu et sa sérénité n'en était point troublée.

« Mais enfin, capitaine, lui dit le lieutenant Bail-

---

(1) Mlle de Rochechouart. — Nos renseignements sur le colonel de Montalembert ont été puisés dans un article publié par Mgr BAUNARD dans la *Revue de Lille*, en décembre 1889.

« lœuil, vous comprenez que n'étant pas immor-
« tels.....

« — C'est vrai, répondit de Sonis, mais il n'en sera
« toujours que ce que Dieu voudra; faisons d'abord
« notre devoir; et pour le reste, eh bien! à la grâce
« de Dieu. Que sa bonne volonté soit faite (1) ».

Malgré l'exemple et les exhortations de M. de Sonis
qui parfois électrisaient les soldats, le courage défaillait et les pauvres morts étaient abandonnés, au grand
désespoir du valeureux capitaine.

« Mon cher Baillœuil, dit-il à son lieutenant, pour
« l'honneur de l'humanité, oublions ce que nous
« avons sous les yeux. »

Ce qu'on n'oubliera jamais, ce sont les services
rendus par Sonis, les nuits passées au chevet des
mourants, les morts ensevelis, et tout cela avec un
oubli de lui-même et une simplicité de dévouement,
comme si les actes héroïques qu'il accomplissait
étaient les plus naturels du monde.

Un matin, à la table commune, on parlait avec
émotion d'un chasseur de l'escadron, mort pendant
la nuit. Le capitaine en témoigna de vifs regrets;
mais ce ne fut que bien des jours après que l'on apprit
qu'il avait passé la nuit près de son pauvre soldat,
l'avait exhorté à bien mourir et lui avait rendu les
derniers devoirs.

Réveillé une nuit de son sommeil par des cris

(1) Mgr BAUNARD, *Revue de Lille.*

affreux qui partaient d'une tente voisine de la sienne, Sonis se lève en toute hâte, accourt vers le malheureux surpris à l'improviste par l'épouvantable maladie ; lui parlant aussitôt de Dieu, il fait descendre dans cette âme effrayée les sublimes espérances du ciel, et sur les lèvres déjà livides du soldat appose le crucifix sur lequel s'exhale son dernier soupir.

On arriva au bivouac du Kis le 23 octobre. Quelques gouttes de pluie vinrent en cette journée rafraîchir l'atmosphère. Cinq mille hommes de troupes se trouvaient rassemblés sous les ordres immédiats du général en chef, et dans ce nombre quatre régiments de cavalerie : 1er et 2e chasseurs d'Afrique, 1er et 12e chasseurs de France. Ce bivouac de Kis avait été désigné comme le point de concentration de la colonne d'Oran que Martimprey voulait diriger contre la grande tribu kabyle des Beni-Smassen, commandés par El-Hadj-Mimoun, en abordant la montagne par le col d'Aïn-Taforalt. Il devait ensuite, dans la plaine des Angades, couper la retraite aux fuyards, et, de concert avec une seconde et une troisième colonne, continuer d'importantes opérations avec un effectif de douze à quinze mille hommes.

Mais la mort faisait dans nos rangs bien plus de victimes que la guerre.

L'épidémie s'était déclarée avec une violence extrême, le bivouac de Kis était inhabitable ; plusieurs reconnaissances heureusement ordonnées au 1er régiment de chasseurs, l'éloignèrent pour quelque temps de ce foyer pestilentiel ; mais ils ne rencontrèrent pas l'ennemi qui se dérobait sans cesse, et ils rentrèrent au bivouac où mouraient par le choléra plus de cent hommes chaque jour.

Le général Thomas fut un des premiers emportés. En confiant ses dépouilles à la terre, on aurait dit que l'armée française assistait à ses propres funérailles !

« Un voile de deuil couvrait le camp, écrit un des « officiers de l'état-major. La tristesse sinon le dé- « couragement régnait autour de nous. En dehors « des relations obligées de service, on se fréquentait « peu ; et les repas eux-mêmes se prenaient presque « en silence. »

Le capitaine de Sonis au milieu de ces moribonds et de ces morts conservait un calme qui ne se démentait jamais, secourant les uns, ensevelissant les autres et trouvant dans l'amour de Dieu qui remplissait son cœur, une force surhumaine.

« J'avais fait, dès le départ, le sacrifice de ma vie, « écrivait de Sonis à un ami confident des trésors de « cette grande âme. Il m'en coûtait beaucoup à cause « de ma femme et de mes enfants pour qui je priais « chaque jour. Mais enfin Dieu est un père ; j'avais « eu soin de m'unir à lui dès le départ, et vivant en « sa présence, je m'étais, j'espère, conservé dans sa « grâce !.. Je me mis à ses ordres pour faire ce qu'il « y avait à faire et je compris que la charité attendait « quelque chose de moi.

J'étais navré de voir ces soldats que j'aimais tom-

« ber chaque jour comme des mouches, sans que
« personne fût là pour les faire penser à Dieu, à leur
« âme, à leur salut éternel : nous n'avions pas d'au-
« mônier.

« J'ai bien des fois entendu le colonel de Monta-
« lembert s'en plaindre en ma présence. Il en souffrait
« comme moi. Je fis donc ce que je pus auprès de
« ces pauvres moribonds ; et en cela je n'eus point de
« mérite, car j'en étais bien payé par les consolations
« de tout genre que je trouvais à les assister.

« On ne sait pas quels cœurs d'or il y a sous cette
« rude écorce. Dès qu'ils se sentaient atteints, ils
« se tournaient vers Dieu, et j'en ai vu mourir comme
« je voudrais mourir moi-même !...

« Pauvres jeunes gens ! ils me confiaient leurs
« dernières recommandations pour leurs parents, leurs
« amis ; c'était parfois déchirant. Malgré leurs atroces
« souffrances, ils priaient, qui plus, qui moins, mais
« tous m'assuraient qu'ils voulaient finir en bons
« chrétiens.

« Je les y encourageais, je leur distribuais de
« bonnes paroles, je leur présentais le crucifix. Il
« n'était pas en mon pouvoir de faire davantage pour
« leur ouvrir le ciel, mais je comptais à bon droit
« sur le Sacré-Cœur de Jésus qui m'a beaucoup aidé
« dans cette circonstance. »

Cependant le fléau continuait son œuvre de destruc-
tion. Tout manquait à l'ambulance ; pas de médecins,
pas de prêtres, pas d'eau, car il n'était pas tombé de
pluie depuis le mois d'avril et les malheureux cholé-

riques mouraient au milieu d'atroces convulsions. On trouvait à peine le temps de leur rendre les derniers devoirs et on refusait de les enterrer.

Un jour, saisi d'une sainte indignation, Sonis prend entre ses bras un malheureux qui venait d'expirer, et comme l'avait fait jadis son royal patron saint Louis, l'ensevelit, le couche lui-même dans la fosse béante et, se tournant vers ses soldats émus, leur dit : « Allons, suivez l'exemple de votre capitaine…! »

La situation devenait intolérable et on appelait à grands cris la rencontre de l'ennemi. La colonne se mit en marche vers le col d'Aïn-Taforalt, élevé de huit cents mètres au-dessus du bivouac de Kis. On pensait y rencontrer les Kabyles ; dans tous les cas, c'était opposer une diversion à l'état moral de l'armée. Et cependant, le colonel de Montalembert ne négligeait rien pour raviver le courage de ses malheureux soldats. Il allait les voir, prenait le café avec eux ; à la tête de la colonne du 1er chasseurs il avait placé des chanteurs, et tous répétaient les joyeux refrains militaires quand ils avaient la mort dans l'âme.

Enfin, le 27 octobre, l'attaque commença, et le soir, à cinq heures, le drapeau du 5e régiment des zouaves flottait sur la hauteur d'Aïn-Taforalt, où nos bivouacs s'établirent pour la nuit. Les habitants des villages avaient répondu à notre attaque par des coups de feu. Quatorze des nôtres dont trois officiers furent tués, et il y eut trente blessés.

Le cheikh El-Hadj-Mimoun s'engagea à payer une contribution levée sur chaque fusil, et à livrer plusieurs otages parmi les chefs de la tribu. Pour quitter au plus vite ce pays maudit, on accepta toutes ses propositions. Le commandant Colomb avait, pendant ce temps, réprimé vigoureusement l'insurrection de la tribu agressive des Beni-Guil, et le général Durieu avait fait une importante razzia chez les Mahias et les Angades, qui se soumirent et demandèrent l'*aman*.

Ces deux victoires causèrent une joie d'autant plus grande que l'insurrection vaincue, c'était le retour en France.

Des feux de joie furent allumés en l'honneur de la victoire d'Aïn-Taforalt, on lut d'enthousiastes proclamations, mais, hélas! la marche du fléau ne s'arrêtait pas... Déjà à la redoute de Sidi-Abderram, on avait laissé quinze morts, et maintenant de cruelles pertes allaient décimer le 1er chasseurs d'Afrique.

Le lieutenant-colonel Fenin fut frappé mortellement dans la nuit du 30 au 31 ; à la première nouvelle du danger qu'il courait, Sonis va près de lui, s'installe à son chevet et lui parle du Dieu d'amour qui fortifie et console. La vie jusque-là avait été douce pour M. Fenin, mais alors il laissait en France une femme qu'il avait épousée il y avait à peine quelques mois, et son cœur se brisait à la pensée de ne plus la revoir. Sonis en était ému ;... toutefois il trouva dans l'ardeur de son zèle et de sa foi des accents si sublimes que le colonel fit courageusement à Dieu le sacrifice de cette vie qu'il aimait tant! « Je veux un prêtre », répétait-il. On s'empressa de vouloir le satisfaire, mais toutes recherches furent vaines, aussi bien à l'état-major de la première division qu'au quartier général.

« Capitaine ! s'écrie alors le pauvre malade en s'adressant à M. de Sonis, je vais vous faire ma confession, et quand le prêtre viendra... s'il est trop tard pour moi, vous la lui transmettrez. »

L'officier n'avait pas la mission du prêtre qui pardonne, mais dans le crucifix qu'il fait embrasser aux mourants, dans les exhortations qu'il leur adresse, il le console et supplée au saint ministère qui fait absolument défaut. Le colonel de Montalembert était douloureusement ému de cette triste situation.

« C'est un crime et une honte, disait-il, qu'une armée de quinze mille chrétiens soit ainsi privée de tout secours religieux par le gouvernement de la France, quand ces hommes meurent pour elle sur une terre barbare. »

Vers le soir, Fenin, sentant sa fin approcher, fit ses adieux à ses officiers, et se tournant du côté de Montalembert, il lui donna son porte-monnaie : « Pour ma femme, lui dit-il... avec mes derniers adieux. »

Hélas ! ce triste legs ne devait pas être remis par M. de Montalembert. En quittant son ami, il se sentit frappé à son tour.

« Tenez, dit-il à M. Decroix, le vétérinaire en chef du 1er chasseurs, ce sera vous qui porterez cette relique à Mme Fenin ; quant à moi, c'est fini... »

Le lendemain il avait une attaque de choléra. La consternation était grande au régiment, qui perdait ses deux chefs.

Mais le colonel de Montalembert, un vaillant chrétien comme son frère, voulut, avant de mourir, donner un témoignage de sa foi dans un ordre du jour bien propre à relever, par les pensées religieuses qui l'animent, le courage de ses braves et malheureux soldats. En voici le texte :

1er RÉGIMENT DE CHASSEURS D'AFRIQUE

ORDRE DU 29 OCTOBRE 1859

Mes braves Chasseurs,

Nous sommes tous éprouvés par Dieu ; ayez confiance et priez !

Il n'abandonnera pas le 1er régiment de chasseurs d'Afrique.

Mettons toute notre confiance en Lui ; et, s'il y en a qui succombent, qu'ils n'oublient pas qu'en mourant ils remplissent une mission, qu'ils sont des martyrs et qu'ils iront au ciel.

Si votre colonel doit être du nombre, n'oubliez pas non plus qu'il priera pour vous.

En attendant, bravons la mort, c'est notre métier, et que le découragement ne nous gagne pas : Dieu fait bien ce qu'il fait, et nous sommes ses enfants !

Votre Colonel,

DE MONTALEMBERT.

Cet ordre du jour fut trouvé trop religieux pour être communiqué aux troupes

M. de Montalembert avait fait demander un prêtre à l'ambulance de Lalla-Maghnia, mais l'ambulance était éloignée et le prêtre tardait à venir. Près de lui était M. Decroix qui l'exhortait en lui disant de faire un bon acte de contrition parfaite. « Prêtez-moi votre croix ! » dit le colonel ; et aussitôt M. Decroix détacha le petit crucifix qu'il portait toujours et le lui donna. Alors le colonel commença à demi-voix la confession de ses fautes. Discrètement l'ami se retira. Sonis entrait à ce moment. « Venez, lui dit Montalembert, restez près de moi..... le prêtre n'arrive pas..... il sera trop tard..... Vous m'écouterez et vous lui répéterez ce que je n'aurai peut-être plus la force de dire. »

« — Non ! répondit le capitaine, mais prions ensemble pour que le prêtre arrive..... »

Le lendemain, Sonis amenait le Père Mermillod, un jésuite de la province d'Oran qui faisait le service de l'ambulance à Lalla-Maghnia. La première visite du prêtre fut pour le lieutenant-colonel Fenin, qui respirait encore et eut le bonheur de recevoir une dernière absolution si ardemment désirée ; puis il se rendit près de .M. de Montalembert, qui le reçut avec une grande joie.

Nous trouvons le touchant récit de cette pieuse visite dans une lettre adressée à Mme de Montalembert, le 21 novembre 1859.

« C'est le 2 novembre, si je ne me trompe, sur le pla-
« teau d'Aïn-Taforalt, que j'ai vu M. le Comte, écrit le
« Père Mermillod. Il était environ huit heures du soir.
« Je le trouvai couché dans sa tente, un chapelet avec
« un crucifix à la main, un scapulaire à son cou.

« Je remarquai aussi, Madame, un livre de prières

« placé auprès de lui (1). Je lui présentai une mé-
« daille des Sacrés Cœurs de Jésus et de Marie, qu'il
« reçut et qu'il baisa : ces sentiments n'avaient d'ail-
« leurs rien de surprenant pour moi ; j'étais tellement
« habitué à voir presque tous les officiers qui m'ap-
« pelaient porter les livrées de Marie, que le con-
« traire aurait plutôt attiré mon attention.

« M. le Comte me parla d'abord pendant quelques
« minutes de vous, Madame, en me laissant deviner
« la douleur qu'il ressentait de votre éloignement et
« de vos inquiétudes, ce qui, dans ma conviction,
« n'avait pas peu contribué à aggraver son mal.

« Mon Père, me dit-il ensuite, je vous demande
« pardon de vous faire venir de si loin et si tard,
« mais je désire vivement me confesser.....

« Il avait, comme il me le dit, communié à son re-
« tour de la guerre d'Italie, mais il voulait se récon-
« cilier pour ensuite être tranquille. Sa confession
« faite, il me serra la main.

« Maintenant, dit-il, que Dieu fasse de moi selon sa
« volonté, je me soumets à tout !...

« Il paraissait assuré de mourir avant peu de jours.

« Le lendemain, avant mon départ pour Sidi-Bou-
« Naaria, je ne pus voir le colonel, qu'on avait éloi-
« gné pour qu'il ne fût pas témoin des funérailles de
« son lieutenant-colonel Fenin, duquel il ne cessait
« de demander des nouvelles.

(1) Le colonel avait écrit quelques jours auparavant: « Je lègue
ce livre à mon fils André ; il y trouvera tout ce qui est nécessaire
au salut. »

André de Montalembert entra dans la Compagnie de Jésus et
y mourut à vingt-trois ans, le 13 juillet 1870.

« Il n'eut pas le bonheur de recevoir le saint via-
« tique; aucune des victimes du choléra n'y fut admise,
« à cause de l'impossibilité de conserver les saintes
« espèces dans une colonne mobile. Mais il n'a cessé
« dès lors d'offrir à Dieu le sacrifice de ce que vous
« avez raison, Madame, d'appeler le martyre. »

Le colonel vécut encore quelques jours, son attaque n'ayant pas été foudroyante.

Il remercia chaleureusement Sonis de lui avoir
amené le Père Mermillod.

« Merci, mille fois merci, mon cher capitaine, lui
disait-il. Dites bien à tout le régiment que je mourrai
content parce que j'ai rempli mon devoir de chrétien.
Il n'y a que cela qui reste ! Dites-leur aussi que je ne
les oublie pas et que je compte bien les revoir tous
là-haut. Adieu ! Adieu ! »

Cependant la cavalerie s'était mise en marche pour
le retour, et le colonel voulut la suivre.

Par un héroïque effort de volonté, il put, avec l'aide
d'un jeune sous-lieutenant, M. de Rastignac, rester
quelques instants à cheval ; mais bientôt ses forces
l'abandonnant, il dut se résigner à monter en cacolet.

Le 6 novembre, la cavalerie était à Si-Mohammed ;
le 7, à Aïn-Tinzy ; le 8, à Sidi-Moussa-ben-Abdallah.
Le 9, on était à Isly, où avait eu lieu notre victoire
de 1844. On porta des toasts à la mémoire du maréchal Bugeaud ; des moutons furent abattus en son
honneur et on but à volonté de l'eau claire depuis si
longtemps désirée.

Au milieu de ces réjouissances si légitimes, une scène lugubre se produisit sur ce glorieux champ de bataille d'Isly où avait eu lieu notre victoire de 1844. Le cacolet où était M. de Montalembert fut entouré de tous les officiers du 1ᵉʳ régiment de chasseurs qui venaient faire leurs derniers adieux à leur colonel. Ce fut un spectacle déchirant; l'empreinte de la mort était déjà gravée sur le visage de M. de Montalembert qui serra la main aux officiers et embrassa M. de Sonis..... Tous pleuraient. Puis le capitaine Béchot fut chargé de conduire le colonel à l'ambulance de Lalla-Maghnia.

En se voyant entouré d'Arabes, M. de Montalembert fut effrayé ; on le rassura en lui faisant remarquer que c'était notre *goum* qui allait l'escorter à l'ambulance. Malheureusement, celle-ci était tellement remplie, qu'on l'installa dans un cabaret en attendant le lendemain..... Mais le lendemain, cette belle âme avait pris son vol vers l'éternité.

Dans la nuit du 10 au 11, il avait pleuré en pensant à tous ceux qu'il quittait, à tous ceux qu'il avait aimés. Puis, après avoir appelé sa femme, ses enfants, ses lèvres se collèrent sur le crucifix; il trouva encore la force, à plusieurs reprises, de faire le signe de la croix.

« J'espère, répétait-il, que Dieu me pardonnera. » Et fermant les yeux il s'éteignit doucement. Quand le Père Mermillod s'approcha vers trois heures, il crut que le colonel dormait et s'éloigna sans bruit. C'était le sommeil de l'éternité !

Il avait combattu le bon combat et il pouvait dire :

« J'ai gardé la foi, le Seigneur, juste juge, me rendra la couronne de justice. »

Le 1ᵉʳ chasseurs se mit en route pour Lalla-Maghnia ; ce fut une marche sinistre.

« Chaque jour, dit un témoin, il fallait creuser des « tombes pour les victimes de la nuit. »

Quand le régiment atteignit Lalla-Maghnia, il apprit que son colonel et trois capitaines n'existaient plus ; un grand nombre d'hommes du 12ᵉ chasseurs étaient également morts en route.

« Le choléra ne nous laisse pas un moment de re-
« pos, écrivait un officier espagnol, victime, quelques
« jours après, de l'épidémie. On dirait que les génies
« tutélaires de l'Afrique ont excité contre nous, non
« seulement les hommes, mais les éléments eux-
« mêmes. Nous dormons dans la boue, toujours trou-
« blés, sans savoir si ce sommeil inquiet va devenir
« éternel par le coup d'une balle ennemie ou par une
« attaque de choléra, cette fatalité invisible et sinis-
« tre qui nous décime et nous anéantit. Nos ambulances
« sont chargées de malades ; pour peu que cela con-
« tinue, au lieu d'une armée, nous aurons un cimetière.
« Nous ne nous rendrons pas au Maure, mais à la
« mort. »

Enfin la campagne était terminée, et quand le général en chef de Martimprey fit avec émotion ses adieux à ses troupes, il dut constater qu'un quart de la colonne avait succombé au choléra.

Le *Moniteur* du 26 novembre 1859 contenait un rapport sur les opérations exécutées par les troupes françaises contre les tribus marocaines. On y parlait peu du choléra, et après avoir fait l'éloge de cette expédition admirablement conduite et qui avait donné de sérieux résultats, on ajoutait qu'au début des opérations le corps expéditionnaire avait supporté de cruelles épreuves et que l'état sanitaire avait subi une grave altération dans plusieurs régiments ; qu'il y avait eu des victimes regrettables pour l'armée, mais que le moral des troupes n'en avait pas été atteint et que leur confiance dans le succès n'en avait pas été diminuée ; que le 16 une amélioration s'était manifestée et que depuis cette époque il y avait toujours eu une marche décroissante dans la maladie.

L'officier qui présenta ce rapport remit en même temps à l'Empereur, qui était alors à Compiègne, deux bannières enlevées aux Mahias et aux Angades dans la journée du 5 novembre. Autour de ces bannières il y avait une riche djebera, des fusils, des sabres, des poignards enlevés aux chefs marocains.

On admirait ces joyaux ! mais dans ce monde brillant réuni à Compiègne pour les fêtes impériales, qui donc pensait au prix qu'avaient coûté ces trésors, aux larmes versées par des mères, des femmes, des sœurs en deuil ?...

Le capitaine de Sonis s'était bravement conduit pendant cette campagne et était entouré d'une respectueuse admiration.

Le 13 novembre, en arrivant dans l'Algérie fran-

çaise, il reçut sa nomination de chef d'escadrons au
2ᵉ spahis ; toute la colonne applaudit avec joie à cette
récompense méritée !

Il se rendit ensuite à Castres, dans sa famille,
le 15 décembre. Ce fut, comme on le devine, une
vraie fête ! Que d'actions de grâces s'élevèrent
vers Dieu de ces cœurs si pieux et si tendres ! Que
de douces émotions après de si douloureuses angoisses !

Quant à Sonis, il écrivait le 10 février suivant à
son ami M. de Sèze ces quelques lignes simples et
chrétiennes où se reflète son oubli de lui-même et
son amour pour Dieu :

« Mon bien cher Louis, que d'événements se sont
« passés pour moi depuis que je ne t'ai écrit ! J'ai
« fait successivement les deux campagnes d'Italie et
« du Maroc, où, après avoir échappé par miracle à
« une mort certaine, j'ai fini par obtenir la croix de la
« Légion d'honneur et le grade de chef d'escadron au
    2ᵉ spahis.

« Je n'ai pas besoin, mon cher ami, de te dire le
« bonheur que j'ai eu à embrasser ma femme et mes
« chers enfants dont j'étais séparé depuis plus d'un
« an.

« J'ai été pour cette pauvre petite famille une source
« de bien grands chagrins et de bien vives préoccupa-
« tions, par suite des continuels dangers qui m'envi-
« ronnaient.

« Dieu m'a gardé pour ces chers enfants que j'élè-
« verai, j'espère, pour Lui.

« Si je pouvais, mon cher ami, te rencontrer à Blois,
« je serais si heureux de t'embrasser et de te dire
« toutes les grâces que Dieu m'a faites pendant les
« grandes luttes auxquelles j'ai assisté !.... »

Le choléra avait épargné Sonis et Dieu le gardait
à la France !

CHAPITRE V

En 1858, l'Empereur avait changé l'organisation gouvernementale de notre colonie africaine et créé un ministère de l'Algérie et des colonies, dont il confia la direction au prince Napoléon. C'était en quelque sorte une vice-royauté qu'il donnait à son cousin.

Ce changement était une double faute. D'abord parce que le prestige militaire est immense sur les populations guerrières du nord de l'Afrique ; ensuite, parce que le scepticisme affiché du fils du roi Jérôme, lui enlevait toute influence sur les Arabes.

L'athéisme, ce triste fruit d'une civilisation corrompue, n'avait pas encore pénétré en Algérie, et, pour les Musulmans, le manque absolu de croyance de leur nouveau gouverneur était une réelle infériorité.

Les résultats de ce maladroit changement ne se firent pas longtemps attendre. En 1860, après la campagne du Maroc, la situation était si tendue, que Napoléon III crut nécessaire de faire un voyage en Algérie, espérant que sa présence, celle de l'Impératrice, alors dans tout l'éclat de sa beauté, et les fêtes brillantes qui seraient données en leur honneur, éblouiraient les indigènes et les rattacheraient à la France.

Il y eut, en effet, pendant le séjour des souverains à Alger, des réceptions et des fêtes splendides. La plus belle et la plus imposante fut la fête militaire.

Fantassins et cavaliers des trois provinces, aghas et caïds en tête, exécutèrent de brillantes fantasias, suivies d'une charge magnifique de douze escadrons de spahis ; enfin, les goums (1) en ligne de bataille, fusils hauts et bannières déployées, s'approchèrent du monticule sur lequel était dressé le trône impérial, et, mettant pied à terre, présentèrent à l'Empereur, en signe de soumission, un cheval tout caparaçonné d'or.

Il était impossible d'imaginer un spectacle plus grandiose, plus féerique : ces masses d'hommes manœuvrant à une allure vertigineuse pour des Européens, avec une audace, une *furia* inimaginables, et toutes ces têtes basanées, tous ces costumes de cou-

---

(1) Cavaliers arabes pris dans les tribus dévouées. Ils ont fait avec nos colonnes toutes les grandes expéditions.

leurs claires, baignés dans la splendide lumière d'un ciel d'Afrique, qui faisait flamboyer les sabres, les fusils, les harnachements des chevaux couverts de pierres précieuses, d'or et d'argent !

Le jeune commandant de Sonis se trouvait à la tête de deux de ces superbes escadrons, qui avaient tant émerveillé Napoléon III par leur hardiesse et leur habileté. Le beau costume des officiers de spahis lui seyait à ravir, et l'Empereur, qui aimait à s'entourer de brillants cavaliers, lui fit demander de faire partie de sa maison militaire.

C'était la porte grande ouverte à la faveur et à la fortune. Tout autre officier aurait accepté d'enthousiasme ; Sonis demanda simplement si c'était un ordre formel ; il lui fut répondu que ce n'était qu'une offre bienveillante et il refusa.

Mgr Freppel, dans son Oraison funèbre, nous donne les motifs de ce refus qui parut inexplicable à nombre de gens sans convictions et sans caractère, prêts à se courber devant tous les soleils :

« ..... Sonis se serait incliné devant un ordre, mais
« il déclina une proposition qui n'était pas en harmonie
« avec sa foi politique.

« Attaché de cœur à la dynastie royale et plein
« d'admiration pour le Prince en qui s'incarnait le
« droit héréditaire, il était de ceux qui pensent qu'on
« ne refait pas plus le tempérament d'un peuple que
« celui d'un individu, et que pour maintenir une so-
« ciété dans les conditions normales de sa force et de
« sa vie, il est nécessaire avant tout de conserver au

« milieu d'elle, haute et respectée, l'institution cen-
« trale, avec laquelle et par laquelle un peuple est
« né, a grandi, a prospéré, s'est développé, ne faisant
« qu'un avec elle et trouvant dans cette alliance fé-
« conde, à travers les vicissitudes de son histoire, la
« garantie souveraine et permanente de sa grandeur
« et de son unité. »

Cette conviction politique, traditionnelle chez les
Sonis, ne leur fit jamais oublier que la patrie plane
au-dessus de tous les régimes, et de même que le
père avait consciencieusement donné ses services au
gouvernement de Juillet, de même les fils servirent
avec une loyauté et un dévouement sans égal l'Empire et la République.

Dans le discours prononcé à Alger, l'Empereur avait
essayé de dissiper certains malentendus qui trou-
blaient beaucoup les indigènes, affirmant qu'il n'avait
pas des idées de conquêtes mais d'apaisement.

« ..... Si j'ai traversé la mer, disait-il, c'est pour
« laisser comme trace de mon passage parmi vous la
« confiance dans l'avenir et une foi entière dans les
« destinées de la France, dont les efforts pour le bien
« de l'humanité sont toujours bénis par la Provi-
« dence. »

Le bien de l'humanité n'est, hélas ! qu'une formule
aussi vague qu'elle est sonore. Rien ne fut changé
dans l'administration algérienne, et le seul résultat de

la visite impériale fut de faire disparaître le ministère de l'Algérie.

Quelques semaines après son retour en France, le 24 novembre 1860, Napoléon III rappela M. de Chasseloup-Laubat qui avait succédé au prince Napoléon, et nomma gouverneur général un vieux soldat d'Afrique, le maréchal Pélissier, duc de Malakoff.

Il devenait, en effet, absolument nécessaire d'avoir à la tête de notre grande colonie un homme énergique comme l'était le vainqueur de Sébastopol.

Depuis un certain temps la guerre sainte était prêchée à la Mecque et il y avait une effervescence générale dans tous les pays musulmans, aussi bien en Asie qu'en Afrique.

Mais cette effervescence était encore augmentée en Algérie par la maladroite attitude des autorités françaises vis-à-vis des grands chefs musulmans.

Les Arabes sont un peuple à part. Ils ont une civilisation, des mœurs, des coutumes qui n'ont pas varié depuis des siècles. Ces nomades sont des stationnaires au point de vue moral. Esclaves de la tradition, ils y tiennent avec une farouche fidélité. Y toucher c'est les blesser profondément.

Malheureusement, parmi les Français qui venaient exercer une autorité quelconque en Algérie, soit militaire, soit administrative, bien peu s'occupaient d'étudier le caractère des indigènes. Par ignorance ou par dédain, ils agissaient avec les chefs arabes, ces hauts et puissants seigneurs du Sahara, comme ils l'auraient fait, dans n'importe quel département de la mère-patrie, avec le premier vagabond venu ; ne se rendant pas compte des trésors de haine et de vengeance qu'ils accumulaient sur les têtes de nos colons et de nos soldats.

Le commandant de Sonis était un des rares officiers qui se fût donné la peine d'approfondir les dialectes et les usages arabes, afin de ménager les susceptibilités des indigènes, prouvant une fois de plus la vérité de cette parole célèbre d'un ministre : « Le catholicisme est une grande école de respect. »

Si l'exemple de Sonis eût été plus fréquemment suivi, on aurait évité ces froissements inutiles, ces irritations sourdes qui peu à peu se transformèrent en une véritable révolte.

Mais sa haute piété le rendait suspect, et le maréchal Pélissier, suivant les anciens errements, prit une voie toute opposée à celle du vaillant officier, que les Arabes avaient surnommé le Juste, comme ils l'avaient fait jadis pour l'illustre maréchal Bugeaud.

On ne respecta pas davantage les mœurs et les traditions indigènes, mais on mit des entraves au zèle des missionnaires catholiques, on restreignit l'action de l'archevêque d'Alger et des sociétés de Saint-Vincent de Paul, de Saint-François Régis et de Saint-François de Sales, croyant ainsi apaiser le mécontentement des fils du Prophète envers la France.

C'était les assimiler à de vulgaires radicaux.

M. de Sonis jugeait mieux la race musulmane en tenant haut et ferme, en face d'elle, le drapeau de sa foi religieuse.

Pendant les seize années qu'il a passées en Afrique, si ce soldat chrétien a exercé un véritable prestige sur les indigènes, ce n'est pas seulement par sa grande bravoure, c'est surtout par la dignité de sa vie, la grandeur de son caractère, et sa foi ardente, profonde, qui inspiraient le respect aux disciples de Mahomet.

Au mois d'avril 1864, l'insurrection, latente depuis 1861, éclata brusquement.

Le chef de la tribu des Oulad-Sidi-Cheikh, Si-Sliman-Ben-Hamza, leva l'étendard de la révolte, sous lequel vinrent se ranger aussitôt les grands chefs du Djebel-Amour et du Sahara.

Les Oulad-Sidi-Cheikh se prétendent les descendants en ligne directe du Prophète; ils portent le titre de marabouts, exercent une influence séculaire, des confins de la Tunisie aux frontières du Maroc; et tous les *ksours* ou villages du Sahara reconnaissent leur autorité. Un des leurs : Sidi-Chikh, qui vivait au XVIIe siècle, est vénéré comme un saint du pays, et sa *koubla* (chapelle) est un but de pèlerinage.

Autour de cette terre sacrée sont construits les six ksours des Oulad-Sidi-Cheikh, à quatre cent six kilomètres d'Oran, à l'entrée du désert.

Vers 1851, le gouverneur général de l'Algérie avait très habilement rallié à la cause française le chef des Oulad-Sidi-Cheikh, Si-Mohammed-Ben-Hamza, qui, pendant dix ans, fut un précieux et dévoué auxiliaire.

Malheureusement, Si-Mohammed mourut en 1861, et son fils, qui avait à peine dix-sept ans, se laissa entraîner par son oncle, Sid-El-Ala, homme de guerre remarquable et ardent partisan de la vieille indépendance.

Pour avoir raison de cette insurrection, qui menaça un moment nos postes avancés du Sud, il fallut, de la part des chefs et des soldats, une patiente énergie, une prudence toujours en éveil, absolument opposée à l'esprit et au caractère français.

« On ne fait pas la guerre dans un désert », dit le maréchal Marmont dans son livre de l'*Esprit des institutions militaires*, et en effet, rien n'est démoralisant comme cette poursuite incessante d'un ennemi qui disparaît toujours quand on croit l'atteindre

Ces expéditions exigent, de la part des chefs qui les dirigent, beaucoup de calme, d'empire sur soi et de prévoyance. Sans ces qualités maîtresses, on court infailliblement au devant d'un désastre. Désastre d'autant plus cruel, qu'avec plus de sagesse on aurait pu l'éviter.

Sans remonter, dans le martyrologe africain, jusqu'aux premières heures de la conquête, c'est ainsi que succomba, en avril 1864, la colonne Beauprêtre.

Au début de l'insurrection, le maréchal Pélissier (1) avait pris des mesures énergiques pour comprimer le mouvement et l'empêcher de se généraliser.

Le colonel Beauprêtre, à la tête de cent hommes d'infanterie, d'un escadron de spahis et des goums, se dirigea vers l'ouest sur le Djebel-Amour. Sans

(1) Le maréchal Pélissier mourut au mois de mai ; il fut remplacé, en septembre 1864, par le maréchal de Mac-Mahon.

prendre toutes les précautions nécessaires, il vint camper à cinq lieues de Geryville, à Aïn-Bou-Beker. Le lendemain matin, il était attaqué par des bandes nombreuses, à la tête desquelles se trouvait Si-Seliman. Abandonné par les goums, le malheureux colonel fut massacré avec sa petite troupe.

En apprenant la fin terrible de la colonne Beauprêtre, le général Deligny, commandant la province d'Oran, se mit immédiatement en marche pour refouler l'insurrection... Sonis, qui était alors sous ses ordres, partit un des premiers.

Le commandant de la province d'Alger, le légendaire général Yusuf, se dirigea de son côté vers Laghouat, afin de se mettre en communication avec le général Deligny et tenir en échec l'aghalik du Djebel-Amour.

Fidèles à leur tactique, les Arabes disparurent à travers la plaine immense du Sahara, et quand nos troupes arrivèrent, elles ne trouvèrent en face d'elles que le plus redoutable des ennemis : la soif.

Les hommes qui ont fait les campagnes d'Afrique n'oublient jamais ce supplice sans nom dont les tortures dépassent tout ce que l'imagination peut rêver de plus atroce.

Dans ces conditions désastreuses, la poursuite des *cavaliers salamandres* (1) semblait impossible au général Deligny, et, sans en être aussi convaincu peut-être qu'il l'écrivait, le commandant de la province d'Oran

____

(1) Ainsi les a surnommés le colonel Trumelet, un de nos officiers supérieurs qui connaît le mieux tout ce qui concerne l'Algérie.

envoya au général de Martimprey, alors gouverneur intérimaire de l'Algérie, une dépêche pour annoncer que les marabouts Sid-Mohammed-Ould-Hamza et Sid-El-Ala étaient en fuite, leurs alliés les Oulad-Chaïb « réduits à boire de l'eau salée » (à Malch) et qu'il croyait la révolte finie.

Cette dépêche du 1ᵉʳ juillet 1864 reçut le 12 un éclatant démenti.

Sid-Mohammed-Ould-Hamza, à la tête de deux mille cavaliers et fantassins, attaqua Frenda ; repoussé par l'agha Sid-Ahmed, qui nous était resté fidèle, le jeune marabout se retira.

« Mais cette incursion prouvait qu'il n'était pas disposé à attendre l'hiver pour recommencer la lutte », et que, malgré la chaleur torride, si pénible pour des Européens, il nous fallait nous tenir sur nos gardes et reprendre les fatigantes manœuvres des régions sahariennes.

La révolte, loin d'être finie, prenait de jour en jour des proportions plus considérables.

Bien des causes favorisaient le développement de l'insurrection.

D'abord, les fautes accumulées du gouvernement colonial, qui, s'obstinant dans son ignorance des traditions arabes, blessait à tout propos les indigènes.

Puis, chez ce peuple éminemment guerrier,... « l'amour de la poudre, des aventures, la passion du butin, l'entraînement contagieux de l'exemple ».

Enfin et surtout la communauté d'origine et de foi religieuse. C'était suivant l'expression musulmane au nom du *Dieu unique*, pour défendre l'Islam, menacé

MARÉCHAL DE MAC-MAHON

par les infidèles, que les descendants de Sidi-Chikh avaient jeté le cri de guerre et appelé aux armes les tribus transstelliennes.

L'ébranlement était général, aussi bien dans la province d'Alger que dans celle d'Oran, et sans « ... la prompte apparition des colonnes expéditionnaires, qui tenaient le marabout à distance et empêchaient la défection des tribus », elles auraient toutes abandonné leur territoire et rejoint les chefs de l'insurrection.

Nous ne pouvons suivre pas à pas nos vaillantes colonnes dans cette douloureuse et fatigante expédition qui dura près de quatre années.

Chaque jour amenait les mêmes incidents, les mêmes périls, les mêmes souffrances que la veille ; comme la veille, l'ennemi était insaisissable, et si parfois il semblait nous attendre, c'était pour attirer dans quelque embuscade nos malheureux soldats, qui tombaient presque toujours victimes de leur courage irréfléchi.

Au mois de mars 1865, le commandant de Sonis fut envoyé à Laghouat avec le titre de commandant supérieur. Laghouat était alors le poste le plus avancé de la province d'Alger. La ville, conquise en 1851, est bâtie sur deux collines rondes qui l'ont fait comparer à une grenade entr'ouverte.

Quelques semaines après, le 17 juin, un décret impérial nommait Sonis lieutenant-colonel au 1er régiment de spahis, mais en lui laissant la direction du cercle. Nul officier n'était plus capable de commander à ces fils du désert que le brillant et indomptable cavalier que, jadis, ses camarades de Juilly appelaient : Mademoiselle de Sonis.

Ses soldats avaient pour le *Juste* une si grande admiration qu'ils l'auraient suivi au bout du monde.

La fin de l'année 1864 avait été ensanglantée par la malheureuse affaire des puits d'Aïn-El-Baïda, presque aussi désastreuse que celle d'Aïn-Bou-Beker (1).

Le 4 février, le général Deligny atteignit enfin Sid-Mohammed-Ould-Hamza près de l'oasis de Benoud.

Après une lutte ardente, sauvage, Sid-Mohammed tomba, mortellement blessé par un de ses coreligionnaires devenu, tout récemment, son plus implacable ennemi.

La chute du jeune chef des Oulad-Sidi-Cheikh fut le signal de la déroute de ses partisans, qui s'enfuirent dans le désert, emportant avec eux presque tous leurs blessés.

Sid-Mohammed vécut encore quelques jours ; en mourant, il remit le soin de le venger à son jeune frère, Sid-Ahmed-Ould-Hamza et à son oncle, l'ambitieux Sid-El-Ala.

Ce brillant combat, qui ralentit un peu le mouvement insurrectionnel, porte dans l'histoire le nom de journée de Garet-Sidi-Ech-Shickh.

Sid-Mohammed-Ould-Hamza était à peine couché dans le tombeau de ses glorieux ancêtres, que les

(1) Le commandant d'une des colonnes mobiles, le général Jolivet eut l'imprudence de laisser son convoi disséminé aux environs des puits d'Aïn-el-Baïda. Il fut surpris par les Arabes, qui massacrèrent presque toute l'escorte.

Oulad reprenaient la lutte au nom de son frère et sous la direction de Sid-El-Ala.

Mais nos soldats, comme jadis leurs aînés, commençaient à se faire à cette guerre de sauvages, toute d'embuscades et de surprises, et les chefs de colonnes, instruits par de cruelles expériences, se montraient plus habiles et plus clairvoyants.

Aussi, malgré toute l'énergie de Sid-El-Ala, les tribus révoltées durent, au mois d'octobre, se replier vers la frontière du Maroc.

Sonis partit alors de Laghouat avec sa petite colonne et fit un rapide mouvement dans l'ouest, pour couper la retraite aux révoltés, que poursuivaient les colonels de Colomb et de Lacretelle.

Parmi les spahis qui l'accompagnaient se trouvait un engagé volontaire : Albert de Jayac de Lagarde, le dernier descendant d'une vieille famille limousine.

Le jeune homme, fidèle aux traditions de sa race, s'était fait soldat et il avait choisi ce régiment d'avant-garde, pour avoir l'honneur de servir sous les ordres du brave et religieux officier dont toute la ville de Limoges avait gardé un inoubliable souvenir.

M. de Sonis accueillit avec sa bonté habituelle ce fils de veuve, que dans un élan de pieuse confiance, sa mère plaçait pour ainsi dire sous son égide ; comme si la vertu du chef devait être une protection pour le jeune subordonné.

Albert de Jayac était digne de l'intérêt particulier que lui témoignait son colonel, et il fit vaillamment à ses côtés presque toute la campagne de 1865 à 1867.

Nommé sous-lieutenant pour sa belle conduite

dans l'affaire de Beiza, de Jayac dut, à son grand chagrin, quitter le 1er spahis, où, grâce à la bienveillance du colonel, il se trouvait comme en famille.

Les hasards de la vie militaire ne le rapprochèrent plus de M. de Sonis qu'une seule fois en 1878, pendant une inspection de cavalerie à Vendôme; mais lui et les siens n'ont point oublié la paternelle sollicitude dont le héros de Loigny avait entouré les débuts de sa carrière. Nous avons donc fait appel aux souvenirs de cet ancien officier d'Afrique, et ses notes, ainsi que l'intéressant ouvrage du colonel Trumelet, nous ont permis de suivre à travers le désert, l'infatigable commandant de Laghouat pendant cette longue expédition, qui excita l'admiration de tous ses compagnons d'armes et lui valut une proposition extraordinaire pour l'avancement.

Le colonel de Sonis s'est couvert de gloire, écrira quelques mois plus tard son chef hiérarchique, et le colonel Trumelet, plus explicite, nous donnera les raisons de ce merveilleux triomphe :

« ..... Grâce à son entente parfaite de la guerre dans le Sahara et de la manière de combattre les populations des régions désertiques; grâce à sa brillante et audacieuse énergie, à sa bravoure chevaleresque, à la rapidité de ses conceptions et de l'exécution de ses résolutions, au choix heureux de sa position défensive, à la sûreté de son coup d'œil; grâce aussi à son remarquable sang-froid dans les moments difficiles, au prestige qu'il exerce aussi bien sur les indigènes que sur les troupes placées sous ses ordres;

grâce à son héroïque prudence qui n'abandonne rien
au hasard, à sa sévérité honnête et impartiale ; grâce
à toutes ces causes, la victoire est complète. »

Que pourrions-nous ajouter à ce magnifique éloge?
si ce n'est que Sonis puisait sa bravoure, sa prudence,
son énergie, son impartialité à la source de toutes
les grandeurs, de toutes les beautés morales, dans
sa foi chrétienne.

A la fin d'octobre 1865, la colonne de Laghouat se
mettait à la poursuite du jeune marabout Sid-Ahmed-
Ould-Hamza.

Le mois de novembre fut employé en marches et
contre-marches, l'ennemi fantôme disparaissant toujours au moment où on croyait l'atteindre.

Mais les hommes ne se décourageaient pas, car ils
avaient confiance dans leur chef, et on allait ainsi
d'oasis en oasis, franchissant les dunes et les sables
mouvants, sans souci de ces longues étapes, qu'il fallait parfois doubler pour trouver de l'eau, ou un campement mieux abrité des surprises de cet ennemi
invisible qu'on sentait tout près de soi.

Toutes les précautions ordonnées par les règle-
ments militaires ne suffisaient pas à la prévoyance
de Sonis. Le besoin de sommeil, la fatigue n'existaient pas pour lui quand il avait charge d'âmes et c'est
à peine s'il prenait quelques instants de repos, couché
sur le sable, enveloppé dans son burnous brun.

Au 1er spahis, le souvenir de l'infatigable lieutenant-colonel et de sa vigilance est resté légendaire.
Cette vigilance s'étendait aux plus petits détails. C'est

ainsi qu'il présidait à toutes les distributions de vivres et d'eau, surveillant son convoi avec une sévérité que nécessitait la difficulté des approvisionnements. Mais ni officiers, ni soldats n'osaient se plaindre, en voyant leur chef se contenter de la simple ration des hommes, une poignée de riz, un peu de biscuit et un verre d'eau.

Le 3 décembre 1865 la vaillante colonne eut enfin le bonheur de rencontrer une importante fraction des insurgés, les Oulad-Zeyan, sur la rive gauche de l'Ouad-Seggar, à Beiza.

Après une lutte opiniâtre les Oulad-Zeyan prennent la fuite tout à coup, abandonnant à nos soldats un riche butin.

A la suite de ce beau succès, qui impressionna vivement les Arabes et améliora considérablement la situation du cercle de Geryville, Sonis poussa une pointe jusqu'à ce triste Aïn-Bou-Beker où le colonel Beauprêtre avait été massacré, puis il ramena lentement sa colonne à Laghouat. Il y avait trois mois qu'elle était dans le désert. Hommes et chevaux étaient épuisés, et avant de se remettre à la poursuite de l'insaisissable marabout, il fallait changer les escadrons et refaire les approvisionnements de vivres et de munitions.

Parmi les notes et très nombreux souvenirs qui nous ont été confiés pour écrire cette histoire, nous trouvons quelques lettres du lieutenant-colonel de Sonis adressées à la mère du jeune de Jayac.

La plupart de ces lettres n'offrent qu'un intérêt trop relatif pour être reproduites ici intégralement.

Cependant nous ne saurions passer sous silence celle qui fut écrite au retour de la brillante expédition que nous venons de raconter, car elle nous semble ajouter un trait de plus à la physionomie morale de Sonis, en nous révélant les multiples trésors d'activité et de cœur du brave officier qui trouvait du temps pour tout et pour tous.

Voici donc cette lettre, dont l'arrivée dans le petit manoir limousin calma de bien grandes et bien légitimes inquiétudes :

ARMÉE D'AFRIQUE

DIVISION D'ALGER

Subdivision de Medeah

CERCLE DE LAGHOUAT

Commandant supérieur
DE SONIS

« Laghouat, 20 février 1866.

« Madame,

« Je ne fais que rentrer à Laghouat, où je trouve votre lettre. J'ai très bon espoir que votre fils sera nommé au 16 mars ; et j'ai fait tout ce que j'ai pu pour cela. Si je ne réussis pas, ce ne sera pas de ma faute ni de celle de son régiment où il est aussi aimé qu'apprécié, et je dois ajouter, ni de la sienne, car il a fait son devoir dans cette dernière affaire, où il s'est conduit en brave et en soldat français digne de ce nom.

« Votre fils est à Milianah, car en revenant de Metlili, j'ai échangé les escadrons dont il faisait partie contre de nouveaux venant du Tell. J'attends le 16 mars avec impatience, Madame, parce que j'espère qu'il vous apportera la bonne nouvelle que vous attendez.

« Vous me parlez de mon retour à Limoges, combien j'en serais heureux ! j'y ai laissé tout mon cœur ! et les amis sont rares au siècle où nous vivons...

« DE SONIS. »

CHAPITRE VI

SOMMAIRE

Reprise des hostilités contre les Oulad-Sidi-Cheikh. — La colonne
de Sonis dans le désert. — Les tourbillons de sable. — Importantes razzias sur les tribus révoltées. — Rentrée de Sonis à
Laghouat. — Sa grande influence dans la région. — Son zèle
religieux. — Sa foi. — La mort de ses filles. — Lettre au vicomte
de l'H...

L'année 1865 s'était terminée sur un succès qui
avait ramené à nous bien des tribus hésitantes. Mais
si la révolte était circonscrite, elle n'était pas encore
vaincue, et Sid-Ahmed-Ould-Hamza et son oncle Sid-
El-Ala tenaient toujours très haut le drapeau de la
guerre sainte.

Une pareille situation ne pouvait se prolonger indéfiniment sans péril pour notre prestige militaire, et
il fallait à tout prix en finir avec les Oulad-Sidi-
Cheikh.

Le 17 mars 1866, les quatre colonnes de Laghouat, Geryville, Bou-Saada et El-Hadjira se remirent donc à la poursuite des marabouts.

Sonis avait eu à peine un mois de repos entre les deux expéditions, si on peut appeler ainsi un temps rempli par les multiples et importantes occupations d'un chef de cercle frontière, comme Laghouat. Mais l'énergique commandant ne comptait pas avec la fatigue, et le devoir le trouvait toujours debout.

Les rebelles s'étaient divisés en trois groupes. Le premier suivit Sid-Ahmed dans la direction de l'ouest; le second se dirigea vers Figuig; le troisième vint s'établir à l'est, sur l'Ouad-El-R'arbi.

C'est ce dernier groupe que menaça tout d'abord la colonne de Laghouat.

« La petite armée, pleine d'espoir et d'entrain... s'élançait au devant de dangers inconnus, dans les vastes plaines de ce sud immense... Une ligne bleuâtre indiquait la limite entre la terre et le ciel. Les cœurs battaient, racontera plus tard M. d'Harcourt, mais la parole passionnée de Sonis nous eut bientôt remplis de la confiance qu'il avait en lui-même. »

Après trois jours de marche, on atteignit le petit ksar de Tadjrouna, triste et misérable village, habité par une de ces humbles tribus sahariennes qui n'ont rien de commun avec les Oulad-Sidi-Cheikh, ces hauts barons du désert.

Les tentes arabes sont dressées au bord d'une mare, qui suffit à grand peine aux besoins de la tribu.

On juge du désespoir de ces pauvres gens en voyant arriver nos soldats avec leurs tonnelets.

Si bon que fût le lieutenant-colonel de Sonis, il dut rester sourd aux suppliantes réclamations des indigènes. Le salut de son armée l'exigeait.

Une fois les provisions d'eau renouvelées, on se remit en route et on atteignit bientôt l'Ouad-Seggar. Pendant trois jours on côtoya la rivière; le soir on campait auprès d'un r'dir (petite mare autour de laquelle on trouve un peu de végétation) où chevaux et mulets pouvaient manger un peu d'herbe fraîche.

Une partie des révoltés qui s'étaient établis sur l'Ouad-El-R'arbi, effrayés par la marche de la colonne de Laghouat, abandonna la cause des Oulad-Sidi-Cheikh et vint faire sa soumission à Geryville; les autres suivirent la fortune de Sid-El-Ala.

On arriva à Thir-el-Habchi le 31 mars. Le lieutenant-colonel détacha quelques-uns de ses goums et les envoya sur le Mzarb s'entendre avec les Chambaâs nos alliés, leur donnant rendez-vous autour du Ksar de Sidi-el-Hadj-ed-Din, une des terres sacrées des Oulad-Sidi-Cheikh.

Ce village de quinze ou vingt maisons, construites à grand'peine et à grands frais, car il ne se trouve aux environs ni pierres, ni bois, avait été détruit par l'expédition de l'année précédente et il ne restait debout que deux petites chapelles contenant les restes du grand Sid-El-Hadj-Ed-Din, le successeur de Sidi-Chikh et de quelques autres membres non moins vénérés de sa famille.

La colonne y arriva dans les premiers jours d'avril;

après une série d'interminables étapes, rendues plus pénibles encore par le manque d'eau (celle que contenaient les tonnelets s'étant gâtée), et par un vent violent qui avait soulevé d'aveuglants tourbillons de sable.

A l'une des haltes, on s'aperçut qu'un homme manquait à l'appel. Le lieutenant-colonel fit remonter à cheval un peloton de spahis. Ces braves cavaliers battirent la plaine pendant deux heures, à la recherche de leur camarade ; mais le malheureux avait probablement été enseveli dans une fondrière, car il ne fut pas retrouvé.

D'aussi terribles accidents n'étaient pas sans vivement impressionner des soldats nés sous le ciel de France, en plein pays civilisé, et jetés depuis des semaines au cœur du désert, sans autre horizon que ce sable meurtrier.

Mais la petite troupe avait foi en son héroïque chef et elle le suivait à travers l'inconnu sans défaillances et sans murmures.

Avant d'aller plus loin, Sonis voulut attendre le retour des goums qu'il avait envoyés dans le Mzab. Le 15 avril 1866, ses éclaireurs lui apportèrent les renseignements attendus. Sid-El-Ala était dans les *eurg* ou dunes avec plusieurs douars insoumis.

Il n'y avait pas un instant à perdre pour surprendre le marabout.

La colonne, avec ses *impedimenta* de toutes sortes, ne marchait pas assez vite au gré de l'ardent Sonis. Il la laissa en arrière sous la garde d'officiers sûrs et se lança dans la direction de l'Ouad-El-R'arbi avec ses goums et la cavalerie régulière.

Trois jours après, il arrivait sur les R'dir de Bou-Aroua, tout près du campement de Sid-El-Ala. Tandis qu'une partie des goums allait renouveler la provision d'eau, l'autre tombait sur les douars insoumis. Surpris par cette attaque matinale, les partisans de Sid-El-Ala ne songent qu'à s'enfuir, laissant aux mains de nos alliés quatre cents chameaux et quelques centaines de moutons.

Réfugiés d'abord dans les *eurg*, ils en sont bientôt délogés par la portion des goums qui avait été envoyée à la recherche de l'eau. Leur mission remplie, les braves Arbaas (qui nous étaient depuis longtemps dévoués) s'étaient mis, eux aussi, à la chasse des rebelles, qu'ils poursuivirent jusqu'au Ras' El-Meharoug. S'ils ne purent atteindre Sid-El-Ala, ils firent du moins onze prisonniers et enlevèrent deux cent soixante-quinze chameaux.

Pendant que les goums attaquaient et dispersaient les douars des Oulad-Sidi-Cheikh, notre cavalerie était établie en observation au camp d'El-Meyoub, sur l'ouad El-Benoud.

Le 22, les goums arrivèrent avec leurs prises. En apprenant que le marabout était au Ras' El-Meharoug, Sonis voulut essayer de le rejoindre et il donna immédiatement l'ordre du départ.

Vingt lieues nous séparaient du refuge de Sid-El-Ala, et il fallait se hâter, car il était probable que, fidèle à la tactique arabe, le fugitif n'attendrait pas notre attaque et qu'il s'enfoncerait plus avant, dans ces terres maudites, que les indigènes, en leur langage imagé, ont si bien nommées *Terres de la Soif*.

Donc le 22 au soir, la colonne légère de Laghouat s'ébranlait dans la direction du Sud. Elle se composait, avec les goums et la cavalerie, de trois cents zouaves et chasseurs à pied, montés sur des mehara (dromadaires de selle).

Après avoir marché toute la nuit et tout le jour, elle arriva à Ras' El-Meharoug, mais Sid-El-Ala n'y était plus. Sans se laisser décourager par cet insuccès, l'indomptable Sonis donne à peine à ses hommes quelques heures de repos, et le 24, au matin, il les entraîne vers l'Ouad-En-Namours, dans la direction qu'a prise Sid-El-Ala.

En route, il arrête au passage une caravane chargée d'approvisionnements destinés aux rebelles. Cette razzia surexcite le courage des goums, et le 25 ils atteignaient enfin les révoltés à Garet-El-Guefaul.

Grâce à l'extrême vitesse de leurs montures, presque tous parvinrent à s'échapper; mais leurs troupeaux, quatre cent cinquante chameaux et leurs bagages restèrent entre nos mains. C'était une prise superbe. Dans la tente de Sid-El-Ala, on trouva des bijoux de grande valeur, de magnifiques vêtements et sa selle de parade toute brodée d'or et de pierres précieuses.

Réduites à une extrême misère, les populations attachées de gré ou de force à la fortune de Sid-El-Ala se dispersèrent dans toutes les directions. Quelques fractions demandèrent l'*aman*, les autres se réfugièrent sur le territoire marocain.

C'était une brillante page de plus ajoutée à notre histoire d'Afrique.

Certes, ce succès avait coûté bien des fatigues et bien des souffrances à la colonne de Laghouat. Les Européens surtout avaient été cruellement éprouvés par la grande chaleur et le manque d'eau, mais enfin, grâce à toutes les précautions prises par le lieutenant-colonel, on n'avait d'autres pertes à déplorer que celle du malheureux resté dans les sables, et comme l'a si bien dit M. d'Harcourt, dans son pittoresque récit des misères supportées par l'expédition : « Le soldat français oublie ses douleurs à la joie du présent, sans souci de l'avenir, sans retour sur le passé. »

Cette vigoureuse attaque des goums avait, non seulement mis en fuite toutes les bandes ennemies, mais, ainsi que cela arrive souvent, la discorde avait suivi le désastre et d'ardentes querelles de famille partageaient en plusieurs camps les Oulad-Sidi-Cheikh.

Affaiblis, désorganisés, ruinés, les rebelles étaient pour longtemps dans l'impossibilité de reprendre l'offensive et Sonis pouvait sans crainte rentrer à Laghouat.

La vaillante colonne se remit lentement en route ; bêtes et gens étaient épuisés, et le convoi, augmenté des importantes razzias faites par les goums, ralentissait encore la marche. Le 29 avril 1866 on campa de nouveau à Sidi-El-Hadj-Ed-Din. On y passa deux jours qui furent deux jours de supplices, grâce à l'affreux *sirocco*. Le 7 mai, les collines de Laghouat apparurent enfin et la petite troupe poussa des cris d'allégresse.

Oubliant leurs fatigues, les hommes pressèrent le pas, et le lendemain ils rentraient en triomphe à Laghouat que beaucoup avaient cru ne jamais revoir.

On pense avec quel bonheur Mme de Sonis et ses enfants virent rentrer le colonel. Depuis cinquante-deux jours ils n'avaient pas eu une seule fois de ses nouvelles. Leur anxiété était d'autant plus grande que la garnison ne dissimulait pas l'inquiétude que lui causait cette absence prolongée. Mais Dieu avait préservé Sonis de tous périls. Aussi la pieuse famille s'empressa-t-elle d'aller s'agenouiller dans la petite église de Laghouat pour rendre grâces à la Providence.

A la suite de cette brillante expédition dans le sud, le lieutenant-colonel de Sonis fut nommé officier de la Légion d'honneur. Trois ans plus tard, au mois de février 1869, il était promu au grade de colonel.

On avait d'abord songé à lui donner le commandement du 6ᵉ chasseurs, mais on préféra le laisser à la tête du cercle de Laghouat, et le placer momentanément hors cadre.

Sonis avait en effet, par son caractère et sa renommée, acquis une influence considérable.

Il aimait Dieu de toute son âme et le servait de toutes ses forces. Il aurait voulu le faire aimer et servir par tous.

Comme l'a dit éloquemment Mgr Freppel : «... Il y avait en lui une véritable ardeur apostolique... il ne négligeait aucune occasion de dire quelque chose qui pût édifier et faire du bien ...» et sa parole était si pénétrante, si pleine de charme, qu'il était bien difficile de lui résister.

Ce zèle apostolique, tempéré cependant par beaucoup de circonspection et de tact, créa parfois à M. de Sonis bien des difficultés avec l'administration supérieure ; difficultés qu'il supportait avec une sublime résignation, heureux de souffrir quelque chose pour son Dieu.

Parmi les entraves qui furent mises à son apostolat, il en est une qui l'atteignit plus cruellement, car elle était plus inexplicable ; nous voulons parler de l'affaire de la mosquée de Laghouat.

Après la prise de la ville en 1851, le gouvernement français avait transformé une ancienne *djemma* (mosquée) en église catholique.

Laghouat étant alors notre poste le plus important sur la frontière saharienne, la garnison s'augmenta, la population civile s'accrut à l'ombre de notre drapeau, et la très modeste église de la première heure devint tout à fait insuffisante ; mais ni les gouverneurs de la province, ni les officiers qui se succédaient dans le commandement du cercle ne semblaient s'en apercevoir. L'un d'eux eut même l'idée bizarre de faire construire une très belle mosquée, avec des souscriptions imposées aux musulmans !

L'officier partit avant l'achèvement de cette œuvre si singulière de la part d'un chrétien et d'un Français, et les Arabes, redevenus libres de suivre leur impression, refusèrent de continuer la souscription commencée.

Plusieurs années se passèrent ; la mosquée ne se terminait pas et l'église de Laghouat était toujours aussi misérable. Sur ces entrefaites, Sonis qui commandait le cercle eut la pensée d'offrir à l'archevêque d'Alger, Mgr Lavigerie, de lui remettre cette mosquée à la condition qu'il l'achèverait avec les aumônes et les souscriptions qu'il pourrait recueillir.

Après l'acceptation du prélat, le colonel écrivit à ses chefs hiérarchiques pour leur demander de changer la destination du monument inachevé et d'en faire une église catholique. Il ajoutait que les Arabes consultés par lui ne se montraient nullement contrariés de ce changement de destination, car ils avaient plusieurs mosquées à Laghouat, et étaient, en outre, bien décidés à ne pas se servir d'une djemma construite par des infidèles.

Faut-il l'avouer? Les chefs de Sonis furent plus musulmans que les musulmans eux-mêmes. Ils jetèrent les hauts cris, traitèrent sa proposition d'imprudente, d'absurde, et refusèrent absolument, sous prétexte de ne pas surexciter le fanatisme arabe.....

Sonis éprouva un grand chagrin de ce refus qui blessait profondément, non pas son amour-propre (il était au-dessus d'un pareil sentiment), mais son cœur de chrétien et de patriote. Il était non seulement attristé, mais humilié de la pauvreté du temple de son Dieu, qui lui semblait devoir diminuer aux yeux des religieuses populations arabes le prestige de la France.

Cette charité que nous avons vue surhumaine pendant la campagne du Maroc, nous la retrouvons chez

Sonis pendant l'affreuse famine de 1868 qui désola notre colonie africaine.

Il se fit alors l'auxiliaire dévoué de Mgr Lavigerie, pour l'établissement de toutes les œuvres que l'éminent archevêque voulut fonder afin de secourir les malheureux indigènes.

De nombreuses difficultés s'élevèrent pour empêcher la réalisation des désirs et des espérances chrétiennes de Mgr Lavigerie qu'entraînaient sa foi ardente et son amour de l'humanité.

Chose à peine croyable, tous les chefs militaires prirent parti contre l'archevêque d'Alger. Seul, le colonel de Sonis se prononça courageusement en sa faveur et approuva hautement les œuvres de Mgr Lavigerie, qu'il encouragea de tout son pouvoir et pour lesquelles il trouvait toujours des ressources, malgré la modicité de sa fortune.

Sonis aimait à donner et à se donner. Heureux de recevoir les étrangers qui visitaient l'oasis de Laghouat, le commandant du cercle, si simple et si modeste pour ce qui le concernait, voulait pour ses hôtes une hospitalité large et complète, car, sur cette terre lointaine, il était l'armée et il représentait la France !

Cette grande générosité devint pour Sonis la source d'un réel chagrin, et nous reproduisons ici une anecdote qui montre combien, dans cette belle âme, la simplicité de la foi s'alliait à l'héroïsme.

Un soir, en jetant un coup d'œil sur ses comptes, il s'aperçut qu'il devait sept mille francs à ses fournisseurs.

Ce fut pour le colonel un véritable désespoir ; lui, un chef militaire supérieur, qui devait toujours lever fièrement la tête, serait obligé de la baisser devant un créancier. Que faire?

Bientôt il reprit courage ! On était alors au mois de mars, qui est dédié à saint Joseph, et chaque soir Sonis s'agenouillait devant une petite statue du saint et récitait des prières en son honneur.

Ce jour-là, pendant qu'il priait, il lui revint à la mémoire beaucoup d'exemples où de pieuses femmes avaient obtenu de saint Joseph un secours inespéré et il promit de faire tous les ans une neuvaine de reconnaissance si, dans le courant du mois, le bon patriarche lui faisait trouver la somme désirée.

Le lendemain, il avait repris sa sérénité, et il écrivait à un de ses amis, confident de ses préoccupations : « J'ai mis ma confiance dans un puissant protecteur, elle ne sera pas déçue ! »

Cependant les jours s'écoulaient, le mois touchait à sa fin... Sonis ne se décourageait pas. La foi de ce vaillant était celle des simples... la vraie... celle qui ne doute de rien... Un matin on lui remet une lettre chargée... il ne reconnaît pas l'écriture... il déchire l'enveloppe... sept billets de mille francs s'en échappent avec un feuillet blanc, sur lequel était écrit : « De la part de saint Joseph. »

L'émotion de M. de Sonis fut extrême et sa reconnaissance bien vive, non seulement pour le saint dont il connaissait l'inépuisable bonté, mais pour le bienfaiteur anonyme qui s'était fait son ambassadeur.

Il désirait vivement le connaître, mais ses recherches furent vaines.

Bien des années plus tard, comme il attribuait à son ami d'Alger cette généreuse action, celui-ci se décida à révéler le nom de l'homme de cœur qui, ayant appris les préoccupations et la touchante confiance de Sonis, avait regardé comme une mission providentielle de lui venir en aide.

L'ancien commandant de Laghouat, profondément touché, écrivit une admirable lettre de remerciements à l'intermédiaire mystérieux de saint Joseph auquel il voulut absolument rendre la somme si délicatement prêtée.

Sonis joignait, à sa foi profonde et à son ardente charité, une humilité si parfaite que toujours il attribuait aux prières des autres les grâces qui lui étaient accordées.

« Que Dieu bénisse toutes ces voix qui s'élèvent vers Lui pour lui dire mon nom! » s'écrie-t-il dans plusieurs circonstances, et, craignant d'avoir laissé soupçonner toutes les héroïques vertus qu'il pratiquait avec une surhumaine énergie, il écrit à un de ses amis : « Que Dieu me pardonne d'avoir laissé supposer que j'étais autre que je suis, la plus faible et la plus méprisable des créatures. Priez-le pour moi dans ce sens, afin que je sois ce que je dois être et ce que je veux être. »

Quelle perfection chrétienne, et quelle grandeur d'âme dans ces lignes !

Aux soucis et aux préoccupations que donnait au consciencieux officier la direction du cercle de **Laghouat**, venaient s'ajouter bien souvent les inquiétudes du chef de famille qui redoutait pour sa vaillante femme et pour ses plus jeunes enfants (1) les épreuves d'un climat torride.

Dieu entendit les ardentes prières de son fidèle serviteur et épargna de nouveaux deuils à son cœur paternel, qui avait été deux fois cruellement meurtri.

En 1862, la seconde de ses filles, qu'il avait laissée à Castres dans la famille Roger, tomba soudainement très malade. Malgré les soins dont elle fut entourée, l'enfant mourut sans que M. et Mme de Sonis eussent la possibilité de la revoir.

Quelques années plus tard une autre petite fille leur fut enlevée à Mostaganem pendant une épidémie de diphtérie.

Ces deux morts causèrent à M. et à Mme de Sonis une immense douleur, mais leurs âmes chrétiennes s'épuraient au creuset de la souffrance et ils acceptèrent le sacrifice. Cependant jamais Sonis, au milieu des fatigues et des préoccupations de sa vie militaire, n'oublia ses deux anges envolées au ciel. Quelques années plus tard, écrivant à son ami G. de l'H... pour le consoler de la perte d'un fils, il évoque leurs chers souvenirs en des termes touchants. Voici cette lettre, admirable de résignation et d'amour de Dieu :

(1) Ses fils aînés étaient au collège des Jésuites de Poitiers.

« Mon bien cher ami,

« Je reçois ta lettre à l'instant et que te dire que tu ne m'aies dit toi-même !

« Oui ! il faut s'étendre sur cet arbre de la croix qui a porté ton Maître et t'a porté à toi le salut. Là tu trouveras la force dont tu as besoin, le courage et la résignation sans lesquels la vie te serait un lourd fardeau. Et pourtant cette vie, il faut l'aimer parce que, si lourde soit-elle, il la faut noblement porter, et bien finir ce que tu as bien commencé.

« Je ne voudrais pas te faire de peine et blesser ces délicatesses du cœur qui sont si dignes de respect, mais je ne puis me défendre de penser et par suite de te dire :

« O ! que Dieu t'aime ! puisqu'il t'éprouve ainsi !

« Si tu souffres, nul ne le sait mieux que moi, qui ne suis pas encore consolé de la mort de deux enfants qui m'ont quitté pour le ciel ; mais aussi je sais bien que, si cuisantes que soient ces douleurs, elles sont un baume salutaire qui fortifie les âmes et les prépare pour le ciel.

« Ton cher Cyprien a rejoint sa mère ; tous deux sont entrés dans la vie et ne veulent pas que tu les pleures, mais que ta voix s'unisse à ces voix si chères dans un concert d'éternel alleluia.

« Après tes deuils, qui sont des grâces, entends-tu bien, il faut aimer Dieu plus que jamais. Il faut vivre pour Lui et rien que pour Lui !

« Que tout de ce monde, te devienne rien !

« Voilà ce que te disent ces âmes qui, si saintes qu'elles aient été, ne regrettent la vie que parce qu'elles la voudraient sacrifier à la gloire de Dieu.

« Cette vie qui te paraît amère, cher ami, aime-la donc, puisque, associé à ceux qui te furent si chers, tu peux l'employer à la gloire de Dieu et aussi à leur soulagement. Sans doute, et tu n'en peux douter, je te suis bien uni par la prière.

« Tu me représentes une de ces figures amies sur lesquelles mon cœur s'arrête souvent, bien souvent.

« J'ai toujours cru que le bon Dieu t'aimait d'une dilection particulière, et tes croix, dont je sens, crois-le bien, tout le prix, tes croix m'ont confirmé dans cette pensée..... Un peu de courage, encore quelques jours et tu jouiras, toi aussi, de l'éternel repos.

« Oh ! qu'il faut savoir mériter ces joies dont nous ne pouvons prendre la mesure ! C'est ce que te dirait ton cher Cyprien, si sa voix pouvait percer l'air lourd de ce pauvre monde.

« Je prie avec toi et tes chers enfants, avec Pierre surtout.

« J'ai été plein de vous tous et de vos douleurs dans cette station de Barèges où j'ai habité la maison qui a eu le secret de tes peines. Que de fois j'ai parlé de toi à ton ami, M. de Montbron !

« Je voudrais t'adresser quelques paroles amies, verser un peu de baume sur ton cœur saignant, et je crains d'avoir ravivé ta douleur.

« Dieu me pardonne de n'avoir pas su faire ce que je voulais et remplir ce ministère dont je ne suis pas digne ; à défaut de paroles, je t'offre le faible tribut de ma prière ; que ne puis-je y joindre celui du sacrifice !

« *A Dieu et bien à Dieu*, cher ami ; associé à toutes tes peines, je ne le suis pas moins à tes prières, et te serre la main en notre nom à tous et de tout cœur.

« DE SONIS. »

CHAPITRE VII

SOMMAIRE

Nouvelles révoltes des Oulad-Sidi-Cheikh. — Poursuite du marabout Sid-El-Ala. — Prudence de Sonis. — Trahison d'El-Tedjini. — Dévouement d'El-Akhadhar. — Combat d'Aïn-Madhi. — Ses magnifiques résultats. — Sonis est nommé colonel. — Son départ pour Aumale.

Les tribus révoltées avaient été si effrayées des énergiques démonstrations des colonnes de Geryville et de Laghouat, qu'elles restèrent longtemps campées sur les frontières du Maroc sans vouloir entendre les cris de guerre des marabouts.

Mais, en 1868, surexcités par la famine qui désolait alors l'Afrique, les rebelles oublièrent leurs terreurs passées, et des symptômes de rébellion se manifestèrent de nouveau, au grand effroi des tribus qui nous étaient soumises.

Dans les premiers jours de l'année 1869, le mouvement parut s'accentuer, et d'après le récit du colonel Trumelet, « ... l'actif et vigilant commandant du cercle de Laghouat pressentit, à la concordance des nouvelles qui venaient de l'ouest et celles transmises par le caïd des Chambaâs, que le projet des rebelles était de tenter un coup de main sur la tribu des Arbaâs, qui avaient leur campement dans les environs du Mzab. »

Après avoir pourvu à la sécurité des Arbaâs en les faisant replier vers le nord, dans la direction de Laghouat, Sonis se rendit au ksar de Charef pour consulter le commandant de l'annexe de Djelfa et se renseigner auprès de lui sur les dispositions des Ouled-Naïl et autres tribus des environs.

Aucune révolte n'étant heureusement à redouter de ce côté-là, Sonis ordonna de réunir de suite le Makhzen des Ouled-Naïl et de l'envoyer avec trente jours de vivres au camp de El-Houadjel. Avant de rentrer à Laghouat, il visita le parc de Tadmidt (1), voulant s'assurer par lui-même que l'équipage était en parfait état et prêt à partir au premier signal. Certain de n'être pas surpris, il attendit de pied ferme que l'insurrection éclatât. Il n'eut pas longtemps à attendre. Deux jours après, le 28 janvier 1869, il recevait une dépêche du gouverneur général, annonçant l'apparition des Oulad-Sidi-Cheikh sur le territoire.

Le commandant de Laghouat fit aussitôt partir pour Tadjrouna un de nos plus dévoués alliés, El-

______

(1) Dans ces pâturages, à deux marches nord de Laghouat, se trouvait l'équipage de chameaux de la colonne mobile. Cet équipage, très complet, rendit d'immenses services.

Akhdhar-Ben-Mohammed, « avec ordre, dit le colonel Trumelet, de rassembler en toute hâte ce qu'il pourrait trouver de cavaliers des Arbaâs et de rayonner de son point d'installation par une chaîne d'éclaireurs disposés de telle sorte, qu'ils puissent facilement se grouper en cas de danger, et présenter, à un moment donné, une force suffisante pour ne pas risquer d'être entamés. »

Tandis que Ben-Mohammed recrutait vingt-trois cavaliers chez les Arbaâs, Sonis prenait toutes les précautions possibles pour mettre à l'abri d'un coup de main les gardiens de caravansérails et les travailleurs de Moktha-El-Ouasth. En même temps, il organisait sa colonne, appelait autour de Laghouat l'équipage de Tadmit et faisait des approvisionnements pour dix-huit jours.

Le 30 janvier, il reprenait la route du désert, laissant sous la garde de Dieu et de la Vierge Immaculée, sa femme et ses enfants.

Le lieutenant-colonel emmenait avec lui toute la partie énergique et valide du cercle, soit : quarante et un officiers et neuf cents hommes, plus les goums et son équipage de chameliers.

Il confia la défense de la citadelle et du camp aux hommes qui ne lui semblèrent pas assez vigoureux pour supporter impunément les fatigues de l'expédition.

Ce camp, situé à quinze cents mètres de Laghouat, avait eu pour architectes et pour maçons, les officiers et les soldats du poste. Chacun avait fait assaut d'originalité et l'ensemble en était tout à fait curieux.

Malheureusement il était construit avec des briques séchées au soleil et le pluvieux hiver de 1868-69 le fit fondre, comme par enchantement.

La colonne avait dirigé sa marche vers l'ouest, et le soir de son départ de Laghouat, elle bivouaquait à El-Recheg.

Dans la nuit, Sonis reçut un envoyé de Sid-Ahmed-El-Tedjini. Ce marabout mulâtre, qui jusqu'alors nous semblait dévoué, annonce au lieutenant-colonel que les révoltés occupent, avec une forte partie de leurs goums, les défilés d'Er-Reddad, et qu'ils lui ont enlevé ses moutons et ses chameaux. Il se prétendait fort inquiet et réclamait des cartouches, pour se défendre contre une attaque qu'il assurait être imminente.

Le marabout de Tadjmount témoignait le même effroi et faisait la même requête.

Le lieutenant-colonel ne parut pas s'émouvoir d'un tel message, et avec ce magnifique sang-froid qui lui donnait tant de prestige sur les Arabes, il répondit simplement qu'il se sentait assez fort pour barrer la route aux rebelles et que les murailles d'Aïn-Madhi et de Tadjmount étaient assez élevées pour garantir les marabouts de toutes surprises. Il ajoutait que sa colonne n'étant qu'à une journée de marche d'Aïn-Madhi, il leur envoyait quatre mille cartouches pour fusils à silex.

Sonis avait d'abord pensé à faire expédier ces cartouches de Laghouat et il avait donné des ordres en conséquence. Mais il réfléchit qu'il était préférable de mettre immédiatement en état de défense les deux ksours, et prenant dans sa réserve les munitions promises, il les fit partir le 31 janvier sous l'escorte d'un escadron de chasseurs d'Afrique et de quelques spahis.

Le convoi était commandé par le capitaine de Montaut-Brassac et le chef du bureau des officiers indigènes, le lieutenant Durand. Il devait d'abord se rendre à Tadjmount et ensuite à Aïn-Madhi, tandis que le gros de la colonne poursuivait sa marche dans l'ouest.

Mais cette seconde destination parut trop éloignée au commandant de Laghouat, qui n'aimait pas à laisser ainsi des détachements hors de sa protection, et fidèle à ses habitudes de prévoyance, il envoya l'ordre à M. de Montaut-Brassac de le rejoindre.

Il n'avait d'ailleurs aucune confiance dans le marabout Sid-Ahmed-El-Tedjini dont il commençait à soupçonner la fidélité. Les événements allaient bientôt lui donner raison.

Comme la colonne arrivait à la hauteur du Guern-El-Houïkha, Sonis apprit qu'un goum ennemi s'était jeté sur le ksar d'El-Houïkha; que les habitants, après avoir essayé de le défendre, l'avaient abandonné et s'étaient réfugiés avec leurs troupeaux dans les rochers qui couvraient le ksar du côté du nord.

C'est au pied même de ces rochers que se trouvaient alors les soldats de Sonis, qui n'avaient donc entre eux et les révoltés que cette sorte de muraille naturelle.

Le résultat de ces renseignements fut d'arrêter la marche de la colonne, son chef ne voulant pas exposer l'escorte de spahis laissée à Er-Recheg le 31 janvier, à une attaque très probablement disproportionnée et dont le moindre inconvénient serait de l'isoler du reste de la troupe. On se rappelle que les spahis étaient restés au camp pour attendre l'arrivée des cartouches demandées à Laghouat.

Dans le désert on ne campe pas toujours où l'on veut, et la nécessité de trouver de l'eau oblige souvent les troupes à s'éloigner du point qu'elles devraient occuper.

Il en était rarement ainsi pour la colonne de Laghouat, car son prévoyant commandant ne manquait jamais de s'approvisionner pour deux jours, et nous avons dit quelle surveillance rigoureuse il exerçait sur les tonnelets pour éviter tout gaspillage.

Donc, le bivouac fut établi dans un endroit très sûr, mais absolument desséché, qu'on appelle M'der-rey-Marrou. Pas la plus petite trace d'humidité, pas même une de ces mares à moitié comblées, au bord desquelles poussent quelques brins d'herbe, mais le sable à perte de vue.

Quand les deux escortes de spahis et de chasseurs eurent rejoint la colonne, Sonis voulut voir par lui-même ce qui se passait du côté d'Aïn-Madhi ; et après avoir tout réglé, tout prévu, dans le cas, fort peu probable d'ailleurs, où les révoltés oseraient attaquer son campement, il prit avec lui ses meilleurs cavaliers et se dirigea vers le ksar de Sid-Ahmed-El-Tedjini.

Tout à coup, il aperçut une trentaine d'Arabes qui s'en allaient avec une rapidité vertigineuse dans la direction d'El-Haoutcha.

Etait-ce des amis ou des ennemis ? La distance était trop grande pour les reconnaître. Après avoir donné l'ordre de ne tirer qu'à bout portant, Sonis enlève son escadron à la rencontre des inconnus.

Une fois encore sa prudence, son sang-froid l'avaient bien servi.

Ces fuyards n'étaient autres que les Arbaâs du Makhzen que le lieutenant-colonel avait envoyé tout au début de l'expédition en reconnaissance.

Aux alentours d'Aïn-Madhi, nos alliés avaient rencontré les gardiens des troupeaux du marabout Sid-Kaddour-Ould-Hamza qui leur apprirent que Sid-Ahmed-El-Tedjini faisait cause commune avec les Oulad-Sidi-Cheikh, et que Sid-El-Ala venait d'arriver à Aïn-Madhi.

A cette nouvelle, El-Akhadhar et ses hommes avaient tourné bride, avec un empressement qui donna l'éveil aux rebelles ; on les poursuivit, mais, cavaliers hors ligne, ils enfoncèrent l'éperon aux flancs de leurs juments. « *Les buveuses d'air* » (suivant la poétique expression arabe), devinant le danger qui menaçait leurs maîtres, partirent à fond de train et vinrent se jeter au milieu de l'escadron commandé par Sonis.

Désormais fixé sur la trahison de Sid-Ahmed-El-Tedjini et n'ayant plus rien à apprendre, le colonel reprit le chemin du camp. Il fallait tout organiser en prévision d'une attaque qui pouvait avoir lieu le lendemain, étant donné la proximité de l'ennemi.

Poussant la prudence jusqu'à ses dernières limites, Sonis prit « des mesures contre l'éventualité d'une attaque de nuit, ce qui est tout à fait en dehors des habitudes des Arabes, surtout de ceux du sud. Après avoir entouré ses grand'gardes d'un retranchement improvisé, il indiqua à leurs commandants la façon dont il les ferait appuyer et dont elles devraient se replier si (ce qui était peu probable) elles étaient obligées de le faire (1) ».

Ce que redoutait davantage le colonel, c'était le désordre que pouvaient jeter dans le camp les chameaux et surtout les chameliers auxiliaires recrutés, par la force des choses, un peu au hasard. Les bêtes furent solidement attachées et le plus grand silence fut ordonné aux *sokhkharas* (chameliers).

Le soleil avait disparu de l'horizon et il commençait à faire sombre quand apparut dans la direction du ksar rebelle la silhouette d'un cavalier.

Arrêté par les avant-postes, l'Arabe fut aussitôt conduit au lieutenant-colonel. C'était le *chaouch* (serviteur) du marabout Sid-Ahmed-Tedjini. Il venait, disait-il, de la part de son seigneur, pour exprimer au chef français combien il regrettait d'avoir été contraint de se soumettre aux Oulad-Sidi-Cheikh et de leur ouvrir la porte de son ksar.

Sonis connaissait trop bien la langue arabe pour ne pas deviner, à travers les réticences et l'embarras du chaouch, l'entière vérité. Sid-Ahmed avait trahi, sans même avoir pour excuse la force majeure ; il avait cédé, comme tant d'autres chefs de tribu, à la sympathie, au prestige qu'inspiraient les Oulad-Sidi-Cheikh.

Il fallait donc frapper un grand coup qui servît

(1) Colonel Trumelet.

d'exemple et empêchât de nouvelles désertions. Quand le chaouch eut achevé la confession de son maître, Sonis répondit de sa voix la plus sévère :

« Dis à ton seigneur le marabout d'Aïn-Madhi, que s'il a fait sa soumission à l'ennemi, sa conduite ne peut être considérée que comme une trahison, et cela quand bien même il lui conviendrait d'attribuer à la peur son impardonnable détermination.

« Dis à Sid-Ahmed, qu'il est regrettable pour lui, qu'il ne se soit pas inspiré en cette circonstance du souvenir de la conduite de son père, qui bien qu'ayant eu pendant de longs mois l'émir Abd-El-Kader à ses portes, avait cependant refusé de les lui ouvrir et de lui faire sa soumission.

« Dis encore à Sid-Ahmed, que la colonne de Laghouat se mettra en marche au point du jour et qu'avec l'aide de Dieu elle campera, après l'avoir culbuté, sur le terrain que l'ennemi lui aura abandonné.

« Si j'ai un conseil à donner aux marabouts et sans préjuger de la manière dont leur trahison sera appréciée par le gouvernement, c'est de chercher à racheter leur faute.

« Me réservant toutefois d'agir envers eux d'après la façon dont ils auront agi eux-mêmes, au cours des événements qui vont inévitablement se produire (1) ».

Le pauvre chaouch, épouvanté, suppliait Sonis de le

(1) Colonel Trumelet.

garder dans son camp, mais il s'y refusa, voulant que Sid-Ahmed connût la juste punition qui l'attendait lui et les siens.

Le lendemain, aux premières lueurs du jour, la colonne s'ébranla ainsi que l'avait ordonné son commandant. Elle se composait environ d'un millier de combattants, auxquels il fallait ajouter les vingt-trois cavaliers d'El-Akhadhar, qui pendant toute l'expédition nous donnèrent de nombreuses preuves de dévouement et de courage.

Les forces des révoltés étaient bien autrement considérables. D'après le chaouch, il y avait sous Aïn-Madhi six mille cavaliers et trois mille fantassins. Sonis, qui connaissait de longue date les amplifications arabes, avait réduit à trois mille cavaliers et à mille fantassins l'effectif ennemi.

C'était déjà une énorme disproportion de près de quatre contre un. Mais ainsi que le disait parfois Sonis : il ne comprenait pas le mouvement de retraite. Confiant dans la bravoure de sa petite troupe, armée pour la première fois du fusil chassepot, et plus encore peut-être, en cette protection divine qui ne lui avait jamais fait défaut, il résolut d'aller au-devant de l'ennemi.

El-Akhadhar ne partageait pas cette sublime confiance. Après avoir recu les ordres de son chef, il lui serra la main en disant simplement :

« — Nous mourrons avec toi! »

Pour comprendre tout le mérite du dévouement d'El-Akhadhar, il faut savoir que d'après les traditions arabes, le croyant qui meurt sous le drapeau de l'Islam entre aussitôt dans le paradis de Mahomet, dont sont privés à jamais les Musulmans tombés sous les étendards infidèles.

Le colonel Trumelet, après avoir raconté cet épisode, ajoute : « Un homme qui sait inspirer de pareils sentiments et amener des croyants à consentir à de semblables sacrifices est incontestablement un homme de grande valeur. »

Sonis disposa ses bataillons en carré, les échelonnant sur chaque face du carré par petits groupes, « formant ainsi, suivant son expression, autant de blockaus dont les feux pouvaient se croiser ou se converger au besoin sur les points particulièrement menacés. »

Au centre, il plaça l'ambulance et l'artillerie avec un détachement de tirailleurs chargés de la garde des pièces ; à droite et à gauche de la colonne du centre, les escadrons de chasseurs d'Afrique et de spahis.

Le convoi de chameaux préoccupait toujours très vivement le lieutenant-colonel. L'équipage de Laghouat était parfait ; mais comme il aurait été insuffisant, il avait fallu lui adjoindre des chameliers auxiliaires qui étaient loin d'être aussi aguerris et disciplinés que leurs compagnons.

Les chameaux furent placés en files serrées les uns contre les autres, afin de tenir aussi peu de place que possible ; les sokhkharas reçurent comme la veille une consigne de silence absolu, et l'on se mit en marche. On n'avançait que très lentement, Sonis voulant maintenir l'ordre dans son convoi et ne pas le perdre de vue.

Dès huit heures les rebelles furent signalés.

Ils arrivaient contre nous en ligne de bataille, fermement persuadés qu'ils allaient au-devant d'une victoire.

L'ardent Sid-El-Ala n'avait-il pas publié que le *Dieu* unique lui avait déclaré sur le tombeau du vénéré Sid-Mohammed-El-Tedjini, qu'il détruirait la colonne et marcherait ensuite en triomphateur sur Laghouat, Djelfa et Bou-Saada, dont les portes tomberaient d'elles-mêmes ?

« Je les veux enlacer et étouffer dans mes forces », aurait dit Allah au marabout, et les rebelles complètement fanatisés croient que le jour de l'indépendance a sonné.

Au moment où les Oulad-Sidi-Cheikh furent aperçus, la colonne française était engagée dans une vallée très profonde ; pour en sortir il lui fallait gravir une crête assez abrupte.

Avec son merveilleux coup d'œil militaire, Sonis ne mit pas en doute que les rebelles l'attendaient derrière cette crête pour le forcer au combat au moment de son passage.

Un engagement dans de telles conditions ne pouvait être que désastreux pour notre colonne. Heureusement son chef, toujours maître de lui, sait en un instant modifier un mouvement, rectifier une position.

Froidement, comme s'il eût été sur le terrain de manœuvres, Sonis fait exécuter à soixante mètres de l'ennemi une conversion à droite, qui eut pour résultat de placer sa petite troupe dans une situation bien préférable.

Il était environ neuf heures et demie quand le combat s'engagea. L'ennemi, déjà déconcerté par le mouvement imprévu de la colonne, fut tout à fait troublé par les chassepots ; au bout d'une heure son feu se ralentit et bientôt il était en pleine déroute.

La victoire fut complète, grâce à l'habileté, au sang-froid du lieutenant-colonel.

On n'était qu'à six kilomètres d'Aïn-Madhi, et c'est le nom que porte dans l'histoire ce glorieux combat.

Il ne fallut pas longtemps à la colonne de Laghouat, électrisée par son triomphe, pour franchir la petite distance qui sépare Oumm-Ed-Debbed du ksar, et bientôt, selon la fière prédiction de Sonis, elle s'arrêta sur l'emplacement même, où la veille se dressaient les tentes ennemies.

« Le succès vient de Dieu », dit un proverbe arabe, autrement plus noble que le triste axiome allemand : « La force prime le droit ». Car il est moins humiliant de se courber sous l'action d'une puissance surnaturelle, que devant la force matérielle et brutale.

Dieu ayant donné le succès à nos soldats, Sid-Ahmed-El-Tedjini n'avait plus qu'à déserter le drapeau des Oulad-Sidi-Cheikh et à se rallier à celui du vainqueur. Il sortit donc en hâte de son ksar, et vint apporter sa soumission.

Le prudent Sonis le reçut avec une grande froideur. Ignorant encore quelle serait la décision de l'autorité supérieure relativement au marabout d'Aïn-Madhi, il ne répondit rien à ses protestations, et Sid-

Ahmed se retira bien plus impressionné de ce hautain silence, que des plus violents reproches.

Les rebelles étant en déroute, il fallait achever de les démoraliser par une énergique poursuite ; Sonis organisa donc immédiatement une colonne légère avec six jours de vivres. Quant au reste de la troupe, il l'installa au Maouch-Es-Sallhan , à une petite distance d'Aïn-Madhi.

Après avoir donné quatre heures de repos à ses hommes, l'intrépide lieutenant-colonel reprit sa marche en avant. Epouvantées, plusieurs tribus insoumises demandèrent l'*aman;* les autres se réfugièrent au Maroc, et bientôt toutes traces de révolte avaient disparu dans le Sahara.

La colonne rentra à Laghouat, et quelques jours après le général, commandant la subdivision de Médéah, envoyait au maréchal de Mac-Mahon, gouverneur général, son rapport sur l'expédition. « Le lieutenant-colonel de Sonis, disait le document officiel, vient de se couvrir de gloire et de rendre un grand service au pays en arrêtant l'ennemi à l'apogée d'un succès qui pouvait avoir les plus graves conséquences... »

Et après avoir raconté comment l'habile manœuvre de Sonis avait modifié instantanément la position défectueuse de sa colonne et lui avait donné la victoire, le rapport ajoutait : « L'ennemi a eu soixante-dix morts, en a enlevé un grand nombre et a eu beaucoup de blessés. »

Le résultat du combat d'Aïn-Madhi fut d'arrêter pour longtemps toute tentative de révolte, et même en 1870-71, quand nous étions vaincu, écrasé par l'Allemagne, le prestige de l'expédition de 1869 était toujours si grand que pas une des tribus du sud ne leva sérieusement l'étendard de la révolte.

L'épée de Sonis protégeait encore le Sahara !

Ainsi que nous l'avons déjà dit, Sonis avait été en 1868 l'objet d'une proposition extraordinaire pour l'avancement.

Cette dernière expédition, si brillamment terminée par le combat d'Aïn-Madhi, ne pouvait que hâter la décision ministérielle, et, le 26 février 1869, le vaillant officier était nommé colonel.

Au commencement de l'année suivante, il fut envoyé à la tête de la subdivision d'Aumale. Depuis 1865, Sonis avait la direction du cercle de Laghouat. Il y était venu une première fois en 1861, mais n'y était resté alors que fort peu de temps.

Mme de Sonis vit avec bonheur ce changement. La température de Laghouat lui était fort pénible, surtout pour ses enfants, et le grand éloignement de cette petite ville, située à cent vingt lieues d'Alger, l'avait empêchée depuis trois ans de revenir en France près des siens.

CHAPITRE VIII

———

Tandis que Sonis faisait en Afrique son œuvre de soldat et d'apôtre, Napoléon III menait inconsciemment la France à l'abîme. C'est en vain que les esprits clairvoyants signalaient les écueils de l'aventureuse politique impériale ; le souverain, confiant dans son étoile, aveuglé par les adulations de son entourage, endormi par les protestations des Cavour et des Bismarck, poursuivait froidement sa route.

Il fallut le coup de tonnerre de Sadowa (1) pour ramener à la réalité le vainqueur de Solférino.

A la lueur de la fusillade allemande, Napoléon entrevit enfin le danger de ce fameux principe des nationalités qui avait créé l'Italie, et qui maintenant ressuscitait à notre frontière du Rhin le vieil empire germanique.

Il voulut s'arrêter sur la pente fatale, mais il était trop tard. L'arme de guerre de l'ancien carbonaro se retournait contre lui, et, comme l'avait prévu Sonis à l'époque de la guerre d'Italie, le jour était proche où, après avoir frappé le Souverain-Pontife, les princes italiens, l'empereur d'Autriche, elle frapperait à son tour l'homme qui avait été un instant l'arbitre de l'Europe.

Une guerre avec la Prusse devenait inévitable, et malgré le nuage d'encens dont l'enveloppaient ses thuriféraires, l'empereur se rendait parfaitement compte de l'infériorité de notre armée.

Dès le mois de septembre 1866, il communiquait au maréchal Randon, alors ministre de la guerre, un plan de réorganisation qui donnait à la France une armée active de sept cent cinquante mille hommes et une réserve de quatre cent cinquante mille. Mais l'opposition, si longtemps tenue en bride, commençait à relever la tête ; on eut peur que cette nouvelle loi militaire dé-

(1) Sadowa, victoire remportée en juillet 1866 par les Prussiens sur l'armée autrichienne. Cette victoire établit la prépondérance de la Prusse sur toutes les principautés allemandes et fut une des causes déterminantes de la guerre de 1870-1871.

tachât le paysan de l'Empire et le projet fut abandonné.

Cependant la question militaire s'imposait.

La Prusse augmentait de jour en jour son armement avec une activité silencieuse, et il aurait fallu être bien aveugle pour ne pas voir les canons Krupp se pointer vers nos frontières.

Après avoir entendu et consulté plusieurs généraux, l'Empereur chargea le maréchal Niel de transformer l'armée.

Le nouveau ministre rencontra une formidable opposition, on l'a trop oublié parmi les membres de la gauche. En haine de l'Empire, Jules Favre, Jules Simon, Ernest Picard, évoquaient la légende des volontaires de 92 et de la nation armée.

Les phrases sonores produisent toujours un grand effet dans les masses, surtout quand elles flattent leur égoïsme, et il fallut faire plier la loi Niel aux exigences des avocats républicains. Après de longues et stériles discussions, elle fut enfin promulguée sous le nom de loi organique du 1er février 1868. On l'avait tant amendée et modifiée qu'elle était absolument incomplète.

Déjà au mois d'avril 1867, la question du Luxembourg (1) avait failli mettre en face l'une de l'autre la France et la Prusse.

Mais le vieux roi et son ministre M. de Bismarck ne

---

(1) Le cabinet prussien avait voulu faire entrer le grand-duché de Luxembourg dans le Zollverein ; l'opposition de la France finit par obtenir la neutralité de cette principauté frontière.

se trouvaient pas alors suffisamment prêts pour entamer la lutte. Ils laissèrent donc les diplomates arranger les choses, sachant bien qu'au jour voulu l'occasion naîtrait d'elle-même.

Deux ans se passèrent ainsi dans une sorte de trêve armée, sans que la paix européenne fût troublée par aucun incident sérieux.

La terrible année de 1870 s'ouvrit par un véritable coup de théâtre. Napoléon III changeait complètement sa politique intérieure et appelait au pouvoir des hommes d'opposition.

Comme à la veille des grandes catastrophes, la boussole impériale était affolée, et le pilote, troublé par les conseils des uns, par les murmures des autres, cherchant des yeux son étoile et ne voyant plus que les nuages amoncelés sur sa tête, ne savait de quel côté donner le coup de barre.

L'audacieux état-major de 1852 n'existait plus. Les Morny, Saint-Arnault, Magnan, Billault, Persigny avaient été fauchés par la mort. Rouher, le vieux serviteur, était battu en brèche par la coterie de l'impératrice et le souverain, vieilli avant l'âge par la plus cruelle des maladies, hésitait entre les deux influences. Le parti de l'empire libéral finit par l'emporter et la France stupéfaite vit Emile Ollivier appelé aux Tuileries pour former un ministère.

Malgré cette tentative de rapprochement l'opposition fut loin de désarmer.

A la Chambre, Jules Favre, Thiers, Gambetta, paralysaient le gouvernement. Rochefort, Louis Noir et *tutti quanti* le ridiculisaient dans leurs journaux,

insultant à pleine plume l'empereur et l'impératrice.
La presse monarchique et religieuse avec une forme
plus courtoise suivait le même courant. Seule une
guerre heureuse semblait devoir rendre à l'empire son
éclatant prestige d'autrefois.

C'est alors que surgit la question hispano-alle-
mande.

Après avoir chassé la reine Isabelle et son fils,
le général Prim offrit la couronne d'Espagne à un
cousin du roi de Prusse, le prince Antoine de Hohen-
zollern.

Le cabinet des Tuileries protesta énergiquement
contre cette résurrection de l'empire de Charles-
Quint, et notre ambassadeur à Berlin, le comte Benedetti, eut l'ordre de partir pour Ems, où se trouvait le
roi Guillaume.

Après un échange de notes très vives, les choses
parurent s'arranger. Le prince Antoine refusant la
couronne qui lui était offerte, la lutte entre la France
et la Prusse semblait une fois encore ajournée.

C'était le désir de l'empereur ; de mesquines questions d'attributions de pouvoir soulevées par le duc
de Grammont, alors ministre des affaires étrangères,
et surtout ses imprudentes exigences remirent le feu
aux poudres.

Les affirmations rassurantes du maréchal Lebœuf,
les dépêches du comte Benedetti triomphèrent enfin
des hésitations de Napoléon III. Le 15 juillet Emile
Ollivier montait à la tribune et y prononçait un discours resté dans toutes les mémoires et dont les conséquences furent, hélas ! fatales.

L'Assemblée, électrisée par l'éloquence de l'orateur, fit entendre de frénétiques applaudissements.

Thiers essaya vainement d'arrêter le courant; sa voix prophétique ne fut pas entendue et la guerre fut déclarée...

Un vent de folie soufflait sur la France; les esprits étaient surexcités... dans la rue le peuple criait : « A Berlin! » et chantait la *Marseillaise*.

Le colonel de Sonis, comme tous les hommes sérieux et compétents, loin de partager cette imprudent enthousiasme s'effrayait beaucoup de la nouvelle aventure dans laquelle nous entraînait la politique impériale.

La réorganisation de l'armée commencée en 1868 par le maréchal Niel était inachevée. Ni les effectifs, ni les armements, n'étaient au complet, et la garde mobile, pour ses débuts, allait trouver en face d'elle la landwehr allemande disciplinée et aguerrie.

« Quoique la guerre fût attendue, a dit le général Ambert dans ses *Récits militaires*, on ne s'était nullement occupé en France d'arrêter un plan de campagne..... En Prusse, au contraire, le chef du grand état-major général, le maréchal de Moltke, avait un plan préparé depuis longtemps..... Dans les écoles de guerre, on avait étudié la marche d'une armée allemande ayant Paris pour objectif. »

La première pensée de l'Empereur et de son entourage avait été de former trois grandes armées sous le commandement des maréchaux Canrobert, Bazaine et

D'AURELLES DE PALADINES

Mac-Mahon, et de prendre rapidement l'offensive ;
mais pour cela, il aurait fallu que notre mobilisation
devançât celle de la Prusse, et notre rouage militaire
n'était, ni assez complet, ni assez organisé.

Malheureusement, l'Empereur, en renonçant à son
plan offensif, abandonna aussi l'idée des trois grandes
armées, et au lieu de rassembler ses troupes au
pied des Vosges, il les dissémina sur toute la frontière.

On forma huit corps d'armée de trois et quatre divisions chacun.

Voici quels étaient les commandants de ces différents corps :

Le 1er avait pour chef le maréchal de Mac-Mahon ;

Le 2e, le général Frossard ;

Le 3e, le maréchal Bazaine ;

Le 4e, le général de Ladmirault ;

Le 5e, le général de Failly ;

Le 6e, le maréchal Canrobert ;

Le 7e, le général Félix Douay ;

Le 8e corps était formé par la garde, que commandait le général Bourbaki.

Le 1er et le 7e corps devaient défendre l'Alsace ;
les 2e, 3e et 4e corps, les frontières lorraines.

Le 5e corps reliait les deux armées entre elles ; la
garde était à Metz, et le 6e corps en formation au
camp de Châlons.

Comme pour la guerre d'Italie, Napoléon III s'était
réservé le commandement en chef.

Il quitta les Tuileries le 28 juillet, extrêmement
souffrant et découragé, emmenant avec lui son fils, le

jeune prince impérial. Ni l'un ni l'autre ne devaient rentrer à Paris !...

Aux premiers bruits de guerre, le colonel de Sonis écrivit au ministère pour demander son rappel en France. Le vaillant soldat de Solférino et d'Aïn-Madhi voulait aussi sa part des futures batailles.

Cette faveur lui fut refusée sous prétexte que sa présence était nécessaire en Algérie. L'attitude énergiquement religieuse du commandant du cercle d'Aumale, aussi bien que son refus de faire partie de la maison militaire de l'empereur, avait rendu suspect le brave officier. Malgré tout, on croyait à la victoire, et le gouvernement ne voulait aux avant-postes que des hommes dévoués au régime impérial.

Si notre modeste avantage de Sarrebruck (2 août 1870) avait eu un glorieux lendemain, si nos clairons au lieu de sonner la retraite avaient jeté leurs notes vibrantes sur la terre allemande, Sonis aurait accepté sans se plaindre d'être éloigné du champ de bataille.

Ce n'était pas une question d'avancement qui lui faisait solliciter d'être envoyé à la frontière. L'âge, ni le grade, n'ont modifié ses idées, et le colonel de spahis, comme jadis le sous-lieutenant de hussards, ne demande qu'à servir son pays dans le péril. Peu importe à ce *Tertiaire* du Carmel, à ce chrétien si parfaitement humble, d'obtenir une croix de commandeur, ou d'attacher à son uniforme les étoiles de général. Soldat du Christ, il place ses ambitions et ses espérances bien au-dessus de ces brillants hochets que se disputent les hommes.

Mais les lendemains de Sarrebruck s'appelèrent

Wissembourg (1), Reischoffen. Forbach (2)!... Les défaites succédaient aux défaites. Les troupes démoralisées exécutaient mal des ordres souvent mal donnés, les états-majors ne s'entendaient plus et les mouvements des corps d'armée ne concordaient pas entre eux. Le 5 août, l'empereur, brisé au physique et au moral, se démit de son commandement ; n'osant rentrer à Paris où l'effervescence est à son comble, il erre à la suite du maréchal de Mac-Mahon, « ... sans autorité, sans prestige, pâle fantôme de César, déjà à moitié décounonné (3) ».

En Autriche après Wagram, en Prusse après Iéna, les vaincus s'étaient serrés autour de leur souverain ; en France, au contraire, de mesquines jalousies, de coupables ambitions ajoutaient au désarroi général, et la parole de l'Evangile : « Toute maison divisée contre elle-même périra », retentissait comme un glas en ce terrible mois d'août 1870.

L'Empire agonisait.... seul un miraculeux triomphe aurait pu le sauver ; mais Dieu ne voulut pas intervenir. La prophétique menace de Pie IX se réalisait, l'heure de la justice avait sonné.

---

(1) 4 août.

(2) 6 août. — Ces deux batailles, qui ouvraient à l'ennemi la route des Vosges, furent perdues le jour où notre corps d'occupation quittait Rome, laissant le champ libre aux ambitions piémontaises. Cette coïncidence frappa vivement alors les catholiques.

(3) Cte d'Hérisson, *Souvenirs d'un officier d'ordonnance*. Tous les corps d'armée avaient été réunis en deux grands commandements qui furent donnés aux maréchaux de Mac-Mahon et Bazaine.

En 1860, à la veille de l'invasion des Marches et de l'Ombrie, le Saint-Père avait dit à l'abbé Cabanis : « ... Votre empereur n'est qu'un *fourbe* ; je ne crois plus à sa parole... Pour lui le jour de la justice est venu. Dites-lui de ma part que je n'ai pas d'autre réponse à lui faire, si ce n'est que l'épée de Dieu est prête à le frapper par la main des hommes, non plus par la mienne (1). »

Dix ans plus tard, désespéré, à bout d'énergie et de forces, l'héritier de Napoléon Ier allait porter à Sedan l'épée qu'il avait jadis tirée en faveur de la révolution italienne.

Triste retour des politiques humaines : Tandis que les soldats de Solférino et de Magenta luttaient un contre dix dans les défilés des Ardennes et des Vosges, Victor-Emmanuel, tout occupé de s'emparer de la ville pontificale, n'avait ni un homme, ni un fusil à envoyer à son allié d'hier.

Après la chute du ministère Ollivier, tombé sous le canon de Wissembourg et remplacé par le ministère du général de Palikao, le colonel de Sonis fit une nouvelle tentative pour obtenir de rentrer en France, affirmant qu'il n'y avait à redouter aucun soulèvement sérieux de la part des Arabes et qu'il suffirait de quelques détachements de mobiles pour les tenir en respect.

La lettre se perdit sans doute dans l'affolement de ces tristes journées, car Sonis attendit vainement

(1) *Le Secret de l'Empereur*, par M. Thouvenel.

l'autorisation de rejoindre ses anciens compagnons d'armes.

Dieu qui aime encore les *Francs* réservait la vaillante épée de son serviteur pour jeter un éclair de sublime héroïsme au dernier jour de cette sombre et douloureuse épopée.

Au mois d'août et de septembre, rien toutefois ne révélait encore les mystérieux desseins de la Providence et Sonis souffrait d'être condamné à l'inaction en face de la patrie envahie !

Ne pouvant combattre il priait, il jeûnait et suppliait le Sacré Cœur et la Vierge Immaculée d'avoir pitié de la France, de la protéger, de la sauver !

Comme jadis M. de Maistre, Sonis voyait par delà les régiments et les corps d'armée, la main de Dieu dirigeant toutes choses. Pour lui, ainsi que pour le grand penseur chrétien, la guerre était un châtiment, une expiation, et il aurait voulu que tout ce qui n'était pas sur les champs de bataille fût à genoux pour faire violence au ciel.

Mais au lieu de prier et de se frapper la poitrine, le peuple chantait la *Marseillaise*, insultait les généraux quand il ne les emprisonnait pas comme le général Mazure à Lyon et pensait tout sauver en criant : « Vive la République ! »

Les désastres se succédaient. Depuis le 2 septembre, Napoléon III était prisonnier avec plus de cent mille hommes, Bazaine s'était enfermé dans Metz avec l'élite de notre armée, Paris allait être bloqué, et le gouvernement, tombé des mains de l'impératrice deux jours après Sedan, était au pouvoir d'hommes ambitieux, brouillons et jaloux les uns des autres.

En proclamant la République, les Gambetta, les Jules Favre, les Crémieux, les Glais-Bizoin, avaient brisé toutes les négociations entamées avec les puissances par la diplomatie impériale. L'Autriche, l'Italie, qui peut-être allaient se décider à intervenir, se regardèrent comme dégagées vis-à-vis de la France et laissèrent le champ libre aux convoitises allemandes.

Après l'entrevue à Ferrières de M. de Bismarck et de Jules Favre, entrevue dans laquelle ce dernier prononça la parole restée célèbre : « Pas une pierre de nos forteresses, pas un pouce de notre territoire », commença cette terrible lutte de cinq mois dans laquelle notre armée aurait peut-être été victorieuse si Gambetta et les ingénieurs, de Freycinet et de Serres, n'eussent paralysé l'action de nos généraux.

Ces douloureux souvenirs sont encore présents à toutes les mémoires, et l'enquête parlementaire de 1871-72 a prouvé combien l'influence de l'élément civil avait été néfaste.

Le gouvernement du 4 Septembre, qui s'était donné le nom de gouvernement de la Défense nationale, était composé d'Emmanuel Arago, Crémieux, Jules Favre, Jules Ferry, Gambetta, Garnier-Pagès, Glais-Bizoin, Eugène Pelletan, Ernest Picard, Rochefort et Jules Simon ; tous ardents adversaires des armées permanentes et de la loi militaire de 1868.

Jules Favre prit les affaires étrangères ;

Gambetta l'intérieur ;

Crémieux la justice ;

Picard les finances ;

Jules Simon l'instruction publique.

On donna le portefeuille de la guerre au général Le Flô et celui de la marine au vice-amiral Fourichon.

Trochu avait gardé le gouvernement de Paris.

Le 13 septembre l'investissement de la grande cité étant imminent, le gouvernement délégua Crémieux pour le représenter en province.

L'avocat israélite vint s'installer à Tours, au palais archiépiscopal, et jusqu'à l'arrivée des Prussiens à Orléans, il s'imposa, lui et sa famille, au vénérable archevêque, Mgr Guibert.

Le ministre avait pour secrétaire général de la guerre un officier intelligent et énergique, le général Lefort, qui dès le 16 septembre s'occupa d'organiser un premier noyau d'armée avec les dépôts et trois régiments venus d'Afrique. Il confia le 15e corps au général de la Motterouge qui était dans le cadre de réserve depuis 1868.

Le choix était excellent, car le brave officier qui avait fait ses débuts militaires sous la Restauration, pendant la campagne d'Espagne, et joué plus tard un très beau rôle en Crimée et en Italie, avait toutes les qualités nécessaires à un commandant en chef.

Le 18 septembre Glais-Bizoin et l'amiral Fourichon vinrent rejoindre Crémieux, et pendant près d'un mois ils furent à eux trois les maîtres absolus de la France.

L'amiral Fourichon, loin d'entraver l'œuvre patriotique du général Lefort, lui fut un précieux auxiliaire, et bientôt un nouveau corps s'organisait sous la direction du général d'Aurelles de Paladines.

L'arrivée inattendue de Gambetta vint tout boule-
verser. Plus jeune, plus intelligent, plus célèbre que
ses collègues, le fougueux tribun les réduisit bientôt à
n'être que des comparses. A la suite d'une violente
discussion au sujet des événements de Lyon et du
général Mazure, l'amiral Fourichon venait d'abandonner le portefeuille de la guerre, que Gambetta prit
aussitôt. Ne trouvant pas le général Lefort assez
souple, le nouveau ministre le congédia « assez les-
tement », mit à sa place son ami de Freycinet et tous
deux s'improvisèrent généralissimes.

Et malheureusement, ni les La Motterouge, ni les
d'Aurelles, ni les Chanzy, ni les Sonis n'eurent l'audace de refuser d'obéir à ces hommes qui n'avaient
pourtant ni science militaire, ni mandat régulier.
« Jamais rien d'aussi insensé ne s'était vu en France,
« s'écrie avec indignation le général Ambert ; la guerre
« à mort était notre suprême espérance, et le sort de
« cette guerre était abandonné à un avocat et à un
« ingénieur secondé par un jeune Polonais. Nos des-
« cendants refuseront de croire à une telle démence. »

CHAPITRE IX

—

Le 20 octobre 1870, un décret ministériel conférait à Sonis le grade de général de brigade, mais en le laissant en Algérie.

Au chagrin qu'éprouvait le commandant du cercle d'Aumale d'être éloigné des champs de bataille, venaient s'ajouter de méchantes querelles suscitées par une petite feuille algérienne qui attaquait impitoyablement et avec mauvaise foi son administration. Dédaigneux de ce qui lui était personnel, il releva avec une grande fierté ce qui touchait à la dignité militaire, montrant une fois de plus quelle force merveilleuse la religion donne aux caractères.

Jusqu'à la reddition de Metz, Sonis avait accepté son inaction comme une épreuve que lui imposait la volonté divine. Mais à la nouvelle de la triste capitulation, son âme de soldat frémit, et le jour même il écrivait au nouveau ministre de la guerre, que s'il n'était pas immédiatement rappelé en France, il donnerait sa démission et s'engagerait comme volontaire.

Gambetta fut ému de ce patriotique langage et immédiatement fit envoyer au général de Sonis l'ordre d'arriver.

« Cherchez d'abord le royaume de Dieu et sa justice, nous dit l'Evangile, et le reste vous sera donné par surcroît. » Le surcroît que Dieu réservait à Sonis, c'était la gloire immortelle du martyre !

Il l'attendait, j'allais presque dire qu'il l'espérait.

Au début de la guerre, alors qu'il pensait faire partie de l'armée du Rhin, il écrivait : « Demandons à Dieu la grâce de savoir mourir en chrétien, les armes à la main, les yeux au ciel, la poitrine en face de l'ennemi, en criant : Vive la France ! »

A la veille de quitter l'Algérie, adressant un dernier adieu à un de ses amis : « ... Je me condamne à mort, lui disait-il. Dieu me fera grâce s'il veut. Tous les jours, je l'aurai dans ma poitrine et Dieu ne capitule jamais... jamais. »

Dès que le général eut reçu son ordre de départ, il quitta Aumale avec sa famille et s'embarqua pour rentrer dans cette France qu'il avait laissée, trois ans auparavant, à l'apogée de la gloire et qu'il allait retrouver vaincue et envahie !

Pendant son dernier séjour à Castres, le pieux soldat était allé à Lourdes ; cette petite ville perdue dans les Pyrénées, qu'une récente Apparition avait rendue célèbre.

Ce miracle, qui mit en émoi les esprits forts de la région, avait été accueilli avec enthousiasme par Sonis, et il eut un grand bonheur d'aller s'agenouiller au pied de ces Roches Massabielles qui avaient abrité les apparitions de la Vierge Immaculée.

Son âme de croyant avait une tendresse touchante pour la Mère de Dieu ; à l'exemple de nos plus grands saints, il ne passait pas un jour sans réciter en son honneur quelques dizaines de chapelet. Il fut donc très vivement impressionné de ce pèlerinage et le souvenir de la blanche Vierge de Lourdes le suivit en Algérie.

Il ne soupçonnait pas alors quelles merveilleuses consolations ce souvenir lui apporterait au jour de la plus terrible épreuve de sa vie militaire !

Laissant Mme de Sonis et ses jeunes enfants prendre la route de la maison paternelle, le général se rendit à Tours avec plusieurs officiers d'Afrique.

La jolie cité tourangelle était devenue la capitale de la France. Soldats et aventuriers y affluaient, les uns demandant la grâce de se faire tuer pour la patrie, les autres profitant de nos désastres pour s'enrichir.

En sortant de la gare, Sonis court au ministère. Le général Loverdo qu'il demande, est absent pour la journée. C'était le 15 novembre. Il revint le lendemain, et obtint aussitôt le commandement de deux régiments de cavalerie. Le désarroi était alors si grand dans les bureaux, que personne ne put lui dire où se trouvaient ces régiments, ni de combien d'hommes ils se composaient. On lui en indiqua seulement les numéros.

La brigade était attachée au 17e corps, alors en formation, et que commandait un ancien soldat d'Afrique, le général Durrieu. Sonis, qui avait fait avec lui plusieurs expéditions en Algérie, fut très heureux de se trouver de nouveau sous ses ordres. Mais le général Durrieu n'avait aucuns renseignements positifs, et, après deux jours de recherches vaines, il engagea son subordonné à partir pour Vendôme, où il aurait peut-être quelques nouvelles de ses régiments.

Sonis suivit le conseil, heureux de fuir ces bureaux, dont les ignorances, les hésitations et les lenteurs exaspéraient son patriotisme.

Je ne sais si Gambetta, en recevant le nouveau général, se souvint de la phrase de Voltaire, à propos du marquis de Fénelon :

« ..... Il faut avouer qu'une armée composée d'hommes qui penseraient ainsi, serait invincible. »

Toujours est-il, qu'avant son départ de Tours, Sonis reçut le commandement d'une division de cavalerie, en remplacement du général de Longuerue, appelé au 15° corps, et que, le 18 novembre, une dépêche du dictateur lui confiait le commandement en chef de ce 17° corps, qu'allait rendre légendaire son héroïsme et celui des volontaires de l'Ouest.

C'est à Marboué que Sonis vit pour la première fois M. de Charette. La Providence amenait l'un vers l'autre le soldat du Christ et le soldat du Pape pour les confondre dans la même auréole.

A Vendôme, le général trouva beaucoup d'infanterie, mais pas un seul cavalier.

Il questionna le commandant de la troisième division, le général de Flandres ; celui-ci lui fit espérer qu'à Châteaudun il trouverait peut-être ses malheureux régiments.

Sans perdre un instant, Sonis partit pour Châteaudun, où l'attendait une nouvelle déception. Le général Fiereck, qui commandait la région de l'Ouest, n'était pas mieux renseigné que les généraux Durrieu et de Flandres. Ne sachant plus enfin où chercher sa brigade, Sonis télégraphie sa déconvenue au général Durrieu et s'occupe activement de grouper les quelques cavaliers qui se trouvaient à Châteaudun.

Dans la nuit, il reçut l'ordre de partir pour Fretteval ; il en prévint aussitôt le général Fiereck. Le lendemain, au point du jour, Sonis se disposait au départ, quand il vit arriver le commandant de Châteaudun, fort ému, qui lui tend une dépêche annonçant un mouvement des Prussiens sur la gauche de l'armée et l'attaque de plusieurs postes importants, entre autres Dreux et Illiers.

« — Vous ne pouvez pas m'abandonner », lui dit-il.

La situation était très pénible. Le vaillant Sonis n'a jamais abandonné un camarade en péril, et pourtant l'ordre reçu est formel.

Il le montre au général Fiereck, en disant :

« — Je vais envoyer une dépêche; si dans la journée on ne m'a pas répondu, je serai bien obligé d'obéir. »

A une heure de l'après-midi, aucune réponse n'était arrivée. Sonis, esclave de la discipline, se résigne alors à quitter Châteaudun avec sa petite brigade.

Il racontera plus tard, devant la commission d'enquête, cette marche sur Fretteval, marche douloureuse pendant laquelle il fut insulté. Le soldat du Christ aurait peut-être accepté l'outrage en union avec les humiliations de son Maître sur le chemin du Golgotha, mais le soldat de la France, le général devait faire respecter son uniforme. Entendant un groupe de paysans dire à la vue de ses cavaliers : « Ils ont peur des Prussiens », il bondit au milieu d'eux pâle d'indignation, prêt à les châtier.

Les insulteurs effrayés s'enfuirent à travers champs et Sonis reprit la tête de sa colonne.

Arrivé à Fretteval, il fit bivouaquer ses hommes, et à minuit, comme il se disposait à prendre un peu de repos, il reçut l'ordre de revenir à Châteaudun. Immédiatement il envoya une estafette au général Fiereck pour lui annoncer son retour, et le lendemain à l'aube il se mettait en route, très étonné de n'avoir pas reçu de réponse. Il le fut bien davantage, en arrivant dans la ville, de ne pas y trouver son commandant.

La position était étrange, et il fallait tout le sang-froid de Sonis pour ne pas perdre la tête. Se trouvant sans chef, sans commandement, sans indications, sans intructions, il télégraphia au ministre de la guerre et au général Durrieu afin d'avoir des ordres.

« — Qui commande ici ? » demandait le malheureux officier.

« — C'est vous », répondit Gambetta.

Ce nouveau commandement semblait au général de Sonis tout à fait incompatible avec celui de sa division. Il ne pouvait être en même temps à Châteaudun à la tête du commandement territorial et en expédition avec sa cavalerie !

Avec la grande justesse d'appréciation qui lui était habituelle, le général pensa que cette double charge n'était que très provisoire, et ne voulant rien prendre sur lui, il télégraphia au ministre de la guerre pour demander la durée de ce nouveau commandement.

On lui répondit simplement : « Agissez comme si c'était pour toujours. »

Dans ces conditions, Sonis devait chercher à connaître les troupes qu'il avait sous ses ordres. Il se rendit chez le maire, qui n'était au courant de rien.

Après beaucoup de démarches plus infructueuses

les unes que les autres, il finit par découvrir le colonel Sautereau, qui lui donna enfin les indications qu'il cherchait.

« Dans la région de l'Ouest, lui dit cet officier, vous avez un bataillon d'infanterie de marine, les mobiles des Deux-Sèvres, les mobiles du Gers, les volontaires de l'Ouest et enfin les fusiliers marins, commandés par le capitaine de frégate Collet. »

Après avoir vivement remercié le colonel Sautereau, Sonis écrivit lui-même au général Durrieu pour lui demander d'être relevé du commandement de Châteaudun ; il reçut pour toute réponse un mot de Gambetta lui annonçant qu'il lui donnait le commandement en chef du 17e corps.

« Je fus fort étonné, dira-t-il plus tard devant la commission d'enquête, mais il n'y avait pas de discussions à établir, ce n'eût pas été militaire, et je pris le commandement. Je demandai seulement la concentration de mes troupes et qu'on m'envoyât la 1re et la 2e division. »

Sonis partit alors pour le camp de Saint-Laurent-des-Bois, sur la lisière de la forêt de Marchenoir, afin de hâter l'organisation de ce corps d'armée qui lui avait été si étrangement confié.

Avant son départ il adressait au colonel des volontaires de l'Ouest la lettre suivante :

Châteaudun, le 18 novembre 1870.

« Mon Colonel,

« Je vous connais depuis longtemps, car il n'est pas un cœur de chrétien qui puisse ignorer votre nom, sachant déjà ce que l'histoire lui avait appris de votre héroïque aïeul. Arrivé hier à Châteaudun, je me proposais d'aller vous voir aujourd'hui, et j'avais demandé des renseignements dont j'avais besoin, à cet égard, à un de vos jeunes zouaves. Je ne puis me donner ce plaisir, recevant l'ordre de partir avec ma division ; mais avant de quitter votre voisinage, je veux saluer votre belle et héroïque troupe dans son admirable chef, et vous dire que je vénère tout ce que vous vénérez, que j'aime tout ce que vous aimez. Dans ces tristes temps, c'est une consolation de mourir au milieu de braves gens comme vous et de pouvoir se dire que Dieu n'abandonne pas la France, puisqu'elle a encore des enfants fidèles.

« Adieu, mon colonel, je mets ma main dans la vôtre, et vous prie de partager ensemble prières et sacrifices.

« Votre dévoué serviteur,

« SONIS. »

Un si touchant et discret appel était plus qu'un ordre, et les volontaires partirent aussitôt pour rejoindre le 17ᵉ corps dans la forêt de Marchenoir.

Les volontaires de l'Ouest arrivaient de Rome, où,

sous le nom de zouaves pontificaux, ils donnaient depuis dix ans d'éclatantes preuves de dévouement à la plus sainte et à la plus noble des causes !

Ne pouvant plus combattre pour le Souverain-Pontife, les défenseurs de Pie IX avaient voulu se mettre au service de la France.

Leur rôle dans les événements qui vont se dérouler a été trop considérable pour que nous ne retracions pas rapidement leur histoire, leur organisation et que nous ne disions pas comment leur étendard devint le fanion du général de Sonis.

Après la prise de Rome (20 septembre 1870), la partie française des zouaves pontificaux avait été rapatriée à bord de l'*Orénoque*, commandé par le lieutenant de vaisseau Briot qui se montra plein d'égards pour ses vaillants compatriotes.

Débarqués à Toulon, les zouaves furent internés à Tarascon pendant que leur actif et ardent lieutenant-colonel, M. de Charette, partait pour Bordeaux et pour Tours, afin de s'entendre avec les chefs du gouvernement de la Défense nationale.

M. de Charette avait alors trente-huit ans. Son allure martiale, son regard énergique, sa parole vibrante fascinèrent Glais-Bizoin et Crémieux qui lui auraient peut-être donné carte blanche s'ils eussent été les maîtres ; mais ils n'avaient aucune autorité ; le maître absolu, c'était Gambetta.

Le 30 septembre, le petit-neveu du héros vendéen arrivait donc chez le ministre de la guerre. Le général Lefort, encore secrétaire général, reçut à merveille M. de Charette, car c'était un magnifique appoint, que cette poignée de vrais soldats, exercés depuis plusieurs années au maniement des armes.

Seulement, pour ménager certaines susceptibilités républicaines et libres-penseuses, Gambetta aurait voulu fondre en un seul régiment les zouaves pontificaux et la légion d'Antibes, afin d'enlever à ce renfort inespéré son caractère royaliste et catholique.

C'était pour les zouaves une véritable abdication à laquelle leur lieutenant-colonel refusa de souscrire.

Enfin, après bien des pourparlers, bien des démarches, il fut décidé que les zouaves conserveraient leur autonomie et leur uniforme, cet uniforme qu'avaient rendu légendaire Castelfidardo et Mentana, mais qu'ils prendraient le nom de *Volontaires de l'Ouest*.

Nom que justifiait d'ailleurs parfaitement l'origine de la plupart des chefs et des soldats.

Pour en finir, car il avait hâte de se jeter dans la mêlée, M. de Charette accepta la nouvelle dénomination imposée par Gambetta.

« L'homme s'agite et Dieu le mène », a dit Bossuet. Là est tout le secret de ces étranges interventions, de ces dénouements inattendus qui se dressent à chaque page de l'histoire, comme de mystérieuses énigmes.

Grands hommes ou pygmées, croyants ou libres-penseurs, tous ne sont que les inconscients exécuteurs du plan divin !

En quittant le général Lefort, M. de Charette accourut à l'hôtel où se trouvaient alors sa belle-mère et ses deux jeunes enfants. Ravi d'avoir terminé ses ennuyeuses démarches, il entra comme une bombe dans le salon de la duchesse de Fitz-James, en s'écriant :

« — Enfin ! me voilà nommé commandant des volontaires de l'Ouest. »

En entendant cette exclamation, un homme que tout le monde vénérait à Tours, M. Dupont (1), se leva et lui dit :

« — Je viens de recevoir des religieuses de Paray-le-Monial un étendard avec les insignes du Cœur de Jésus. Elles me demandent de le faire parvenir à Paris au général Trochu, et, si cela est impossible, de le remettre soit au général Cathelineau, soit à un des commandants des forces de l'Ouest. Colonel, votre nomination, le hasard qui m'amène ici en ce moment, sont providentiels. C'est à vous que revient de droit le drapeau du Sacré-Cœur. »

Le baron de Charette accepta avec enthousiasme la sainte bannière, promettant de la déployer devant l'ennemi à la première occasion.

Le lendemain il se rendit avec la duchesse de Fitz-James, ses enfants et deux ou trois personnes dans le petit oratoire de M. Dupont, où le précieux envoi des religieuses de Paray avait été déposé.

(1) M. Léon Aubineau a publié une intéressante biographie de M. Dupont, intitulée : *Le Saint homme de Tours*. C'est M. Dupont qui a été en France un des propagateurs de la dévotion à la sainte Face de Notre-Seigneur.

Après avoir prié devant l'image de la sainte Face, on ouvrit la caisse et la bannière apparut.

C'était une longue bande de soie blanche encadrée de broderies d'or ; au milieu était le sacré Cœur enserré par une couronne d'épines et surmonté d'une croix. Autour était brodée en rouge l'invocation : « Cœur de Jésus, sauvez la France ! »

Mais avant de prendre possession de l'étendard qui bientôt allait devenir historique, le chef des *Volontaires de l'Ouest* voulait qu'il touchât les reliques de saint Martin, l'apôtre et le protecteur de la vieille France.

Ainsi faisaient jadis les rois très chrétiens.

Sur le revers de l'étendard des Visitandines, les Carmélites de Tours brodèrent en hâte une seconde invocation :

« Saint Martin, protégez la France ! »

Puis on le porta sur le tombeau du grand thaumaturge où il passa la nuit.

Le lendemain matin, après la messe, le colonel de Charette emportait avec lui le drapeau du Sacré-Cœur, qui devait quelques semaines plus tard flotter sur le champ de bataille.

Le secret de cette pieuse conspiration fut soigneusement gardé, et les volontaires qui accouraient se mettre aux ordres de Charette ignoraient sous quel sublime étendard ils allaient combattre et mourir pour la patrie.

Le recrutement des Volontaires fut si rapide

que dès le 9 octobre, trois compagnies étaient prêtes à partir sous la direction du capitaine Le Gonidec de Tressan ; ayant reçu l'ordre de marcher sur Fontainebleau, elles arrivèrent à Orléans le lendemain, mais elles ne dépassèrent pas la cité de Jeanne d'Arc.

Le 10 était le jour du fatal combat d'Arthenay ; les Bavarois approchaient, et sans aller plus loin la petite troupe du capitaine Le Gonidec allait recevoir le baptême du feu.

En effet, au combat de Cercottes du 11 octobre, les volontaires arrêtaient une colonne d'environ douze cents hommes et deux cents cavaliers, protégeant ainsi la retraite du 15° corps, écrasé la veille au combat d'Arthenay.

Décimés par cette lutte héroïque, les zouaves revinrent au Mans se reformer, et quelques semaines après, le 9 novembre, les trois compagnies s'étaient changées en deux bataillons auxquels rien ne manquait, pas même l'artillerie, grâce à l'activité de Charette et d'un ancien officier de l'artillerie pontificale, M. de Falaiseau.

Enfin, un troisième bataillon s'organisait au dépôt du Mans, sous l'énergique impulsion du lieutenant-colonel d'Albiousse.

Au commencement de novembre, les volontaires faisaient partie de la brigade Fiereck qui les envoya d'abord à Nogent-le-Rotrou, puis vers Châteaudun.

Le premier bataillon était commandé par le comte de Moncuit, un blessé de Castelfidardo, et le capitaine de Ferron. Le deuxième était sous les ordres du comte Le Gonidec de Tressan et de M. Wyart. Chaque bataillon avait un aumônier : le P. Doussot, dominicain, et le P. de Gerlache, jésuite. C'était un ancien élève de Juilly, le commandant de Troussures qui remplaçait, comme lieutenant-colonel, M. d'Albiousse, resté au dépôt.

« ... Les volontaires de l'Ouest, a écrit M. Jacque-
« mont, marchaient bravement derrière ces chefs si
« dignes de leur confiance. On voyait avec surprise
« dans ces files de soldats qui marchaient d'un pas
« léger et résolu, des têtes d'enfants et des têtes de
« vieillards mêlées à celles des jeunes gens. Ici, une
« longue barbe blanche, c'est le marquis de Coislin,
« officier sous la Restauration, champion royaliste
« en 1832... Là, c'est le comte de Bouillé, qui a suivi
« son fils et son gendre, M. de Cazenove... Ces cou-
« rageux et ces vaillants n'ont pas voulu les grades
« des gardes nationales et se sont faits soldats,
« parce que c'est la seule manière d'entrer dans les
« zouaves. »

La première étape fut de plus de sept lieues, celle du lendemain fut encore plus longue, mais personne ne se plaignait et le soir à l'appel il n'y avait pas d'absents. Et pourtant, les volontaires partageaient le sort commun de notre malheureuse armée de la Loire ; comme les mobiles ils étaient mal équipés et mal vêtus, mais peu importait à ces braves. Soutenus par leur patriotisme, ils étaient prêts à toutes les souffrances et à tous les sacrifices.

Aussitôt que la nomination de Sonis avait été publique, le vicomte de l'H..., son vieux camarade de Juilly, lui écrivit pour lui recommander son fils qui se trouvait au 17e corps.

L'amitié chrétienne était portée chez le général à son plus haut degré de perfection. Lui demander un service, était le rendre heureux ; et au milieu de ses multiples occupations militaires, si fatigué qu'il fût, il était toujours prêt à obliger ses amis.

La lettre de M. de l'H... mit plusieurs jours pour arriver à son adresse, et le 25 novembre, Sonis y répondait en ces termes :

« Mon cher ami,

« Je reçois ta lettre à l'instant, et j'envoie chercher ton fils que je ne savais pas ici.

« Comment n'a-t-il pas pensé à venir me voir ?...

« On me répond qu'il est parti depuis ce matin avec son escadron, pour faire une reconnaissance. Il rentrera ce soir ; il trouvera à son débotté l'ordre qui le nomme mon officier d'ordonnance.

« A Dieu, mon bon Gaston ; prie bien Dieu pour nous. »

« SONIS. »

Ces quelques lignes, vrai message d'espérance, ont été conservées pieusement dans les archives de famille, et en nous montrant ce petit billet jauni par le temps, et dont l'encre est décolorée, les larmes montaient aux yeux du hardi veneur limousin, et d'une voix tremblante d'émotion, il nous dit : « Si j'ai conservé mon fils, je suis convaincu que je le dois aux prières de mon saint ami qui avait dû demander à Dieu de lui prendre plutôt sa propre vie que celle de mon enfant. »

CHAPITRE X

En prenant possession du commandement en chef du 17ᵉ corps, le général de Sonis ne se dissimula pas combien était lourde la tâche qui lui incombait.

Avec les éléments les plus divers, les plus insuffisants, il lui fallait en quelques jours mettre sur pied quatre divisions, transformer en soldats ces malheureux mobiles qui ne savaient rien du rude métier qu'on leur imposait, mais étaient toujours disposés à murmurer contre leurs chefs, inexpérimentés comme eux.

Le prestige de l'autorité militaire n'existait plus, et pour combattre l'indiscipline une loi martiale fut publiée le 2 octobre 1870 (1).

Et pourtant, dans le monde gouvernemental, « on faisait assaut de lyrisme », suivant la pittoresque expression d'un officier d'ordonnance. Mais les grands mots ne produisent pas les grands sentiments et ces phrases sonores n'allaient pas au cœur des soldats. Le patriotisme est inséparable de l'esprit de sacrifice, et la brillante éloquence de Gambetta était impuissante pour galvaniser le peuple et le jeter, dans un héroïque effort, au devant de l'ennemi.

La situation des commandants de corps d'armée était donc on ne peut plus pénible.

Heureusement, les hommes de la trempe de Sonis ne se laissent pas abattre par les difficultés à vaincre.

Ils vont droit au devoir, bravement, simplement, sans arrière-pensée et sans phrases retentissantes ; « les yeux au ciel », suivant la belle parole de notre héros.

______

(1) Cette loi très énergique, dont on fit plus tard honneur à Gambetta, fut promulguée avant son arrivée. Elle avait été rédigée par un des divisionnaires du 15e corps, le général Martin des Pallières.

Avec l'énergique ardeur qui lui était habituelle, le nouveau commandant du 17ᵉ corps se mit à l'œuvre, travaillant nuit et jour afin d'être prêt le plus tôt possible à seconder Chanzy et d'Aurelles.

Chaque matin, bien avant l'aube, il s'agenouillait pour recevoir le Pain des forts, puis il reprenait la tâche à peine interrompue par quelques instants de repos ! « ... Il voyait tout, donnait ordre à tout...
« accessible à toute heure, prévenant pour tous,
« attentif à éviter autant qu'il le pouvait la fati-
« gue aux autres et les périls inutiles, il fatiguait
« pour tous, se trouvait partout et sans cesse, voyait
« et disposait par lui-même, et s'exposait continuelle-
« ment. »

Ce portrait du maréchal de Boufflers, tracé par Saint-Simon, dépeint merveilleusement le général de Sonis, car tous ces fiers profils de soldats ont les mêmes lignes, ayant le même idéal.

Laissons le chef du 17ᵉ corps poursuivre son œuvre d'organisation, et pour rendre notre récit à la fois plus complet et plus clair, jetons un coup d'œil sur les différentes manœuvres des généraux Chanzy et d'Aurelles de Paladines.

Ces manœuvres nous valurent plusieurs succès. La bataille de Coulmiers et l'abandon d'Orléans par les troupes allemandes, auraient peut-être changé la face des événements si Gambetta n'avait pas voulu dicter des ordres et imposer des plans aux hommes de guerre que la Providence nous avait conservés.

Le général Ambert, dans ses *Récits militaires* consacrés à la guerre de 1870-1871, affirme que « dans « les dernières années de sa vie, Gambetta regrettait « amèrement de n'avoir pas laissé le commandement « des armées aux généraux et d'avoir souffert que « des hommes étrangers à toute question militaire « eussent pris la direction des mouvements straté- « giques. »

Jules Favre aussi devait demander pardon à Dieu et aux hommes; mais peu importent ces *meâ culpâ* et ces regrets rétrospectifs. L'œuvre néfaste ne s'en est pas moins accomplie !

Après la défaite d'Arthenay, le 10 octobre, La Motterouge, dont le seul tort, comme l'a dit le général Lefort à Gambetta, fut d'avoir obéi *à des ordres inexécutables*, avait été brutalement destitué.

Le commandement du 15ᵉ corps fut alors donné au général d'Aurelles de Paladines (1), « qui s'était empressé de mettre au service du pays son énergie et son expérience. » Quelques jours après, un nouveau décret de la délégation lui conférait le titre de commandant en chef de l'armée de la Loire.

(1) Le général d'Aurelles de Paladines, né au commencement de 1804, avait été mis au cadre de réserve le 14 janvier 1870. A l'époque de la déclaration de guerre, il offrit ses services au Gouvernement qui les accepta et l'envoya à Marseille. Après le 4 septembre, il dut quitter son quartier général, n'ayant aucun moyen de résister aux émeutiers marseillais. Appelé à Tours, il reçut, après la défaite d'Arthenay et la destitution de La Motterouge, le commandement en chef de la première armée de la Loire.

Ce n'était malheureusement qu'un titre ; le vrai chef de l'armée était Gambetta.

« Cependant l'ennemi... commençait à se préoccu-
« per de cette armée qui apparaissait et cherchait
« par ses opérations sur les deux rives du fleuve à
« en empêcher la formation. Châteaudun tombait en
« son pouvoir après une résistance héroïque... le
« Perche et Vendôme étaient menacés et aux environs
« de Blois les postes allemands, après avoir détruit les
« ponts de la Loire jusqu'à Beaugency, cherchaient
« à s'installer dans la forêt de Marchenoir.

« Dans les derniers jours d'octobre on résolut de
« tenter un effort pour reprendre Orléans, le gouver-
« nement voulant en faire la base des opérations dont
« le but était la délivrance de Paris. Nous n'entrerons
« pas ici dans le détail des divers petits engage-
« ments qui eurent lieu aux avant-postes avec assez
« de succès pour empêcher l'ennemi d'étendre son
« occupation (1). »

Au 31 octobre, une partie de l'armée avait franchi la Loire à Mer et à Blois et l'autre était sur la route de Gien, d'où elle devait marcher sur Orléans par la rive droite de la Loire.

On laissait aux bataillons de mobiles, non encore enrégimentés, et aux francs-tireurs la mission de garder les débouchés de la forêt de Marchenoir, derrière laquelle s'organisait le 17° corps.

(1) Chanzy, *La Deuxième armée de la Loire.*

Le surlendemain, 2 novembre, le général Pourcet, qui commandait alors le 16° corps, recevait l'ordre de remettre le commandement à son divisionnaire Chanzy. Quelques semaines plus tard, le même ordre était envoyé au général d'Aurelles, coupable, comme La Motterouge, d'avoir trop exactement obéi au dictateur. Mais n'anticipons pas sur les événements et continuons avec le général Chanzy à suivre notre première armée de la Loire jusqu'aux derniers jours de novembre, où Sonis viendra le rejoindre et se jeter dans la mêlée.

« L'ennemi, auquel l'occupation d'Orléans avait
« livré la Beauce, avait pris toutes ses mesures pour
« conserver cette position importante ; il s'était forte-
« ment retranché derrière tous les obstacles et dans
« tous les villages qui commandent et défendent les
« routes et les chemins qui aboutissent à la ville. Il
« avait sur tous ces points une nombreuse artillerie,
« et de ses observatoires établis dans les clochers et
« sur la tour de Baccon, il suivait facilement nos
« mouvements dans la plaine (1). »

La première rencontre sérieuse eut lieu le 7 novembre, sur la lisière de la forêt de Marchenoir, entre les villages de Saint-Laurent-des-Bois et de Vallières. La lutte dura quinze heures et nos troupes restèrent maîtresses du champ de bataille.

Ce combat de Vallières encouragea nos soldats, et le

(1) Chanzy.

lendemain ils se remirent en marche avec un ordre
et une régularité qui donnaient bon espoir pour
l'avenir.

Le commandant en chef de l'armée, le général
d'Aurelles de Paladines, avait, dès l'avant-veille (6 novembre), de concert avec les généraux Chanzy et
Borel, tout préparé pour l'attaque des différentes positions autour d'Orléans.

Le 9, à huit heures du matin, les troupes s'ébran-
lèrent.

« Le temps, quoique sombre, était favorable ; la
« température était douce, et comme il n'était tombé
« depuis quelques jours ni pluie ni neige, le sol était
« assez ferme pour qu'infanterie, cavalerie et même
« artillerie puissent se mouvoir à travers champs sans
« trop de difficulté. L'aspect de cette grande ligne de
« bataille traversant la plaine était des plus imposants.
« Vers neuf heures et demie le canon se fit entendre
« sur la droite ; c'était le 15° corps qui cherchait à
« déloger les Prussiens de Baccon. »

Ce 15° corps avait alors pour commandant en chef
un officier d'infanterie de marine de la plus grande
énergie, le général Martin des Pallières.

Très grièvement blessé à Bazeilles, le général avait
eu le bonheur de garder sa liberté, les Prussiens le
croyant hors d'état de continuer un service actif. Nos
ennemis ne connaissaient pas l'indomptable soldat de
Mogador.

Sans laisser à sa blessure le temps de se cicatriser,

Martin des Pallières courut à Paris ; envoyé d'abord à Cherbourg, puis à Nevers, il avait activement coopéré à l'organisation de notre première armée de la Loire, et le 11 octobre, à peine rétabli, il prenait la direction du 15ᵉ corps placé à l'est d'Orléans.

Le 5 novembre, l'attaque des positions allemandes autour de la ville ayant été décidée, Martin des Pallières se mit en mouvement dès le lendemain pour joindre ses efforts à ceux du général Chanzy.

Cette fois, ce n'était pas, comme à Vallières, un engagement d'avant-garde, mais une vraie bataille qui se préparait.

Vers midi, l'action était engagée sur toute la ligne. Les villages de Coulmiers, Baccon, Saint-Sigismond, Germigny, le Château de la Renardière étaient fortement défendus. « L'ennemi paraissait partout en
« forces considérables. On pouvait apercevoir de
« grandes lignes d'infanterie en avant des bois du
« Buisson et de Rosières... de nombreuses batteries
« balayaient de leurs feux tout le terrain découvert
« qu'il nous fallait encore parcourir.
« ... Vers deux heures, Coulmiers fut enfin abordé...
« On fut reçu sur tous les points par une fusillade
« très vive et des feux à mitraille ; il y eut alors un
« mouvement d'hésitation que le général Barry fit
« bientôt cesser en se mettant à pied à la tête de la
« première colonne et en se précipitant sur le village
« aux cris de : Vive la France ! En avant les mobiles !
« Les chefs de corps imitant cet exemple, l'élan de
« nos troupes devint bientôt irrésistible ; l'ennemi dut

« se replier... laissant entre nos mains un assez
« grand nombre de prisonniers (1). »

Au centre, la lutte n'était pas moins vive. L'énergie de l'amiral Jauréguiberry finit par l'emporter, et à cinq heures, les Allemands étaient en pleine retraite.

A gauche, le succès fut moins grand par suite d'une erreur du général Reyau, qui prit à la fin de la journée une colonne de francs-tireurs pour une colonne ennemie. Comme son artillerie et sa cavalerie avaient beaucoup souffert, il craignit de ne pouvoir soutenir une nouvelle attaque et très précipitamment donna l'ordre de se replier sur les positions du matin. Quand on reconnut les hommes du colonel Lipowski, il était trop tard pour se remettre à la poursuite des Allemands.

Malgré tout, le combat de Coulmiers fut un vrai triomphe pour nos troupes. Elles avaient été admirables de courage et d'entrain et couchèrent sur le champ de bataille. Electrisées par leurs succès, elles supportèrent, sans se plaindre, une nuit froide et si pluvieuse, qu'on ne put allumer du feu, et le 10, au matin, elles étaient disposées à tenter un nouvel effort. Mais l'ennemi avait disparu comme par enchantement.

« La nouvelle de l'échec de Coulmiers était par-
« venue bien vite à Orléans, où d'ailleurs il ne restait

(1) Chanzy.

« plus que très peu de troupes allemandes, toutes ayant
« été dirigées successivement sur le champ de ba-
« taille ; le général de Thann prescrivit immédiate-
« ment d'évacuer la ville. Un assez grand nombre
« d'officiers et de soldats ne purent cependant se re-
« tirer assez à temps, et lorsque nos avant-gardes et
« les volontaires de Cathelineau pénétrèrent dans
« Orléans, on put faire des prisonniers et s'emparer
« d'une partie du matériel (1). »

Peut-être eût-il été préférable de profiter de l'enthousiasme causé par la victoire de la veille pour
continuer notre marche en avant, rejoindre les Bavarois sur la route d'Etampes, les empêcher de se reformer et surtout couper leurs communications avec
le grand-duc de Mecklembourg.

Mais le général d'Aurelles, paralysé par le gouvernement de Tours qui tenait avant tout à la position
d'Orléans, n'osa pas assumer la responsabilité d'une
si audacieuse aventure. Le temps était d'ailleurs très
mauvais et les troupes affaiblies. Malgré les instances de Chanzy, l'armée resta donc immobile en
avant d'Orléans.

Le 14 novembre, une reconnaissance fit tomber
entre nos mains l'ordre de mouvement du grand-duc
de Mecklembourg. Suivant « leur tactique habituelle,
« les Allemands réunissaient le plus de monde pos-
« sible,... afin d'attaquer à leur heure et d'écraser
« cette armée de la Loire qui surgissait devant eux,

(1) Chanzy.

« alors qu'ils croyaient la France aux abois depuis
« que sa dernière armée régulière lui avait été enle-
« vée par la capitulation de Metz. Le prince Charles
« avait quitté cette dernière ville se dirigeant osten-
« siblement sur Orléans ; le général de Thann réunis-
« sait ses Bavarois à Etampes, et recevait de l'armée
« d'investissement de Paris des hommes pour com-
« bler les vides faits à Coulmiers ; enfin le grand-duc
« de Mecklembourg massait ses forces à Chartres
« tout en menaçant le haut de la vallée du Loir. »

Une attaque formidable était imminente

Préoccupé de cette situation, Chanzy, qui avait
déjà insisté à diverses reprises pour un mouvement
en avant, adressa au général d'Aurelles une longue
dépêche, afin d'obtenir tout au moins d'occuper la
ligne de la Conie, la seule défense naturelle de cette
partie de la Beauce.

Chanzy voulait remonter jusqu'à Patay afin de protéger la grande route de Châteaudun à Orléans, et
d'assurer ses communications avec le 17ᵉ corps dont le
général de Sonis venait de recevoir le commandement ;
il désirait aussi changer ses cantonnements devenus
inhabitables par suite du mauvais temps.

Il terminait en disant « ... que ce mouvement en
avant, bien que restreint, contribuerait à maintenir
chez nos troupes la confiance que leur a donnée la
bataille de Coulmiers et que l'idée d'une offensive
peut seule maintenir. »

Cette importante dépêche resta sans réponse, et
nos malheureux soldats continuèrent à camper dans

ces plaines de la Beauce transformées en marais par la pluie et la neige !

Malgré des rideaux de cavalerie, qui, suivant la tactique allemande, masquaient les manœuvres de leurs corps d'armée, il était évident que le grand mouvement de concentration s'opérait, et que d'un jour à l'autre l'armée de la Loire allait trouver en face d'elle toutes les forces ennemies.

Sonis comme Chanzy et d'Aurelles s'en rendaient parfaitement compte ; mais les malheureux généraux entravés par les ordres du gouvernement de Tours ne pouvaient que se préparer à une lutte inégale sans rien tenter d'efficace.

Le 20 novembre, le 17ᵉ corps quittait la forêt de Marchenoir et occupait les deux rives du Loir, se rattachant par ses avant-postes au 16ᵉ corps.

La situation du 17ᵉ corps était on ne peut plus critique. A peine formé et encore sans cohésion aucune, il avait devant lui l'armée du grand-duc de Mecklembourg remarquablement disciplinée et aguerrie.

Malgré l'habileté de nos ennemis à dissimuler leurs manœuvres, le général de Sonis savait que d'importants mouvements s'exécutaient à l'ouest de Chartres, et à tout instant il craignait d'être tourné, soit à droite, soit à gauche.

« Tourné par la droite, dit M. Jacquemont, il était « coupé par l'armée de la Loire et enveloppé ; par la « gauche, toute l'armée l'était avec lui. »

Tous les jours les avant-postes échangeaient des

coups de fusil avec les éclaireurs allemands, mais ceux-ci admirablement montés se dérobaient sans qu'il fût possible de les atteindre. Cependant notre cavalerie n'était ni moins audacieuse ni moins intrépide que la cavalerie allemande, et plusieurs fois elle porta l'inquiétude dans les rangs ennemis. C'est ainsi qu'un bataillon prussien tout entier fut fait prisonnier par quelques cavaliers des escadrons de M. de Boisdenemetz et qu'un jour, les volontaires de l'Ouest mirent hors de combat quelques hussards.

Ces alertes continuelles fatiguaient beaucoup les jeunes soldats du 17ᵉ corps.

Sonis resta plusieurs jours dans l'ignorance à peu près absolue des mouvements de l'ennemi. Le seul renseignement positif, d'après son témoignage, lui avait été fourni par un habitant de Bonneval « dont une parente qui savait l'allemand était parvenue à entendre la conversation de quelques officiers prussiens qui parlaient du mouvement tournant que l'armée opérait sur notre gauche derrière l'armée de la Loire. »

Le 23 novembre le général apprit en même temps l'occupation de Nogent-le-Rotrou et la marche des Prussiens sur Courtalain et Arrou (à l'ouest de Châteaudun) et Vendôme.

Cette dernière nouvelle lui était envoyée par un télégramme du ministre de la guerre ainsi conçu :

«.... Vendôme est attaqué par des forces prussiennes considérables ; envoyez immédiatement par chemin de fer une brigade d'infanterie et deux batteries d'artillerie. »

Cette fois le doute n'était plus possible.

Le grand-duc tournait toute l'armée de la Loire en paraissant diriger son attaque sur le Mans ou sur Tours. Peut-être encore essayait-il d'attirer vers l'ouest une partie de cette armée tandis que le prince Frédéric-Charles l'aurait attaquée au centre et partagée en deux. Dans l'un et l'autre cas le général de Sonis ne pouvait que se replier ou vers le sud-ouest ou sur le 16e corps commandé par Chanzy.

L'alternative était trop cruelle pour le vaillant soldat d'Afrique, habitué à ne jamais reculer, et il voulut tenter une brusque attaque sur le flanc gauche du grand-duc, espérant le déconcerter et peut-être en le trompant sur nos véritables forces lui faire rebrousser chemin.

Il écrivit donc au ministre de la guerre pour lui annoncer qu'il enverrait sur Vendôme les renforts demandés et qu'à moins de contre-ordre il partirait de Marboué le lendemain matin en colonne légère et qu'il attaquerait Brou où se trouvait un camp prussien.

« J'ai bon espoir de réussir, ajoutait-il, et si je réussis, les têtes de colonnes qui sont devant Vendôme devront se replier et le mouvement sera momentanément arrêté. »

Après avoir expédié sa dépêche, Sonis fit prévenir le commandant de sa première division d'avoir à se

tenir prêt à partir le lendemain matin à trois heures. Le
général de Flandres étant absent, l'ordre ne lui fut pas
remis et on négligea d'en avertir le chef du 17ᵉ corps.
De sorte que, quand il arriva à cheval pour prendre
la tête de la colonne, rien n'était prêt pour le départ
et Sonis dira plus tard qu'il fut obligé « de courir
de tous côtés pour faire prendre les armes. On partit enfin à trois heures et demie. »

À l'avant-garde de cette colonne formée en hâte se
trouvaient les marins du capitaine Collet et les zouaves
de Charette. Ils rencontrèrent l'ennemi à Yèvres.

Le village, bâti sur une butte, est couvert de ce
côté par une rivière assez profonde, l'Ozanne, et se
trouve ainsi commander la plaine à une assez grande
distance.

« Retranchés dans cette forte position et appuyés
« de leurs batteries, les Prussiens accueillirent à
« quinze cents mètres les Français à coups de ca-
« nons (1). »

Zouaves et marins se déployèrent alors en tirailleurs et bravement attaquèrent l'artillerie ennemie.
Dans cette plaine découverte, chaque homme était une
cible vivante. Plusieurs tombèrent mortellement frap-
pés. Sans se déconcerter, les intrépides soldats continuaient à tirer avec autant de sang-froid que s'ils
eussent été à la manœuvre.

(1) Jacquemont.

Et pourtant beaucoup parmi les volontaires allaient au feu pour la première fois. Mais dans cette troupe admirable tous avaient fait d'avance le sacrifice de leur vie, s'offrant en holocauste pour le salut de la patrie.

Le général de Sonis voyant le péril que courait son avant-garde, démasqua son artillerie. Bien placées et fort habilement dirigées, les pièces ouvrirent un feu très meurtrier pour l'ennemi.

Tandis qu'on se canonnait sur les deux rives avec un égal acharnement, les colonnes d'attaque cherchaient un passage pour franchir l'Ozanne et prendre à revers le village. Au bout d'une heure les volontaires découvrirent un pont. Ils s'élancèrent au pas de course et en quelques minutes ils atteignaient les premières maisons d'Yèvres. Mais les Allemands se voyant tournés venaient d'abandonner le village et battaient en retraite à travers les bois.

Les zouaves électrisés par leurs chefs les poursuivent jusqu'au delà de Brou et bientôt un de leurs éclaireurs, M. du Chêne de Thiennes, vint leur annoncer que l'ennemi se repliait sur Illiers.

La nuit empêcha de les poursuivre et l'on revint en arrière pour relever les blessés. Les volontaires avaient treize hommes hors de combat.

Avec une seule division, le général de Sonis avait forcé le grand-duc de Mecklembourg à rappeler ses têtes de colonnes qui déjà menaçaient Vendôme, pour se rejeter au nord de Châteaudun, préservant ainsi d'un mouvement tournant le 17ᵉ corps et peut-être toute l'armée.

Ce succès, qui valut à Sonis les félicitations du général en chef, donna confiance aux soldats et affermit leur moral.

Plus tard, après la guerre, on perdit le souvenir du combat de Brou qui n'eut pas en effet le résultat qu'on pouvait en espérer, un ordre ministériel ayant obligé le 17ᵉ corps à abandonner les positions conquises pour se replier sur Marchenoir.

CHAPITRE XI

Malgré ce succès la situation du 17° corps était très
périlleuse, et les rapports que recevait son chef
n'avaient qu'une seule et même conclusion : « Nous
sommes entourés par l'armée prussienne. »

Sonis, après en avoir prévenu le ministre de la
guerre, ajoute à la fin de sa dépêche : « Je suis ici par
ordre et j'y resterai tant que je pourrai. Vous pouvez
compter sur moi. »

A cette vaillante déclaration d'un soldat qui avait

fait ses preuves dans le Sahara, Gambetta répondit en recommandant la prudence:

« *Soyez prudent, très prudent* », disait le télégramme ministériel.

Et quelques instants plus tard arrivait un ordre formel de battre en retraite sur la forêt de Marchenoir pour rejoindre Chanzy.

« Le chemin le plus court était cependant la grande route encore libre de Châteaudun à Orléans (1). » Mais le général, strict observateur de la discipline, se soumit à l'ordre reçu. Dieu sait avec quels regrets !

Le soir même il se mit en mouvement.

Toute la nuit, les colonnes défilèrent à travers les routes et les chemins, ne s'arrêtant qu'une seule fois pour laisser reposer hommes et chevaux. Enfin, dans la journée du 27 novembre on atteignit la forêt de Marchenoir. Sonis établit son quartier général à Saint-Laurent-des-Bois, et la troupe campa adossée à la forêt.

Cette retraite précipitée livrait une seconde fois Châteaudun à l'ennemi et ouvrait une brèche sur la ligne de la Conie, notre vraie ligne de défense. Mais le dictateur n'avait point songé à ce résultat, et l'ordre envoyé par lui était si positif que le commandant du 17° corps fut bien obligé de se résoudre à quitter ses positions.

Le général Chanzy, dans son livre : *L'Armée de la Loire*, blâme énergiquement cet ordre de retraite. Sonis était si charitable qu'il fut moins explicite, au

______

(1) Jacquemont.

moins officiellement. Cependant il aura, devant la commission parlementaire, un mot qui, sur ses lèvres, est un véritable acte d'accusation : « *Je reçus*, dira-t-il alors, *un ordre formel que, grâce à Dieu, j'ai encore entre les mains.* »

Cette retraite eut un autre résultat, plus grave encore, s'il est possible, que l'abandon de Châteaudun et de la Conie, elle découragea les troupes. A peine vêtus, presque sans chaussures et souvent sans vivres, dormant parfois dans la neige et continuellement réveillés par des attaques imprévues, nos malheureux soldats étaient à bout de forces physiques.

Le général, qui se rendait compte de l'état de son corps d'armée, demanda pour lui quelques jours de repos, afin de le remettre sur pied. Son effectif de quarante mille hommes était grandement diminué par la maladie et l'envoi à Fretteval d'une des brigades de sa première division et des braves fusiliers marins.

Gambetta accorda seulement deux jours. C'était tout à fait insuffisant.

Le 30 novembre le 17ᵉ corps quitta ses cantonnements et se mit en marche pour rejoindre Chanzy qui le demandait instamment vers « Charsonville, Epieds et Saint-Sigismond, afin de renforcer la gauche de l'armée et au besoin servir de réserve dès que les grandes opérations commenceraient (1). »

Car on ne pouvait plus douter des intentions des Allemands. Les trois armées du duc de Mecklembourg, du général Von der Thann et du prince Frédéric-

(1) Chanzy.

Charles manœuvraient pour se réunir et nous écraser.

Chanzy voulait profiter de ce moment pour attaquer vigoureusement l'ennemi en se jetant sur le flanc de ses colonnes et de ses convois.

Le général d'Aurelles n'aurait pas mieux demandé que de céder aux instances du commandant du 16e corps. Malheureusement, le délégué du ministre, M. de Serres, venait d'arriver à son quartier général avec un plan arrêté à Tours. Les généraux d'Aurelles de Paladines, Chanzy et Borel, chef d'état-major général, assistèrent seuls à ce conseil de guerre. Martin des Pallières qui avait été convoqué ne put venir ; quant à Sonis, il n'avait pas été averti.

« ..... Il s'agissait, dit Chanzy, de marcher sur Pithiviers où l'on devait rencontrer le prince Frédéric-Charles avec toute l'armée allemande, pour aller ensuite, après l'avoir battu, donner la main à notre armée de Paris qui tentait une sortie, et que le général Ducrot devait amener dans la forêt de Fontainebleau. »

« Malgré ce que purent faire les généraux pour
« exposer les dangers d'une telle opération, si elle se
« faisait alors que toutes les forces ennemies se-
« raient réunies autour de Pithiviers, et qu'on n'était
« pas certain que la diversion annoncée de l'armée de
« Paris pourrait s'effectuer, l'idée générale du plan
« fut maintenue comme un ordre formel du gouverne-
« ment, et on ne discuta plus que les moyens d'exé-
« cution. Il fut décidé que le 16° corps, qui se trou-
« vait à l'aile gauche et qui avait plus de chemin à
« parcourir, se mettrait en marche dès le lendemain,

GÉNÉRAL CHANZY

« pour se porter dans la direction de Janville et de
« Toury ; que le 17e corps, marchant sur ses traces,
« lui servirait de réserve, et que, le 2 décembre, les
« 15e, 18e et 20e corps se porteraient à leur tour sur
« Pithiviers par un mouvement concentrique. »

Ainsi, les décisions d'une dictature civile l'emportaient sur l'expérience et la sagesse de soldats rompus à leur métier comme l'étaient ces trois héroïques chefs d'armée : d'Aurelles de Paladines, Chanzy et Borel ! Esclaves de la discipline, ils se résignèrent à obéir sans oser espérer un miraculeux succès.

Le conseil de guerre tenu à Saint-Jean-de-la-Ruelle se prolongea fort tard. Il était plus de minuit, lorsque Chanzy revint à Saint-Peravy. Il rédigea aussitôt ses instructions, et, le 1er décembre, à dix heures du matin, le 16e corps s'ébranlait par une superbe, mais très froide, matinée d'hiver.

Vers midi, la division du contre-amiral Jauréguiberry rencontra les Allemands fortement cantonnés sur les hauteurs de Gommiers et de Terminiers.

Le combat dura jusqu'à la nuit, acharné de part et d'autre.

Enfin, une dernière et vigoureuse attaque sur le parc de Villepion, centre de la résistance ennemie, décida du sort de la journée. « ... L'honneur en revenait tout entier à l'amiral, dit encore Chanzy, et à sa belle division. Ils avaient eu à lutter contre vingt mille Bavarois qu'ils avaient complètement battus et repoussés. »

En même temps qu'arrivait au quartier général l'annonce du succès de Villepion, une dépêche du gouvernement apportait la nouvelle de la sortie de Ducrot.

Seulement, dit M. de Mazade, « ... Gambetta, dans
« l'exubérance d'un patriotisme qui n'aurait rien perdu
« à être moins ignorant, trouvait moyen de brouiller
« tout, de confondre tout, Epinay-sur-Orge et Epinay-
« sur-Seine, le général Vinoy qui commandait au sud
« de Paris et l'amiral La Roncière Le Noury qui com-
« mandait à Saint-Denis, et il annonçait à la France
« que l'amiral s'était avancé sur la route d'Orléans,
« de sorte qu'il n'y avait qu'un pas à faire de part et
« d'autre pour se donner la main. »

Le général d'Aurelles, confiant dans la dépêche gouvernementale, et fier des positions conquises par le 16ᵉ corps, rédigea aussitôt un ordre du jour enthousiaste qu'il fit envoyer à tous les corps d'armée.

Cet ordre du jour affiché partout, dans les villages et dans les villes, fut comme un rayon d'espérance.

Après avoir annoncé la marche de Ducrot, le général en chef évoquait le glorieux souvenir de Coulmiers, et faisant appel aux sentiments de tous, il terminait en disant :

« ... Marchons avec confiance et résolution. En avant, sans calculer le danger. Dieu protège la France ! »

Mais Dieu, hélas! ne protégeait plus la France, et le triomphe de Villepion devait avoir pour épilogue la sanglante hécatombe de Loigny!

Le 30 novembre, Sonis, sur l'ordre du commandant en chef, quittait donc Saint-Laurent pour se rendre à Coulmiers.

Comme l'ensemble de ses troupes était fatigué et démoralisé, et qu'il voulait pouvoir marcher au canon, le commandant du 17ᵉ corps choisit pour l'escorter le régiment des volontaires de l'Ouest et un excellent bataillon des mobiles des Côtes-du-Nord, se formant ainsi une petite brigade sous ses ordres directs, à laquelle il confia l'artillerie de réserve.

Un instant le canon gronda vers Tournaisis. Volontaires et mobiles se dirigèrent aussitôt de ce côté, mais bientôt le bruit cessa, et Sonis donna l'ordre de continuer sur Coulmiers.

Sur la route on rencontra un homme à pied qui remit au général un pli cacheté de Gambetta. Ce messager s'appelait M. de Vezian et la lettre du ministre de la guerre avait pour but de le mettre à la disposition du commandant du 17ᵉ corps.

Sonis, qui n'avait pas une grande confiance dans les aptitudes militaires des envoyés de son ministre, lui demanda assez froidement en quoi il pourrait lui être utile.

« — Je ne sais pas trop, répondit M. de Vezian; je suis ingénieur, j'étais inoccupé, j'ai demandé qu'on m'employât, j'ai entendu parler de vous et je viens me mettre à votre disposition ; vous pouvez compter sur mon concours. »

Le général remercia brièvement l'ingénieur, puis se remit en marche. Arrivé à Coulmiers il s'occupa, suivant l'ordre de d'Aurelles, d'installer ses troupes sur les positions que venait de quitter le 16ᵉ corps, et il avait à peu près oublié M. de Vezian, quand, rentrant à son quartier, il le rencontra de nouveau.

Après lui avoir fait comprendre que le 17ᵉ corps avait besoin de soldats mieux vêtus, mieux armés et surtout mieux instruits, mais nullement d'ingénieurs, Sonis pensa utiliser la bonne volonté de M. de Vezian en le chargeant d'obtenir du ministre qu'il le relevât du commandement de ce corps d'armée mal organisé dont il ne croyait pas tirer grand parti. « Il me semble, disait-il avec sa modestie habituelle, que dans d'autres conditions je pourrais rendre des services. Je voudrais avoir deux divisions de cavalerie, faire des attaques de nuit, jeter l'inquiétude dans l'armée prussienne, couper ses télégraphes, intercepter ses communications par les chemins de fer, empêcher les ravitaillements. »

M. de Vezian parut admirer beaucoup cet audacieux plan de défense ; il partit aussitôt pour le communiquer à Gambetta, mais il ne revint pas et rien ne fut modifié dans l'organisation de l'armée.

Le soir du 30 novembre le 17ᵉ corps avait donc son centre à Coulmiers, sa droite à Montpipeau et sa gauche à Saintry.

Les traces de la grande bataille du 9 n'étaient pas

encore effacées et les hommes semblaient un peu raffermis par son glorieux souvenir.

Le lendemain Sonis reçut l'ordre de se porter en avant sur Saint-Peravy tandis que Chanzy se porterait sur Patay. Dans le lointain, on entendait le grondement du canon

Le général fit aussitôt mettre ses divisions en bataille à droite et à gauche de la route.

Vers trois heures, une nouvelle estafette arrive, le pressant de partir avec ce qu'il avait sous la main.

Il partit donc avec les volontaires de l'Ouest, les mobiles des Côtes-du-Nord, la réserve d'artillerie et la brigade Dubois de Jancigny.

C'est dans cette marche au-devant du 16ᵉ corps, où se trouvait le troisième fils du général, que le baron de Charette fit connaître au pieux Sonis la mission dont il avait été providentiellement chargé par M. Dupont.

Ce prologue du grand drame de Loigny a été si souvent raconté qu'il est dans toutes les mémoires chrétiennes et françaises.

Cependant, nous ne saurions le passer sous silence. C'est une des plus belles pages de la vie de Sonis.

Il y avait loin de Coulmiers à Saint-Peravy. Depuis longtemps la nuit était venue. Nuit de décembre, froide et claire.

Comme on marchait aussi vite que possible, les hommes ne souffraient pas trop du froid. Il n'en était pas de même pour l'état-major ; les étriers leur glaçaient les pieds. Afin de se réchauffer un peu, le commandant du 17ᵉ corps et ses officiers descendirent de cheval. Le colonel des zouaves marchait à côté de Sonis. « Je ne sais comment, dira plus tard le général au Père Du Lac, je me plaignis à Charette de n'avoir pas un fanion à mon gré. J'avais demandé qu'on plaçât sur le mien un signe religieux : on y avait mis un crucifix, mais si petit, si mal fait, que je n'en voulus pas. Charette me dit alors : J'ai votre affaire... »

Et le petit-neveu du héros vendéen raconte à Sonis comment, le jour même où il avait reçu du gouvernement l'autorisation de combattre avec les zouaves à la condition qu'ils prendraient le titre de Volontaires de l'Ouest, un drapeau sur lequel était brodée l'image du Sacré-Cœur, lui avait été remis de la part des religieuses de la Visitation de Paray-le-Monial, pour être déployé sur le champ de bataille.

Avec une mâle franchise, il dit et sa promesse, et son pèlerinage au tombeau de saint Martin, et les raisons de prudence qui lui avaient fait jusqu'alors cacher aux yeux de tous le précieux étendard.

L'heure n'était-elle pas sonnée d'arborer le nouveau *Labarum* ?... Peut-être le Dieu des armées n'attendait-il que cet acte de foi pour prendre enfin pitié de la France, et changer la face des événements ? Ce langage de croyant était trop en harmonie avec les sentiments du général de Sonis pour qu'il n'en fût pas très vivement ému.

Se rappelant Jeanne d'Arc et sa victorieuse oriflamme, et encore tout électrisé par le succès inespéré de Brou, le commandant du 17ᵉ corps se demanda si l'élément catholique qu'il représentait avec les zouaves n'était pas destiné à sauver la Patrie.

Pour ces âmes de chrétiens qui vivent dans un *sursum corda* perpétuel, l'intervention divine ne fait jamais l'ombre d'un doute...

Le général de Sonis acquiesca donc de tout cœur au désir du colonel de Charette. Mais comme il connaissait le mauvais esprit d'une partie de sa troupe et qu'il redoutait d'exposer la sainte bannière à de sacrilèges plaisanteries, il pria le commandant des zouaves de ne la déployer que lorsque l'action serait engagée, certain alors que tous ses hommes la respecteraient :

On ne rit pas de Dieu sur le champ de bataille !

Quel merveilleux sujet pour un peintre que cet épisode de la campagne de la Loire !

A travers les champs, tout blancs de neige, merveilleusement éclairés par une étincelante nuit d'hiver, ces troupes défilant lentement, péniblement. Au centre, un peu isolée, marche l'escorte du général. Respectueusement l'état-major s'est écarté et, seul à seul, les deux chefs échangent leurs patriotiques confidences.

Nés sous des cieux différents, ils n'ont aucune ressemblance physique; mais leurs cœurs battent à l'unisson et la même croyance, le même amour de la Patrie allument la même flamme dans les yeux noirs du créole et dans les yeux bleus du Breton.

Sonis arriva vers minuit à Saint-Peravy.

Il y trouva un billet de Chanzy, lui disant : « Je suis très vivement engagé à Villepion; venez à mon secours. »

Ces quelques mots, datés du matin, inquiétèrent beaucoup le général. Mais il fut bientôt rassuré par une seconde lettre du commandant du 16ᵉ corps annonçant qu'il avait battu l'ennemi et qu'il restait maître de la situation. Malgré ce succès, Chanzy prévoyait pour le lendemain une redoutable concentration des forces prussiennes et il priait Sonis de mettre à sa disposition une de ses brigades.

Celui-ci donna aussitôt à la brigade Dubois de Jancigny l'ordre de continuer sur Patay. Les pauvres soldats qui marchaient depuis trois heures de l'après-midi se remirent immédiatement en route, donnant l'exemple d'une énergie et d'un dévouement au dessus de tout éloge.

En même temps que la lettre de Chanzy, Sonis recevait la fameuse dépêche adressée par le général d'Aurelles, à tous les chefs de corps, pour les prévenir de la victorieuse sortie de Ducrot et leur demander de réunir tous leurs efforts pour se porter à la rencontre de l'armée de Paris.

A cette heureuse nouvelle, l'âme de Sonis tressaillit de bonheur. Comme d'Aurelles, il disait : « Dieu protège la France », et sous cette impression, il envoya des estafettes dans toutes les directions de son corps d'armée, espérant que la victoire de Villepion, celle de Ducrot électriseraient enfin ses troupes et qu'il pourrait les entraîner au devant de l'ennemi.

L'intrépide officier d'Afrique, habitué à commander des hommes aguerris qui le suivaient toujours, ne parvenait pas à comprendre les défaillances et les hésitations des malheureux soldats qui formaient son corps d'armée ; il prescrivit donc au général de Flandres, qui commandait par droit d'ancienneté les 1re et 3e divisions restées à Coulmiers, de partir en hâte pour coopérer à la jonction si désirée entre l'armée de la Loire et celle de Paris.

« Il faut, disait Sonis, exposer aux hommes l'importance de cette marche en avant, qui peut obliger l'ennemi à lever le siège de Paris et à se replier vers l'Est » Et comme d'Aurelles, il répétait : *En avant, sans calculer le danger. Dieu protège la France!*

Mais, parmi les hommes auxquels il s'adressait, beaucoup avaient perdu la foi. La plupart de ces paysans, de ces ouvriers, arrachés par la loi de mobilisation à leur vie habituelle, ne croyaient guère au Dieu de Clovis et de Jeanne d'Arc, et n'ayant plus les suprêmes espérances chrétiennes, ils étaient sans forces pour résister à la fatigue physique et au découragement !

Il fallut toute la journée du lendemain pour les amener sur le champ de bataille, et quand ils y arrivèrent ils étaient si démoralisés, que plusieurs refusèrent d'aller plus loin.

Comme le commandant du 17e corps ne voulait pas perdre un instant pour rejoindre ses frères d'armes, il décida qu'on ne ferait qu'une très courte halte à Saint-Peravy, juste le temps nécessaire de faire prendre aux troupes un peu de repos et de nourriture.

A la sollicitude du général pour les soldats placés sous ses ordres, venait se joindre la sollicitude bien autrement ardente du chrétien pour le salut de ces hommes qui, dans quelques heures peut-être, allaient entrer dans l'éternité. C'est pourquoi en acceptant l'étendard offert par le colonel des volontaires, Sonis lui avait demandé de faire dire une messe à un des aumôniers qui suivaient le régiment, afin que les soldats qui le désireraient pussent recevoir, avant le départ, le Pain qui fait les forts.

Charette, qui partageait la grande foi de son chef, accueillit avec joie sa pieuse proposition. Il fut convenu qu'une messe serait dite par un aumônier, le P. Doussot, et qu'on ferait alors connaître aux zouaves la bannière qui leur était offerte.

Le jour se trouvait providentiellement choisi. Le 2 décembre, cette année-là, était un vendredi.

Empruntons à Mgr Freppel le récit de cette veillée d'armes :

« Voyez-vous dans la petite église de Saint-Peravy,
« le 2 décembre, à trois heures du matin, ce groupe
« de jeunes officiers qui, entourés de leurs soldats, se
« préparent à la lutte par l'assistance à la messe et
« par la sainte communion ?

« Avant d'accomplir à leur tête ces actes de foi, le
« général de Sonis leur a dit : « Quand on porte Dieu
« dans son cœur, on ne capitule jamais. »

« Naguère ils étaient à Rome formant à la Papauté
« un rempart de leurs poitrines, et les voilà qui, à la
« première nouvelle des dangers de la patrie, sont ac-
« courus pleins d'ardeur, pour montrer que l'amour de
« l'Eglise et l'amour de la France ne font qu'un dans
« leurs cœurs. »

Les volontaires de l'Ouest acceptèrent avec enthousiasme de combattre sous l'étendard de Paray-le-Monial. L'un d'eux, le sergent de Verthamon, avait déjà demandé au colonel de consacrer publiquement le régiment au Sacré-Cœur.

Le comte de Bouillé, qui était venu rejoindre dans la légion son fils et son gendre M. de Cazenove de Pradines, fut d'abord désigné comme porte-fanion. Mais il refusa, en disant qu'ouvrier de la dernière heure, il n'avait aucun droit à cet insigne honneur, et c'est à M. de Verthamon que fut confiée la précieuse oriflamme.

CHAPITRE XII

Arrivée de Sonis au quartier général de Chanzy. — Un franc-
tireur. — Sonis à Villepion. — Belle attitude de l'artillerie du
17ᵉ corps. — Marche de Sonis et de sa réserve sur Loigny. —
Rencontre des mobiles. — Efforts de Sonis pour rallier les
troupes. — Il fait appel aux volontaires de l'Ouest. — M. de
Troussures. — L'officier d'ordonnance. — M. de Verthamon
arbore la bannière du Sacré-Cœur. — Le bois des zouaves. —
La charge. — Sonis, le genou brisé, tombe de cheval. —
Charette blessé mène la charge jusqu'à Loigny. — Le capitaine
de Maricourt. — La retraite.

A quatre heures du matin, le général de Sonis se
remit en marche avec sa réserve, donnant « à ses
divisions l'ordre de le suivre dès qu'elles seraient
rassemblées. »

A six heures, le commandant du 17ᵉ corps arrivait
à Patay. Après avoir installé ses troupes, il se rendit
au quartier général de Chanzy.

Il voulait prévenir le général de son arrivée, mais aussi l'avertir de la fatigue extrême de ses soldats, qui rendrait bien difficile un secours efficace de leur part.

« — Je ferai mon possible pour me passer de vous, dit Chanzy, auquel son brillant succès de la veille avait redonné confiance. D'ailleurs il connaissait l'énergie, le dévouement du général de Sonis, et il monta à cheval avec la certitude qu'il avait derrière lui un soutien sur lequel il pouvait compter (1). »

Comme Chanzy s'éloignait pour se rendre sur le terrain des opérations, on lui amena une quinzaine d'officiers bavarois.

« — Interrogez-les », dit-il à Sonis, et il partit aussitôt.

Pendant que le général cherchait à obtenir des prisonniers quelques renseignements sur les forces ennemies qui se trouvaient en face de nous, un capitaine de francs-tireurs entre tout effaré, et lui dit brusquement : « — Nous sommes très fortement attaqués à Guillonville. L'ennemi est en forces considérables. Je vous en prie, envoyez-nous une batterie. »

Sonis, très humilié d'entendre cet officier de francs-tireurs lui parler ainsi devant les Bavarois, se leva et

(1) Chanzy.

le fit passer dans une pièce voisine. Au même instant arrivait un sous-officier apportant un pressant appel de Chanzy :

« Nous sommes vivement engagés à Loigny, venez à notre secours. »

Il était onze heures et demie. La bataille avait cependant bien débuté, et tout faisait espérer la continuation du succès de la veille.

La nuit a été très calme et seuls les grands feux de bivouac éclairant l'horizon signalent le voisinage immédiat de forces ennemies considérables.

Nos pauvres soldats, mal équipés et à peine nourris, ont beaucoup souffert du froid. Mais, encouragés par le succès du jour précédent, ils s'ébranlent avec entrain. La matinée est splendide. L'immense plaine couverte de frimas étincelle au soleil levant, et sur le ciel bleu se détachent en lignes très nettes les clochers de Villours, Loigny, Villerand et Lumeau.

Les quatre villages sont occupés par les Allemands, et des fenêtres du château de Villepion, on aperçoit également de grandes masses qui arrivent du côté d'Orgères.

Dès huit heures, le 16ᵉ corps commençait son mouvement et « ... à neuf heures l'action s'engageait à « Loigny que la division Barry, vigoureusement me- « née, enlevait sans coup férir. »

La journée s'annonçait bien.

Malheureusement une imprudente marche en avant

sur la ferme de Beauvilliers et le château de Goury
compromit le succès. L'ennemi, revenu de sa première surprise, se reforma et le général Barry dut
abandonner le château et se replier sur Loigny,
« ... laissant dans sa retraite la troisième division...
exposée aux feux directs des batteries allemandes
de Lumeau et aux feux d'écharpe de celles de
Goury (1). »

Soutenu par une batterie de la réserve, le général
Maurandy put, malgré tout, se maintenir dans ses positions et l'intervention de l'amiral Jauréguiberry
arrêta le mouvement de recul de la division Barry.
Mais le désarroi est dans les troupes et la belle espérance du matin va s'évanouir. C'est alors que Chanzy,
très inquiet, écrivit au général de Sonis d'arriver au
plus vite.

Il y avait à peine une heure que les têtes de colonne
du 17ᵉ corps étaient à Patay. Les hommes, exténués
par la marche de la veille, ne pouvaient plus avancer.
Il leur fallait absolument un peu de repos et de nourriture.

Surexcité par le danger que courait l'armée, Sonis
s'oubliait entièrement. Veillant à tout et à tous, ne
sentant ni le froid ni la faim, il semblait que l'âme de
la patrie se fût incarnée en lui, dominant, transfi-
gurant tout son être.

Le général avait donné l'ordre à ses régiments de
former les faisceaux pour être prêts à partir au premier signal. En visitant les campements afin de s'as-

(1) Chanzy.

surer par lui-même de l'état des troupes, il vit un groupe d'officiers installés devant une table confortablement garnie.

Indigné de ces raffinements en face de malheureux qui n'avaient même pas le nécessaire, il ne put s'empêcher de manifester son mécontentement à son entourage. Lui, si indulgent, si bon, ne comprenait pas ces privilèges qui pouvaient exciter les murmures du soldat.

Le propos fut répété et plus tard il revint à M. de Sonis, qui l'avait oublié ; la douleur, en surélevant son âme, l'avait rendu plus compatissant aux petites faiblesses humaines et il regretta la vivacité de ses observations.

Aussitôt après avoir reçu l'appel de Chanzy, le commandant du 17° corps fit lever le camp. On laissa quelques hommes pour garder les bagages et la troisième division partit avec la réserve dans la direction de Loigny.

Sur la route on rencontra des mobiles du 16° corps qui fuyaient.

Le général essaya de rallier ces malheureux, mais ils étaient dans un tel état d'affolement qu'il fut impossible de les ramener au feu.

Profondément attristé, il arriva au château de Villepion (1) où se trouvaient les généraux Chanzy et Barry.

« — Si vous pouviez me remplacer ici, dit le com-

(1) C'est le récit presque textuel fait par le général de Sonis devant la Commission parlementaire.

mandant du 16° corps, vous me feriez grand plaisir. »

Les troupes de Sonis étaient si fatiguées qu'il était impossible d'accélérer leur marche ; mais comme il avait sous la main deux excellentes batteries d'artillerie, il les fit porter, au galop, sur la route de Villepion à Faverolles. Et, tout en faisant poster ses pièces, il criait : « Voilà le 17° corps ! » espérant que l'annonce d'un aussi important renfort surexciterait les courages.

A deux heures, le général de Flandres arrive et Sonis peut disposer ses troupes de façon à permettre à celles du 16° corps de reprendre haleine. « ... Je ne pouvais supposer, dira-t-il plus tard devant la commission d'enquête, ne pas recevoir de secours quand j'en aurais besoin. »

Ses dispositions de bataille étaient si bien prises que, d'après un rapport adressé quelques jours après au général, les Allemands avaient eu trois soldats hors de combat quand le 17° corps n'en avait que deux.

Malheureusement le torrent ennemi grossit à chaque minute, et malgré les héroïques efforts des mobiles de la Sarthe, du Loir-et-Cher et de la division Jauréguiberry, le 16° corps plie sous le nombre. Quant au 17° corps, il commençait à être tourné sur sa gauche.

Le général de Sonis s'étant rendu compte du mouvement prussien engagea toute sa réserve pour l'arrêter ; avec son coup d'œil rapide, il vit les ressources qu'il pourrait tirer de son artillerie et la plaça au coin du château de Villepion. Après une énergique canonnade d'une heure et demie, le corps allemand se replia.

Pendant cette douloureuse journée, l'artillerie fut admirable et Sonis ne se lassait pas de faire l'éloge des officiers et des soldats. « Dette de reconnaissance », disait-il parfois, avec son beau sourire.

Le commandant du 17° corps laissant en arrière la division de Flandres, avec ordre de le rejoindre aussitôt que possible, se dirige avec sa réserve dans la direction de Loigny.

A ce moment un officier du corps de Chanzy vient demander du renfort pour occuper le village de Gommiers. Sonis donne une partie de sa réserve, ne gardant avec lui que le premier bataillon des zouaves et les mobiles des Côtes-du-Nord qui se rangèrent, l'arme au pied, auprès des batteries et reçurent sans sourciller une grêle de projectiles.

L'artillerie allemande était formidable, mais la nôtre, habilement dirigée, soutenait cette lutte inégale avec la plus grande intrépidité et faisait beaucoup de mal à l'ennemi.

Sur ces entrefaites on vint avertir le général que le centre du 17° corps se repliait. L'intrépide commandant s'y porta aussitôt, franchissant au galop la ligne de feu.

Il n'était que trop vrai! les hommes lâchaient pied de tous côtés.

Plus tard Sonis racontera à ses intimes qu'à la vue de cette débandade il s'arrachait les cheveux de désespoir...

« Vous êtes des lâches ! des misérables ! Vous nous perdez ! » criait le général.

Prières et menaces, tout fut inutile !...

Bouleversé d'un tel spectacle, Sonis redouta de le voir se renouveler sur toute la ligne de bataille.

La peur est contagieuse. Si ce triste exemple trouvait des imitateurs, la retraite allait prendre des proportions désastreuses. Les troupes allemandes mitrailleraient l'artillerie du 17° corps et tomberaient ensuite sur les troupes de Chanzy, qui étaient en arrière.

Il fallait à tout prix arrêter les Prussiens et empêcher la déroute.

« Le moment était décisif. Il était quatre heures, a nuit allait venir. Un nouvel effort sur Loigny et Goury, centre de la résistance ennemie, pouvait encore décider en notre faveur du succès de la bataille.

« Le général de Sonis se chargea sans hésiter de cet effort (1). »

Pour relever le moral du 16° corps, le capitaine de Grancey envoya des hussards dans toutes les directions, pour annoncer l'arrivée du général de Sonis et de ses troupes.

Mais, ce cri : « Sonis arrive ! Sonis arrive ! » n'eut pas le pouvoir de relever le courage des malheureux

(1) Chanzy.

soldats épuisés par une lutte de huit heures, et, sauf quelques vaillants qui continuaient à se battre en désespérés, presque tous prirent la fuite, n'écoutant plus la voix de leurs officiers et renversant ceux qui voulaient s'opposer à leur passage.

L'heure s'avançait, la division de Flandres n'apparaissait pas. Sonis essaya d'entraîner les débris de sa deuxième division, qu'il avait déployée en avant de Villepion ; mais les hommes avaient perdu toute énergie et, couchés à terre, ils ne voulurent plus se relever.

Alors le général pensa que l'heure était venue d'arborer le drapeau du Sacré-Cœur, et, tout frémissant, il s'élança vers les volontaires de l'Ouest, qui attendaient impassibles leur tour de combattre :

« — Messieurs, dit le général d'une voix que l'émotion faisait vibrer, ces hommes refusent de me suivre, montrons-leur ce que peuvent faire des chrétiens et des hommes de cœur. »

Et, dans un élan de sublime héroïsme, le commandant de Troussures s'écria :

« — Merci, général, de nous avoir menés à pareille fête ! »

Cette fête sanglante ne devait pas avoir de lendemain pour l'enthousiaste volontaire.

Tandis que s'organisait le bataillon sacré, Sonis eut un souvenir pour le vieil ami dont le fils était près de lui.

« — Pierre, dit-il au jeune homme, ton père est chrétien, es-tu prêt à paraître devant Dieu?

« — Oui, mon général », répondit simplement le sous-lieutenant.

Ne croirait-on pas entendre un de ces naïfs et touchants dialogues que nous a transmis le bon Joinville?

Deux compagnies du régiment des mobiles des Côtes-du-Nord restèrent pour soutenir les deux batteries d'artillerie. Les autres se déployèrent en tirailleurs à la droite du premier bataillon de zouaves ; à gauche, se trouvaient les francs-tireurs de Blidah et de Tours, qui avaient bravement rejoint cette poignée de héros.

Ensemble, ils formaient environ huit cents combattants qui allaient se jeter au devant d'une division prussienne et de son artillerie.

Derrière la première ligne de tirailleurs venaient à cheval : le commandant du 17e corps, son aide de camp et son jeune officier d'ordonnance; puis le colonel de Charette, MM. de Harscouët, de Montcuit, de Troussures et de Ferron.

A côté du général, à pied comme un preux des vieilles légendes, M. de Verthamon portait la sainte bannière dont les broderies d'or étincelaient aux derniers rayons d'un pâle soleil de décembre.

Au troisième rang, à la hauteur des serre-files, marchait le P. Doussot, les bras croisés sous son scapulaire de laine blanche.

La petite troupe bien alignée s'ébranla aux cris de :

« Vive la France ! Vive Pie IX ! »

Alors Charette, se retournant vers le jeune protégé du général, lui dit avec un beau sourire d'insouciance, comme en devaient avoir les vaillants compagnons du Béarnais :

« — Tu vas voir, mon petit, la jolie danse ! »

Du château de Villepion à Loigny s'étend une grande plaine, qu'ondulent de légers mouvements de terrain.

A deux cents mètres du village, sur la route de Loigny à Terminiers, se trouve un petit bois d'acacias, long de deux à trois cents mètres, qu'on appelait le bois Bourgeon. Maintenant dans le pays on l'appelle le bois des zouaves. A droite de Loigny est le chemin de Faverolles et sur ce chemin la ferme de Villours.

Loigny, après avoir été pris et repris plusieurs fois pendant la journée, était maintenant occupé par les troupes allemandes également cantonnées dans le bois et dans la ferme.

Des obus à pétrole, lancés par l'ennemi, avaient mis le feu au village, et c'est au milieu des décombres et des flammes qu'allait se jouer cette suprême partie.

Sonis pensait que sa troisième division pourrait le

rejoindre à temps et soutenir son effort, et surtout il espérait que l'exemple de cette petite phalange entraînerait les autres combattants.

Son âme était tellement au-dessus des tristes défaillances humaines, qu'elle ne les soupçonnait même pas

Croyant que tous les cœurs battaient à l'unisson du sien, il allait en avant, sans même tourner la tête pour voir s'il était suivi.

Quelques hommes seulement marchèrent avec le commandant en chef ; quant au général de Flandres, il n'arriva sur le champ de bataille qu'après cinq heures, alors que le sacrifice était consommé !...

L'histoire dira peut-être plus tard pourquoi la charge de Loigny, aussi magnifique que celles d'Inkermann et de Palestro, n'eut pas le même succès.

Nous n'avons pas à chercher ici la part de responsabilité qui incombe à chacun dans cette douloureuse journée. A l'exemple du général de Sonis, nous lèverons les yeux au ciel et nous verrons la main souveraine de Dieu dirigeant toutes choses.

En apercevant cette petite troupe qui s'avance en ligne, le fusil sur l'épaule comme à la parade, les Allemands lui envoient une volée d'obus.

Le soleil qui disparaît à l'horizon empourpre les plis de la blanche bannière, et les fumées de la poudre, qui flottent dans l'air, semblent l'envelopper comme d'un nuage d'encens.

Cette apothéose ne dure que quelques instants. On est maintenant assez près du bois ; le cri de : « Vive la France ! Vive Pie IX ! » retentit de nouveau à travers la plaine ; et au pas de course, la baïonnette au fusil, les zouaves se précipitent en avant.

Une décharge terrible les accueille : M. de Verthamon est le premier frappé. Il chancelle et tombe, entraînant avec lui l'étendard qu'il avait le périlleux honneur de porter à la bataille.

Plusieurs hommes s'élancent pour relever la bannière toute couverte du sang de celui que le général de Sonis devait plus tard appeler l'*Enfant du Sacré-Cœur*. Mais M. de Bouillé arrive le premier, et d'une main énergique « l'ouvrier de la dernière heure » tient haut et ferme la sainte oriflamme.

Renversé à son tour, son fils le remplace, puis son gendre, M. de Cazenove de Pradines.

Les volontaires tombent de tous côtés comme des épis mûrs sous la grêle ; mais rien n'arrête ces intrépides, rien, pas même la chute de leur héroïque chef.

Un éclat d'obus vient de briser le genou du général de Sonis ; il tombe, un sergent le soulève, quelques hommes veulent l'emporter, mais il s'y refuse, et tandis que l'on coupe les sangles de sa selle pour lui servir d'appui, il donne ses ordres avec autant de sang-froid que s'il était encore à cheval.

La colonne ne s'est pas arrêtée. Charette a son cheval tué sous lui, mais il se dégage, et le sabre à la main, l'œil en feu, d'une voix vibrante dont les accents dominent le bruit de la fusillade : « En avant ! » s'écrie-t-il, en menant la charge avec un courage et une intrépidité qui le faisaient ressembler aux chevaliers de nos vieilles légendes. En se voyant aussi audacieusement attaqués , les Allemands crurent avoir affaire à une avant-garde, que devait bientôt suivre l'armée entière, ralliée et reformée. Après une lutte corps à corps ils se retirèrent en désordre vers Loigny, abandonnant morts et blessés (1).

Emportés par un irrésistible élan, les volontaires poursuivent l'ennemi jusque dans le village et s'emparent des premières maisons.

Un capitaine du régiment des mobiles de Loir-et-Cher, M. de Maricourt, qui avait été blessé dans une des attaques du matin et qui gisait sous les décombres avec quelques-uns de ses camarades, a merveilleusement rendu l'impression de cette charge historique :

« ..... Le jour touchait à sa fin..... Soudain une cla-
« meur immense s'élève, suivie d'une fusillade déses-
« pérée. C'était une charge à la baïonnette, dernier
« espoir des nôtres.

« Parmi tous les bruits d'un champ de bataille, il
« n'en est pas qui se puisse comparer à ce cri sau-
« vage, féroce, de l'homme se précipitant sur l'homme
« pour le tuer plus sûrement, pour voir la chair enta-
« mée, le sang ruisseler.

« Haletants, nous écoutions le bruit de la charge, les
« pas foulant le sol, les menaces, les chutes, et do-
« minant le tout, la fusillade et le canon.

(1) Un jeune volontaire, M. Lionel Royer, a reproduit avec beaucoup de talent et de vérité cette scène sanglante. Le tableau est chez le général de Charette.

« Les notes aiguës d'un clairon sonnant la charge
« vibraient jusque dans nos cœurs.

« C'étaient les zouaves pontificaux de Charette, la
« vieille France catholique et royaliste qui mourait
« pour la patrie. »

Ces vaillants avaient espéré qu'on viendrait à leur
secours.

Mais le renfort qui arriva était un renfort allemand ; le général de Treskow engageait sa dernière réserve et toutes les troupes prussiennes qui
luttaient aux environs pour refouler cette poignée
d'hommes (1).

Il fallut bien céder au nombre et le colonel de Charette ordonna la retraite. Les volontaires de l'Ouest
obéirent mais lentement, s'arrêtant parfois pour faire
une nouvelle décharge, attendant toujours une diversion impossible.

La nuit était tout à fait noire et seules les sinistres
lueurs de l'incendie de Loigny et des fermes environ-
nantes éclairaient le champ de bataille.

L'ennemi, lassé par ce nouvel effort, s'arrêta. Le
colonel de Charette, dont la cuisse était traversée
d'une balle, et qui, malgré ses souffrances, était resté
debout pendant l'ardeur de la lutte, consentit alors à
s'asseoir sur le revers d'un fossé. La douleur le ter-
rassait enfin.....

Mais l'âme restait forte et vaillante, et quand ses
zouaves voulurent l'emporter, il refusa, en disant :

(1) Relation du grand état-major allemand.

« — Je suis bien ici, à quoi bon vous faire tuer ?
Allez encore vous battre pour la France. »

Et ces glorieux vaincus, zouaves, mobiles et francs-
tireurs, se dirigèrent sur Patay, emmenant avec eux
tous les blessés qu'ils purent ramener.

La bannière du Sacré-Cœur, si merveilleusement
brodée par les religieuses de Paray-le-Monial (1), était
méconnaissable. Toute déchirée par les balles et couverte de sang comme ceux qu'elle avait conduits au
combat, elle aussi avait subi son martyre !

Tombée des mains de M. Cazenove de Pradines qui
eut le bras cassé par une balle, elle avait été rele-
vée par M. Le Parmentier ; blessé à son tour, celui-ci
la remit au sergent Landeau qui eut le bonheur de la
rapporter à Patay.

La bataille était bien décidément perdue, mais l'honneur de la France était sauf ; suivant la belle pensée
de Mgr Pie : « La défaite est presque triomphante à
« l'égale de la victoire, quand on jette ainsi l'épou-
« vante, quand on sème le carnage dans les rangs du
« vainqueur.

« Debout sur la dépouille de ceux qui dorment du

---

(1) L'habileté des brodeuses de Paray était proverbiale dans les
monastères de la Visitation au temps de la bienheureuse Marguerite-Marie ; ses compagnes Madeleine de Vichy, Chameron, Françoise d'Arthos et Catherine Marest, brodèrent en or et en argent
des ornements splendides qui existent encore et qui ont servi aux
fêtes de la béatification de l'humble apôtre du Sacré-Cœur.

« sommeil de la paix, en attendant l'heure de la résur-
« rection, la France en deuil, l'Eglise en larmes ont
« le droit et la consolation de pouvoir dire avec
« David : vous n'êtes pas morts à la façon des lâches...
« mais vous êtes tombés comme tombent des hommes
« de cœur devant l'ennemi. »

CHAPITRE XIII

SOMMAIRE

Sonis sur le champ de bataille. — Ses angoisses. — **Albert de Sonis.** — L'aumônier des mobiles de la Haute-Vienne. — Arrivée des Allemands. — Mort de **M.** de Troussures. — **Vœu de Sonis.** — Compassion d'un soldat prussien. — Quinze heures sur la neige. — Sonis est relevé et porté au presbytère de Loigny. — Abnégation et courage du général. — Il retrouve le baron de Charette. — Leurs inquiétudes au sujet de leurs soldats. — Résignation de Sonis. — Retraite de l'armée. — Destitution de d'Aurelles de Paladines. — Chanzy et Bourbaki, commandants en chef.

Quand le général de Sonis eut donné ses derniers ordres, quand il eut la certitude que son artillerie était sauvée et que grâce au dévouement des zouaves le mouvement en avant de l'ennemi était arrêté, il acheva son sacrifice et ne songea plus qu'à mourir.

Le soldat venait de faire vaillamment son devoir,

le chrétien allait accomplir le sien avec non moins de courageuse abnégation.

Si résignée que soit une âme à la volonté divine, il est des heures où elle trouve le calice amer, la croix lourde, et il lui faut alors une grande force sur elle-même pour dire avec Jésus au jardin des Oliviers le *Fiat* sublime.

Sonis souffrait beaucoup et un froid intense ajoutait une torture de plus à celle que lui causait son horrible blessure. Le genou était littéralement brisé. Etendu sur la neige, il n'avait pour appuyer sa tête endolorie que la selle de son cheval.

Mais si atroce que fût la douleur physique, elle était moins cruelle que la douleur morale. A quelques pas de ce champ de bataille où il agonisait, le général avait l'un de ses fils (1).

Que lui était-il arrivé pendant cette journée de combat?

Etait-il mort ou vivant?...

Peut-être blessé? Etendu, lui aussi, sur un lit de neige? et, plus occupé encore de l'âme de son cher Albert que de sa vie, Sonis se demandait anxieusement s'il s'était préparé à paraître devant Dieu.

Quand le général avait quitté l'Afrique pour apporter à la Patrie le secours de son épée, l'enfant avait demandé avec tant d'instances la permission de s'engager, que le père avait consenti, à la condition toutefois que ce serait dans son ancien régiment de spahis; sachant bien que là, officiers et soldats se-

____

(1) Les deux aînés étaient l'un à Bitche, l'autre avec Bourbaki.

raient pleins de sollicitude pour l'adolescent qu'ils avaient vu grandir au milieu d'eux, et que les indigènes appelaient naïvement : « *notre petit* ».

Et ses pensées, quittant les champs de bataille, allaient plus loin encore, près d'un foyer en deuil où pleurait et priait la plus tendre, la meilleure des femmes, où de jeunes et bien-aimés enfants élevaient pour lui vers le ciel leurs mains suppliantes, et son cœur se serra douloureusement, car si glorieuse et si attendue que soit la mort du soldat, elle n'en est pas moins cruelle quand elle brise tant de doux liens !...

Mais au milieu de ses terribles angoisses, Sonis s'abandonna complètement à Dieu, et il ne tarda pas à éprouver une paix profonde.

La nuit était venue. Nuit très sombre, sans étoiles. Dans le ciel couvert de gros nuages chargés de neige, se découpaient les silhouettes enflammées des villages et des fermes qu'avaient incendiés les Allemands ; sinistres torches bien faites pour éclairer cette terre ensanglantée par une lutte de neuf heures sans merci ni pitié.

Peu à peu le silence s'était fait dans la grande plaine, et l'on n'entendait plus que les vagues gémissements des blessés. Un appel, un cri déchirant et c'était tout !...

La neige tombait en épais flocons, c'était le blanc linceul qui allait ensevelir les héroïques défenseurs de la France.

Tout à coup la lumière d'une lanterne brilla sur la neige et deux hommes apparurent non loin de l'endroit où se trouvaient Sonis et plusieurs de ses compagnons d'infortune.

« Général ! l'ambulance ! l'ambulance vient nous relever ! » dirent ces malheureux se rattachant à un suprême espoir.....

En effet, une voix que le général reconnut bien disait : « *Allons aux blessés !* »

Des cris de détresse furent poussés, mais ils étaient si faibles que l'aumônier ne les entendit pas... Il erra un moment de côté et d'autre, se penchant vers les hommes qu'il apercevait, mais ceux-là étaient morts et n'avaient plus besoin de secours humains.

Et dans ce grand silence, les abandonnés entendaient le colloque du prêtre et du jeune mobile qui l'accompagnait. Or, celui-là, tremblant de froid et de peur, insistait pour quitter ce champ désolé « où il n'y avait rien à faire ». « Nous sommes près du village où s'est livrée la bataille ; on a enlevé les blessés. »

Et tout effaré, il ajoutait : « Entendez les Prussiens qui arrivent ! »

Après bien des hésitations, n'entendant plus aucun bruit au milieu de cette nuit sinistre, l'abbé Fagois (1) se décida à regagner l'ambulance où l'attendaient environ deux cent quarante blessés.

« Quelle ne fut pas ma douleur, nous dira plus

(1) L'abbé Fagois, de qui nous tenons tous ces détails, est un prêtre du diocèse de Limoges, que M. de Sonis avait connu jeune séminariste. Au moment de la guerre, il partit comme aumônier des mobiles de la Haute-Vienne. Son dévouement et son intrépidité lui valurent le ruban de la Légion d'honneur.

« tard le pieux ecclésiastique, quand j'appris la triste
« vérité. J'avais laissé souffrir le général et les
« zouaves, dont plusieurs qui avaient entendu mon
« appel moururent dans la nuit. »

Cependant le compagnon de l'abbé Fagois avait
raison, les Prussiens arrivaient.

Le général de Sonis a raconté bien souvent cette
nouvelle angoisse, affirmant que c'était au *Sacré-Cœur*
qu'il devait la vie.

« Je vis briller dans le lointain les énormes lan-
« ternes rouges sphériques qui aidaient les Alle-
« mands à rechercher les blessés. Devant les chariots
« destinés à les emporter, s'avançaient des soldats
« assez espacés l'un de l'autre, qui marchaient en
« formant un demi-cercle comme des rabatteurs en
« chasse.

« Celui qui était le plus éloigné de moi, s'arrêta
« près d'un blessé. C'était M. de Troussures, lieute-
« nant-colonel des zouaves pontificaux. Je vis le
« misérable Prussien lever sa crosse deux fois et elle
« s'abattit. On reconnut le lendemain, en visitant son
« corps avant de l'enterrer, que M. de Troussures
« était mort assommé, car il n'avait avec ses deux
« coups de crosse sur la tête qu'une blessure à la
« jambe comme moi.

« Mon tour allait venir. Je fis un acte de contrition
« et je fis vœu au Sacré-Cœur, si j'en réchappais, de
« passer chaque année, en prières devant le Saint-
« Sacrement, la nuit anniversaire de celle-ci.

« Le soldat qui terminait le demi-cercle de mon
« côté, au lieu de me frapper comme je m'y atten-
« dais, se pencha sur moi et, portant à mes lèvres sa
« gourde d'eau-de-vie, me dit avec un accent que je
« n'oublierai jamais : « Bois donc, camarade! »

Comment le général ne fut-il pas à ce moment
emporté du champ de bataille où il souffrit pendant
quinze heures la plus cruelle des agonies?

C'est le secret de la Providence, et rien ne saurait
l'expliquer, si ce n'est cette grande et réconfortante
pensée : que la douleur est le sublime burin dont
Dieu se sert pour parachever les âmes de ses élus.
Plus belle doit être l'auréole, plus terrible est la
souffrance! . . . .

Et maintenant la neige tombe à gros flocons sur les
blessés qui n'ont plus à attendre aucun secours
humain. Et la faim et la soif torturent ces malheureux. Ils ont marché et combattu tout le jour sans
prendre de nourriture, et la fièvre les brûle.

Trois jeunes zouaves, plus rapprochés du général,
se sont traînés jusqu'à lui.

Sonis, s'oubliant lui-même, s'occupe de ranimer
la foi des pauvres enfants, leur parlant de la Vierge
Immaculée secourable à tous ceux qui souffrent, leur
montrant l'éternité bienheureuse qui va être la récompense et le prix de leur martyre.

Réconfortées par les saintes paroles et l'exemple
de leur chef, les victimes se résignent, et ces lèvres
de vingt ans, bleuies par le froid, ne s'agitent que

pour proférer de suprêmes actes d'amour et d'acceptation de la volonté divine.

« Maman !... Maman !... » s'écriait dans un accès de délire un pauvre jeune zouave, presque un enfant, et sentant venir la mort, il pencha sa tête près de celle du général, comme si ce baiser d'adieu dût remplacer ceux de la mère qui l'attendait là-bas dans quelque manoir breton ou vendéen, et sans un murmure, sans une plainte, il s'endormit pour toujours.

Le général de Sonis, qui n'avait pris aucune nourriture depuis quatre heures du matin, était épuisé par le sang qu'il perdait et dévoré d'une soif ardente.

L'eau-de-vie du soldat prussien lui brûlait la poitrine et il éprouva bientôt de si violentes douleurs qu'il crut qu'il allait mourir.

« Alors, raconte-t-il plus tard, je fis ma pénitence
« qui était de dire : Mon Dieu, je remets mon âme
« entre vos mains. Et puis j'ai invoqué *Marie conçue*
« *sans péché*. J'avais dans l'esprit l'image de la
« blanche vierge de Lourdes, et au lieu de voir venir
« la mort je me suis senti soulagé. »

Ce grand croyant a toujours été convaincu que c'était grâce à une intervention de la sainte Vierge que l'intensité de ses souffrances se calma et qu'il eut la force de les supporter.

Mais pendant que Sonis semblait abandonné de tous, une ardente et presque miraculeuse prière montait pour lui vers Dieu.

Nous avons dit les sentiments d'intime affection

qui l'unissaient à ses sœurs. Les nouvelles arrivaient bien difficilement jusqu'aux deux carmélites qui depuis un mois vivaient dans une angoisse perpétuelle. Or, en cette cruelle nuit du 2 décembre, l'une d'elles, Mme Marie-Thérèse de Jésus, est subitement éveillée. Il lui semble entendre une voix mystérieuse qui lui dit : « Lève-toi et prie, un des tiens est en souffrance. »

Esclave de sa règle, l'humble fille de sainte Thérèse essaye de se rendormir, mais inutilement. Cette pensée la poursuit ; son frère souffre, il faut qu'elle partage sa douloureuse veille.

Enfin ne pouvant plus lutter contre cette impression qui lui paraît un avertissement du ciel, elle va trouver la prieure et la supplie de lui permettre de passer le reste de la nuit en prières, ce qui lui fut accordé.

Le lendemain, on affichait dans toute la France la nouvelle du sanglant effort de Loigny, et la phrase du rapport de Chanzy : « Je ne sais encore ce qu'est devenu le général de Sonis ! » retentissait douloureusement derrière les grilles du Carmel de Poitiers et apportait la désolation à Castres où Mme de Sonis et ses enfants attendaient dans la plus affreuse anxiété des nouvelles du général.

Ce ne fut que le 3 au matin que M. l'abbé Bastard, aumônier des mobiles de la Mayenne, retrouva le commandant du 17ᵉ corps.

Il était grand temps, le pied droit était gelé, le genou gauche brisé se tuméfiait et le blessé était à bout de forces !

Mais son âme ne défaillait pas et il éprouvait au milieu de ses souffrances une force surhumaine admirablement exprimée dans une lettre écrite à un de ses amis le 11 janvier suivant et dont nous reproduisons un fragment.

« .... Cette nuit si longue et si noire, je l'ai passée
« dans la tranquillité la plus douce, ayant remis mon
« âme entre les mains du Créateur, lui offrant ma vie
« pour la patrie si malheureuse. J'avais eu, le matin à
« trois heures, le bonheur de communier en com-
« pagnie de mes chers zouaves. Je sentais que Dieu
« ne m'avait pas quitté.

« .... Je me suis couvert aussi de la protection de
« Marie Immaculée.

« .... Avant la guerre j'avais fait un pèlerinage à la
« grotte miraculeuse de Lourdes et j'en avais emporté
« les plus vives et les plus salutaires impressions.
« Depuis ce moment, je voyais la sainte Vierge sous
« l'aspect de Notre-Dame de Lourdes, et je puis dire
« que cette douce image me fut toujours présente
« pendant tout le temps que je restai sur ce coin de
« terre, où j'ai attendu la mort pendant de longues
« heures. »

. . . .

« .... Nous étions sur le seuil de ces espérances
« éternelles qui forment comme le prix du grand
« combat qu'on appelle la vie, seuil sur lequel l'Eglise
« a placé Marie afin d'inspirer une plus douce con-
« fiance à ceux qui doivent l'aborder. La Vierge Im-
« maculée fut donc l'objet de notre conversation. »

Le général de Sonis fut transporté au presbytère de

Loigny, où les Allemands avaient conduit la veille MM. de Charette et de Verthamon. Quelle indescriptible émotion durent éprouver en se retrouvant ces glorieux vaincus !

Le pauvre presbytère converti en ambulance était encombré de blessés entassés sur de la paille. Dans l'une des chambres se trouvaient le colonel de Montlaur, MM. de Maricourt, de Saint-Venant, de Brisault, etc.

Dans l'autre, celle où étaient de Sonis et Charette, on amputait, et les cris des malheureux opérés venaient porter l'effroi et la désolation dans la pièce voisine.

Charette y entra appuyé sur un piquet de tente en disant : « Ici on scie les os et on coupe bras et jambes. »

M. de Maricourt, qui raconte cette anecdote, ajoute : « J'avais déjà vu à Rome ce magnifique soldat ; mais dans cette petite chambre où l'on respirait le sang, lui, blessé, prisonnier, me sembla plus grand qu'aux beaux jours d'autrefois. »

Malgré sa faiblesse physique, le général de Sonis n'avait rien perdu de son énergie morale ni de cette abnégation de lui-même qui est un des traits caractéristiques de cette grande âme.

Ainsi, il exigea que les deux soldats qui avaient été relevés avec lui fussent soignés les premiers, et pendant qu'ils étaient entre les mains du chirurgien, il resta près d'eux, les encourageant avec de si touchantes paroles, que les assistants en avaient les larmes aux yeux.

Quand son tour fut venu, il dit au docteur Beaumetz : « Coupez la cuisse, si cela est nécessaire, mais laissez-en ce qu'il faut pour que je puisse remonter à cheval et servir mon pays. »

Et il subit la douloureuse opération sans pousser une plainte, en remerciant Dieu de l'avoir associé aux souffrances de son Calvaire.

Le colonel de Charette n'avait pas la patience pour ainsi dire surnaturelle de son ami et, malgré les exhortations de Sonis, il se révoltait de son inaction forcée, s'inquiétant du sort de ses malheureux soldats.

Hélas ! la plupart étaient restés sur le champ de bataille, ou dans ce cimetière de Loigny, dont M. de Maricourt nous retrace l'effrayant spectacle : « ..... Les « tombes séculaires étaient bouleversées par les obus, « les croix brisées, les pieux monuments renversés « de tous côtés. Aux murs des maisons déchirés par « les balles, demeuraient suspendus les fenêtres, les « rideaux ou les tapis. Les ruines étaient encombrées « de cadavres dans toutes les positions : les uns « étendus sur le dos, d'autres accroupis, agenouillés « ou presque debout contre les murs. Entre les rangs « pressés de cette foule immobile, circulaient les « hommes portant les blessés. Il y avait aussi les « charretiers enlevant les morts. Les voitures d'am- « bulance en emportaient, et chaque cahot occasionnait « la chute d'un corps qui roulait dans la neige. Des « prêtres allaient absoudre les mourants. Devant la « porte du presbytère, un amas de bras et de jambes « coupés, livides, raidis par la gelée, donnant à les « voir un frisson douloureux. Non loin de ces lam- « beaux humains, s'allongeait une immense rangée de

« corps encore revêtus de l'uniforme. Je remarquai
« un grand nombre de zouaves pontificaux, des mobi-
« les, des soldats de la ligne. Penchés sur les visages,
« des blessés cherchaient à retrouver un ami, peut-
« être un frère..... »

Le bon curé de Loigny, M. l'abbé Theuré, avait
beau se multiplier, il ne savait rien, ou presque rien,
de ce qui était advenu des volontaires de l'Ouest.
Enfin, on apprit au colonel que, hors d'état de continuer la lutte, les débris de cette phalange avaient été
envoyés, par le chemin de fer, à Poitiers, pour s'y
reformer.

Rassuré de ce côté, l'énergique Vendéen n'eut plus
qu'une pensée, tromper la vigilance allemande et rejoindre sa petite troupe.

Dans la chambre à côté de celle que le général de
Sonis partageait avec Charette se trouvait un de ses
anciens camarades de Saumur, M. de Montlaur.
Séparés par les hasards de la vie, ils ne s'étaient
guère rencontrés depuis leur sortie de l'école, mais
ils avaient conservé l'un pour l'autre une profonde
sympathie. Dès que le colonel des mobiles de Loir-et-
Cher fut informé de la présence du général, il se fit
porter auprès de son lit, oubliant ses souffrances
pour revoir l'ami de sa jeunesse.

Si grande que fût la résignation dont Sonis donnait l'exemple à ses compagnons d'infortune, il n'en
était pas moins très anxieux du sort de l'armée et en
particulier du 17ᵉ corps, que toute son énergie n'avait
pas réussi à galvaniser.

Mais comment être renseigné?

Tout ce qu'on savait dans la petite ambulance de Loigny, c'est que l'armée s'était repliée le lendemain matin, sur un ordre télégraphique du commandant en chef, le général d'Aurelles de Paladines, abandonnant à l'ennemi les positions autour d'Orléans, si péniblement conquises, défendues au prix de tant de sang!

Le 9, l'abbé Fagois put enfin s'échapper de son ambulance et accourir « où son cœur l'appelait », suivant son affectueuse et naïve expression.

Voici textuellement le récit de cette première entrevue que l'excellent prêtre a eu l'obligeance de nous adresser :

« Je trouvai le général plus navré du désastre de
« notre armée et de la cruelle incertitude de Mme de
« Sonis que de son triste état. Il s'enquit avec une
« grande vivacité des événements qui avaient suivi la
« bataille, se reprochant d'avoir fait périr tant de
« *brave monde*; mais, ajoutait-il, j'espérais entraîner
« les autres par leur exemple; si nous avions été sui-
« vis, la bataille aurait été gagnée.

« Il voulut se confesser et communier, me priant
« de dire la sainte messe le plus près possible de lui.
« J'offris les saints mystères dans une petite cham-
« bre à côté de la sienne.

« — Qu'avez-vous demandé? me dit-il ensuite.

« — Eh! mon général, votre rétablissement, et j'ai
« promis d'aller à Lourdes si j'étais exaucé.

« — Et moi aussi j'ai bien prié, et j'ai demandé une
« grâce et Dieu m'exauce. Je lui ai demandé une par-

« faite conformité de ma volonté avec son adorable
« volonté !...

« Et comme je me taisais, ému aux larmes d'une si
« sublime résignation, il ajouta avec un regard et un
« accent inoubliables :

« — Notre-Dame de Lourdes ! Oh ! oui, il faudra y
« aller ! Si vous saviez comme elle m'a secouru !...
« Tenez, je ne regrette pas que vous m'ayez laissé
« passer la nuit là-bas. J'avais bien un peu de neige
« sur le corps quand on m'a relevé, mais je n'ai pas
« beaucoup souffert ; qui sait si en me relevant la
« nuit on ne m'aurait pas fait souffrir davantage ?

« Pressé par mes questions, le général finit par me
raconter comment, après avoir bu l'eau-de-vie du
« soldat prussien, il souffrait tellement qu'il avait cru
« mourir. Alors, après avoir remis son âme entre les
« mains de Dieu, il avait invoqué la vierge de Lourdes
« et s'était aussitôt senti soulagé.

« Il ne me le dit pas, mais je suis persuadé qu'il
« avait l'intime conviction d'avoir été secouru d'une
« manière surnaturelle. »

Qu'ajouter à un tel récit, qui semble une page
détachée de notre vieille histoire de la patrie française, si ce n'est que Dieu aime encore la France pour
lui donner de tels hommes et que nous avions raison
de rapprocher M. de Sonis de la grande et royale
figure de son patron saint Louis !...

Grâce à l'abbé Fagois, le général eut enfin des
nouvelles positives de l'armée qui s'était repliée sur
la Motte-Beuvron.

Le 17ᵉ corps n'ayant plus de généraux de division, le commandement avait d'abord été donné, suivant la tradition militaire, au plus ancien brigadier, le général Guépratte. Mais un ordre de d'Aurelles, arrivé à Saint-Péravy dans la journée du 3, avait réuni entre les mains du général Chanzy le commandement des deux corps d'armée qui formaient notre gauche : le 16ᵉ et le 17ᵉ.

Ce fut presque le dernier acte de commandant en chef du général d'Aurelles de Paladines. Le 5 décembre il était destitué, malgré les grands services rendus et cet amour du pays qui lui avait fait supporter de douloureuses blessures d'amour-propre, ne demandant, disait-il, qu'à verser son sang pour venger les humiliations de la France. On se rappelle qu'après une proclamation où Gambetta avait osé dire que « l'armée était engloutie, malgré l'héroïsme des soldats, par la trahison des chefs », d'Aurelles de Paladines fit aux généraux indignés cette fière réponse : « Pour prouver que nous ne trahissons pas, faisons-nous tous tuer les uns après les autres. »

Comme l'a très bien dit un des compagnons d'armes du vainqueur de Coulmiers (1) : « Les maîtres de « l'armée de la Loire, moins sanguinaires que leurs « devanciers de 93, respectaient la vie de l'homme, « mais ils se jouaient de sa dignité, de sa réputation, « de son honneur. »

Le ministre de la guerre, exaspéré de l'échec du plan imposé le 30 novembre à Saint-Jean-de-la-Ruelle,

_____

(1) Le général Ambert, *Récits militaires*, la Loire et l'Est.

changea de fond en comble l'organisation des forces qui se trouvaient sur les deux rives de la Loire.

Par sa décision souveraine, les 15ᵉ, 18ᵉ et 20ᵉ corps formèrent une première armée sous les ordres du général Bourbaki. Le général Chanzy reçut le commandement en chef de la deuxième armée qui se composait des 16ᵉ, 17ᵉ et 20ᵉ corps. Martin des Pallières, trouvant que la dignité des généraux avait trop à souffrir de ces modifications continuelles, demanda d'être relevé de son commandement, ce qui lui fut accordé le 12 décembre.

Nous ne suivrons ni Bourbaki ni Chanzy dans leurs douloureuses étapes. Avec notre héros désespéré *de n'être plus bon à rien*, nous resterons au presbytère de Loigny pendant ces lugubres mois de décembre et de janvier.

Aussi bien l'histoire de ces jours, à jamais néfastes, est dans toutes les mémoires et après vingt ans nos cœurs saignent encore à leur souvenir.

CHAPITRE XIV

—

Le 16ᵉ corps, auquel appartenaient les mobiles de la
Haute-Vienne, venait d'être placé sous les ordres de
l'amiral Jauréguiberry et se repliait sur Vendôme.
Avant de quitter les lignes allemandes pour retourner à son poste de combat, l'aumônier des mobiles
revint une dernière fois s'asseoir près du lit de douleur du général de Sonis. L'excellent prêtre, avec la
délicatesse des hommes de cœur, comprenait le bien
que sa présence faisait au malheureux amputé qui

pouvait, avec lui, parler à cœur ouvert de sa femme, de ses enfants et des saintes et fortes amitiés, dont ni le temps ni l'absence n'avaient dénoué les liens.

Mais ce que l'abbé Fagois tenait surtout à lui dire, c'est qu'il avait adressé une longue lettre à Mme de Sonis pour lui donner des nouvelles de son mari, lettre qui, d'ailleurs, ne parvint jamais à destination.

Le général remercia l'abbé avec une très vive effusion, ajoutant : « Ah! si elle savait mon état et le lieu où je suis, rien ne l'arrêterait, dût-elle monter en ballon !... »

En effet, Mme de Sonis, à la première nouvelle du désastre de Loigny, était partie pour Tours, espérant obtenir quelques renseignements; là, on lui dit que l'ancien commandant du 17e corps avait dû être transporté à Poitiers. Elle y courut, mais elle n'y trouva que les débris des volontaires de l'Ouest, et de l'un d'eux elle apprit la cruelle vérité. La courageuse femme partit aussitôt pour Loigny, et après un voyage rempli de difficultés, de périls et d'angoisses, elle arriva enfin près du général.....

L'émotion qu'ils éprouvèrent après une telle absence est de celles que la plume est impuissante à rendre !...

Dieu seul put les soutenir pendant ces cruelles épreuves, en leur donnant dans l'excès même de leur douleur la sublime espérance des miséricordes infinies . . . .

Sonis avait souffert sans une plainte, sans un murmure les indicibles tortures de son martyre; mais quand, le 29 janvier, les mots capitulation et armistice vin-

DE CHARETTE

rent retentir à son oreille comme le glas funèbre de la France mourante, il éprouva une violente indignation et il eut besoin de toute sa résignation chrétienne pour se soumettre à la volonté de Dieu et ne pas maudire les imprudents et les audacieux qui avaient jeté le pays dans une si terrible extrémité! C'était à ce triste résultat que nous avaient amenés les proclamations ardentes et enthousiastes de Gambetta! La nation affolée avait livré son or et ses enfants dans l'espoir des victoires promises. Et le sang le plus pur de la France était généreusement versé depuis six mois, des frontières de l'Alsace et de la Lorraine jusqu'au cœur de la France!

On sait le dénouement de cette lugubre épopée :

Le tardif scrupule du gouvernement de la Défense nationale qui n'osait prendre sur lui la responsabilité de continuer la guerre ou de subir la paix désastreuse dictée par le vainqueur ;

L'arrivée de Jules Simon à Bordeaux et ses querelles avec Gambetta ;

Les collèges électoraux convoqués, en province, le 8 février 1871 ; l'Assemblée élue en ces tristes occurrences se réunissant à Bordeaux, le 12, et acclamant le 17 M. Thiers comme chef du pouvoir exécutif, avec la mission d'aller à Versailles pour discuter les préliminaires du traité de paix.

Le 26, après d'inutiles et douloureuses discussions, le mandataire de la France signait les conditions léonines dictées par M. de Bismarck et repartait aussitôt pour les faire ratifier par l'Assemblée nationale.

Il n'y avait pas un instant à perdre, car l'empereur d'Allemagne (1), sous l'influence des humilliants souvenirs de 1806, avait exigé qu'une partie de ses troupes entrassent à Paris et elles devaient y rester jusqu'à la ratification des préliminaires.

Sous cette impression et par 546 voix contre 107, les députés sanctionnèrent le cruel *Væ victis.*

Après cette lugubre séance les élus des provinces annexées quittèrent la salle des délibérations ; parmi eux se trouvait Gambetta.

Comme son frère d'armes Chanzy, comme le baron de Charette (2), le général de Sonis trouvait qu'il est des conditions qu'un grand peuple n'accepte jamais, et sa loyauté chevaleresque se révoltait des sous-entendus de revanche qui étaient sur toutes les lèvres.

Au mois de mars le général eut enfin la permission de quitter Loigny. Avant d'aller à Castres dans la famille de Mᵐᵉ de Sonis, il voulut s'arrêter quelque temps à Limoges, où son ancien condisciple de Juilly, M. Henry Lamy de la Chapelle, lui offrait la plus fraternelle des hospitalités.

La nouvelle de l'arrivée de Sonis fut un véritable événement dans la cité limousine. Personne n'avait oublié le brillant lieutenant de hussards de

(1) Guillaume Iᵉʳ, roi de Prusse, fut proclamé empereur, dans la galerie des Glaces, à Versailles, le 18 janvier 1871.

(2) Sollicité par le Comité des Bouches-du-Rhône, M. de Charette refusa la députation dans une très belle lettre, disant qu'il ne signerait jamais un traité qui enlevait à la France deux provinces, et que, par conséquent, il ne pouvait accepter un mandat que pour rien au monde il ne saurait remplir.

1850, et non seulement ses intimes, non seulement les relations mondaines rencontrées jadis ; mais beaucoup d'ouvriers qui ne l'avaient jamais vu, et qui quelques semaines auparavant ne connaissaient même pas son nom, vinrent l'attendre à la gare.

Bien avant l'heure les quais étaient envahis par les amis du général, qui tous voulaient être des premiers à lui serrer les mains.

Quand retentit le sifflet strident de la locomotive il se fit un grand silence ; haletante, la foule avait les yeux fixés sur le train qui bruyamment, lourdement entrait sous la voûte. Il s'arrêta enfin, une portière s'ouvrit, et lentement, péniblement, soutenu par sa vaillante compagne et par son médecin, le général de Sonis descendit de wagon.

Un frisson courut parmi les spectateurs de cette inoubliable scène en voyant apparaître pâle, défait, le blessé de Loigny.

D'un mouvement spontané tous les fronts se découvrirent, toutes les têtes s'inclinèrent devant cette vivante image de la France vaincue et mutilée.

En voyant passer le général, entouré de ses amis comme d'une escorte d'honneur, une vieille femme qui avait fini par se glisser au premier rang s'écria tout à coup dans cette antique langue d'oc que parlent encore dans la montagne les gens du peuple : « Eh ! mais je le reconnais, c'est le saint officier de la cathédrale ! »

Et on eut grand peine à l'empêcher d'embrasser les vêtements de celui qu'à si juste raison elle appelait le saint.

Alors, très haut et en termes d'une énergie que notre plume ne saurait traduire, un ouvrier porcelainier s'écria :

« — En voilà un brave ! .... On devrait bien nous le donner à Limoges !... »

Les amis du général ne le quittaient guère : prêtres et hommes du monde étaient avides de recueillir cette parole si chrétienne, si élevée.

« — Il nous édifiait tous », me disait dernièrement encore un des plus éminents ecclésiastiques du diocèse.

Dans ce petit cénacle, composé de croyants, la France, ses malheurs, son avenir, faisaient l'objet de tous les entretiens.

La Commune venait alors d'éclater à Paris, et l'effervescence était extrême dans tous les centres ouvriers. Qu'allait devenir la Patrie dans cette tourmente? En sortirait-elle fortifiée, régénérée? Le général ne l'espérait pas.

Plus clairvoyant que ses amis, parce qu'il avait vu de plus près les hommes et les événements, il répétait d'une voix attristée :

« — En 93, il y avait encore de la sève; il n'y en a plus maintenant. »

Un jour, comme on parlait autour de lui de l'odieux traité que l'Allemagne venait de nous imposer, Sonis,

qui semblait absorbé dans une douloureuse rêverie, se
souleva d'un brusque mouvement et s'écria :

« — Tout le monde trouve bien qu'on ait renoncé à
« l'Alsace et à la Lorraine à perpétuité. Je n'aurais
« pas pu mettre ma signature au bas de ce traité.
« L'Alsace et la Lorraine ! et désignant l'abbé Fagois :
« Demandez à monsieur l'aumônier ce que sont les
« soldats qui nous viennent de là ? Il le sait bien lui,
« qui a servi dans la cavalerie...

« Et comme on objectait au général qu'il fallait bien
« s'y résoudre, sans cependant perdre l'espoir de
« reconquérir un jour ces provinces :

« — Alors on signe un mensonge ! dit-il avec indi-
« gnation.

« — Un mensonge, non, reprit un prêtre qui se
« trouvait là, car on ne trompe personne. Les Alle-
« mands savent bien que nous cédons à la force, et
« que dès que nous le pourrons, nous leur dispute-
« rons ces malheureuses provinces.

« — Eh bien ! répondit le général d'un ton sec qui
« n'était pas dans ses habitudes, je ne suis pas
« comme tout le monde, et je n'admettrai jamais un
« mensonge, aussi léger soit-il. Je suis assez singu-
« lier pour ne pas savoir faire dire à mes serviteurs
« que je n'y suis pas quand j'y suis. »

Nous nous sommes fait l'écho de cette scène, qui
n'eut qu'un très petit nombre de témoins, parce qu'elle
nous semble peindre admirablement le caractère si
franc et si ouvert du général de Sonis.

Caractère si en dehors de notre époque, où les plus nobles et les meilleurs se laissent aller à des compromis et à des défaillances!

Après un court séjour en Limousin, M. et Mme de Sonis se rendirent à Castres.

L'émeute était latente à Limoges, depuis la proclamation de la Commune à Paris, et les amis du général, un peu effrayés, pressèrent son départ. Sans être absolument rétabli, le blessé était en état de supporter les fatigues du voyage, et dans le commencement d'avril, il arrivait chez son beau-père, où il était attendu bien impatiemment.

Le 17 du même mois, Sonis écrivait au père de son officier d'ordonnance une longue lettre remplie d'intéressants détails. Nous la reproduisons tout entière.

Castres (Tarn), 17 avril 1871.

« Bien cher ami, ton petit mot me parvient à l'ins-
« tant et je veux y répondre de suite afin de ne pas
« manquer aux bonnes résolutions que je prends
« depuis longtemps à ton endroit.

« J'ai trouvé ici de nombreuses lettres, et quelques-
unes ayant un véritable caractère d'urgence, j'ai
« dû leur donner une prompte solution.

« D'autre part, j'écris avec peine et ne suis pas
« encore, au point de vue de ma santé générale, remis
« de la grande secousse qui a ébranlé mon organisa-
« tion.

« Je n'ai pas besoin de te dire, cher Gaston, que

« j'ai été bien peiné, moi aussi, de ne pouvoir t'em-
« brasser à mon passage à Limoges. C'est un sacrifice
« à mettre à côté de bien d'autres.

« Pour ne pas l'oublier, je veux répondre de suite
« à une question de ta première lettre. Tu as semblé
« douter de mon affection pour ton fils et t'étonner
« qu'il ne soit pas resté auprès de moi après ma
« blessure. — Ton Pierre étant venu passer quelques
« heures auprès de toi comme me l'annonce ton petit
« mot d'aujourd'hui, ma réponse n'aura pas le mérite
« qu'elle aurait pu avoir avant ton entrevue avec ton
« fils.

« Pierre a donc dû te dire que son cheval a été tué
« au moment où je me portais en avant à la tête des
« zouaves pontificaux. Mis à pied, le pauvre garçon a
« fait ce que doit faire tout cavalier, il a pris son har-
« nachement et s'est porté en arrière, afin de cher-
« cher son second cheval ; il ne pouvait faire mieux
« et n'avait pas la prétention de me suivre à pied.

« Il a dû te dire aussi, que je l'avais reçu comme
« mon enfant et que je l'aurais toujours traité comme
« tel, si Dieu avait permis que nous restassions long-
« temps ensemble ; je ne sais pas ce que je devien-
« drai, mais je compte sous peu pouvoir remonter
« à cheval, continuer ma carrière, et tu peux être sûr
« qu'en toute occasion j'aurai un bon souvenir pour
« ton enfant, qui pourra si cela lui convient reprendre
« auprès de moi ses fonctions, s'il n'a pas conservé
« trop mauvais souvenir de son général. Pour moi, je
« l'aime beaucoup et l'ai toujours trouvé charmant,
« distingué et dévoué à ses devoirs.

« Pour ce qui me concerne, mon cher ami, je puis
« te dire que j'ai fait mon voyage sans trop de fati-
« gues.

« Tu devines le plaisir que j'ai eu à me retrouver
« au milieu de mon cher monde ; malheureusement il
« n'y a pas de joie sans tristesse, et dès le début de
« mon séjour ici, j'ai eu de grandes inquiétudes sur
« le sort de mon second fils Henry.

« Faisant partie de l'armée du général Bourbaki, il
« avait été interné en Suisse, mais je n'avais aucune
« nouvelle de lui, bien que la plupart des soldats
« dans sa position eussent rejoint leurs foyers.

« Je devais croire que mon fils se dirigerait sur
« Castres, puisqu'il n'était engagé que pour la durée
« de la guerre.

« Les journaux m'ayant appris l'affreux accident de
« Colombier, produit par le déraillement du chemin
« de fer de Neufchâtel, je devais craindre que mon
« fils ne se trouvât au nombre des vingt-deux morts
« ou des soixante-douze blessés.

« J'écrivis un peu de tous côtés, mais les réponses
« se faisaient longtemps attendre. Ce n'est que depuis
« quatre ou cinq jours que je sais qu'Henry a quitté
« la Suisse en bonne santé ; mais je n'ai pas reçu un
« mot de lui. On m'a seulement appris qu'il avait été
« dirigé sur Marseille et de là en Afrique.

« Tu comprends combien je dois être peiné de n'a-
« voir pu embrasser cet enfant après une séparation
« si longue et si cruelle de tant de manières. J'ai
« trouvé ici mon troisième fils Albert qui n'a que seize
« ans et qui est maréchal des logis de spahis.

« Il a été blessé d'un fort coup de sabre à la jambe.
« Quant à l'aîné, Gaston, porté comme brigadier au
« début de la guerre, il a été fait prisonnier, s'est
« évadé et s'est réfugié dans la citadelle de Bitche.
« Là, il a été deux fois mis à l'ordre pour sa belle
« conduite et sa bravoure dans les sorties faites par
« la garnison.

. . . .

. . . .

« Ma femme est bien fatiguée de toutes les émo-
« tions de ces derniers mois et sa santé se remet
« bien lentement.

« Pour moi, je ne puis encore me servir d'une
« jambe de bois, malgré l'essai que j'en ai fait.
« Je suis donc un véritable paquet, et tu com-
« prends combien je suis peu susceptible de voya-
« ger.

« Tu peux croire, mon ami, que j'accepterais avec
« bien du plaisir l'offre que tu me fais si gracieuse-
« ment.

« Je ne te parle pas des événements.

« Nous voici revenus au temps de la Terreur,
« et les châtiments si justes qui nous éprouvent
« ne convertissent malheureusement pas les im-
« pies.

« Nous ne sommes pas à la fin de nos malheurs.
« Prions ! Prions ! Prions !...

« Quelle affreuse chose que cet assassinat du colo-
« nel Billet (1), à Limoges.

(1) Le 4 avril, des soldats d'infanterie qu'on envoyait rejoindre

« A Dieu et tout à Dieu, cher Gaston ; je t'em-
« brasse de tout cœur et te suis toujours bien uni en
« Notre-Seigneur.

« G. DE SONIS. »

Le général n'avait point oublié son pèlerinage de
Lourdes, et au mois de mai il partait avec Mme de Sonis.
M. et Mme Henry de la Chapelle, leur jeune belle-sœur,
M. Jeremy Laforest, un jeune prêtre du diocèse de
Poitiers et l'excellent abbé Fagois, vinrent les rejoindre
à Toulouse.

Les pèlerins arrivèrent fort tard à Lourdes. Malgré
l'heure avancée Mme de Sonis voulut aller de suite
réciter un *Magnificat* à la grotte. Après avoir tant
et si cruellement souffert, elle avait hâte de s'agenouiller aux pieds de l'image de la Vierge Immaculée,
dont la céleste intervention avait si visiblement sauvé
son mari.

Le général désirait la suivre, mais les grandes ma-
nifestations religieuses n'avaient pas encore eu lieu,
et pour arriver aux Roches Massabielles, il n'y avait
alors que de petits chemins, impraticables à une voiture pendant la nuit. L'hôtelier déclara que pour tout
l'or du monde il ne donnerait pas ses chevaux, et
Sonis se résigna à ne pas suivre ses compagnons de
pèlerinage.

l'armée de Versailles, surexcités par les ouvriers porcelainiers,
refusèrent de partir. Il y eut une émeute, et le colonel Billet, un
glorieux survivant de Reischoffen, fut tué à la tête de ses cui-
rassiers.

Le lendemain le général se confessa, communia, puis après avoir prononcé sa consécration à Notre-Dame de Lourdes, il offrit, en *ex voto*, sa croix de commandeur reçue le 5 mai et les béquilles qui avaient aidé ses premiers pas.

Il passa toute la journée à la grotte, dans un recueillement qui émut tous les pèlerins.

Ses amis le trouvaient comme transfiguré par l'ardeur de sa foi.

En le voyant prier ainsi, un pauvre homme tout en larmes s'approcha de lui et le supplia de demander la guérison de sa femme.

Sonis sourit de cette naïve requête et promit ses prières avec cette bonne grâce parfaite, qu'il avait toujours vis-à-vis les petits et les humbles.

Après avoir passé quelques jours à Lourdes, M. et Mᵐᵉ de Sonis quittèrent les Pyrénées et se séparèrent de leurs amis limousins pour retourner à Castres.

De nouvelles élections se préparaient. Plusieurs députés avaient donné leur démission après le vote du traité de paix, considérant que leur mandat était terminé; d'autres avaient été nommés dans plusieurs départements, et il fallait pourvoir aux sièges vacants.

Le Tarn était dans ces conditions, et le comité monarchiste résolut d'offrir la candidature au général de Sonis.

Déjà au mois de février, alors qu'il n'était sur aucune liste, son nom avait réuni onze mille deux cent quatre-vingt-dix suffrages. Le 19 juin, un journal catholique de Castres publiait un article sur les élections, qui se terminait ainsi :

« ... Le choix fait il y a longtemps par le comité
« d'Albi a eu la sanction du département tout entier...
« En vous disant : Votez pour le général de Sonis, nous
« croyons remplir un devoir et donner au départe-
« ment l'occasion de s'approprier un nom que la
« France nous enviera. »

Les amis de Sonis lui représentèrent qu'accepter une candidature c'était remplir un devoir, qu'on servait la Patrie aussi utilement avec un bulletin de vote qu'avec une épée, et il consentit, à la condition qu'il ne ferait aucune démarche, mais seulement une déclaration de principes.

Le 30 juin, la *Gazette du Languedoc* publiait une lettre du général dont voici les principaux passages :

« ... Je n'éprouve aucun embarras à déclarer que
« je ne suis pas *républicain* mais *monarchiste.*
« La France a fait trois fois l'essai de la république
« et ses essais n'ont pas été heureux.
« Pour le moment nous subissons un régime de
« coup d'Etat et il ne faut pas moins que l'abaissement
« des caractères ajouté aux malheurs des temps, pour
« avoir fait accepter sans protestation une forme de
« gouvernement qui, suivant les paroles de M. Thiers,
« devait aboutir à une république administrée par des
« monarchistes.
« Suis-je partisan du pouvoir absolu ?

« Non certes, et je serai le premier à réclamer
« pour mon pays la plus grande somme de liberté
« possible et très certainement la liberté des cultes et
« la liberté de l'enseignement.

« Dieu lui-même n'accepte pas des hommages qui
« ne sont pas libres. Comment moi qui me fais l'hon-
« neur d'être profondément chrétien, pourrais-je me
« dire le soutien d'un despotisme quelconque ?

« Enfin, quoique monarchiste, je n'admets pas une
« royauté par violence, par surprise, par coup d'Etat,
« mais bien par un vote régulier des représentants
« du pays.

« J'ai peine à vous parler, Monsieur, de ces accu-
« sations grossières, absurdes, propagées dans nos
« campagnes avec une perfidie sans exemple.

« Sont-ils de bonne foi ces gens qui nous accusent
« de vouloir ramener en France le régime de la dîme
« et de la corvée ?

« Ils savent bien qu'ils trompent nos populations, et
« je n'ai pas de peine à déclarer que je serais le pre-
« mier à m'armer contre tout pouvoir qui tenterait de
« rétablir ces impôts d'un autre âge.

« Quant aux privilèges, nous n'en voulons pas, ne
« réclamant que le droit de nous dévouer à la patrie
« jusqu'à la mort.

« Je ne crains pas de dire que nous avons déjà
« largement payé à la France la dette de notre sang.

« Tels sont, Monsieur, mes principes. On peut ne
« pas partager mes convictions, mais j'ai le droit de
« dire que j'appartiens au parti qui en France s'ap-
« pelle le parti de l'honneur. »

Les sentiments politiques de Sonis n'étaient un mystère pour personne ; certains traits de sa vie les avaient nettement accentués.

C'est ainsi qu'en 1860 il refusa de faire partie de la maison militaire de l'Empereur, et que pendant la campagne d'Italie il manifesta à plusieurs reprises sa grande sympathie pour les Bourbons.

Un jour entre autres, voyant un rassemblement autour d'une statue équestre, il s'approche. Un écriteau était attaché au sabot du cheval, sur lequel on lisait ces mots : « Puisses-tu, de ton sabot, écraser la tête du dernier prêtre et du dernier Bourbon. »

Sonis, violemment indigné, s'écria d'une voix vibrante : « Cette canaille ne sera jamais digne de la liberté !... »

Le gouvernement de M. Thiers qui avait mille raisons pour éloigner de l'Assemblée des hommes aussi fortement trempés, combattit la candidature du général avec une énergie qui n'avait rien à envier aux traditions de l'empire autoritaire.

On se fit une arme de la noble et fière déclaration de l'illustre vaincu, et il se vit préférer le général Jaurès (1).

Malgré la pression gouvernementale et l'ardente campagne des journaux républicains du département, Sonis eut pour lui vingt et un mille six cent vingt suffrages.

---

(1) Par une étrange coïncidence, c'est sous les ordres du général Jaurès que les volontaires de l'Ouest reformés avaient terminé la campagne.

Le général avait cédé aux instances de ses amis, mais en réalité il ne se sentait aucune vocation pour le parlementarisme, et il regarda comme une grâce providentielle d'échapper aux responsabilités de la députation.

Les âmes aussi surélevées que l'était celle de Sonis ne sont pas ambitieuses. Elles ont trop le sentiment du devoir d'état pour aller au-devant de charges nouvelles.

Après son échec électoral il reçut quelques lignes charmantes du comte de Chambord, l'invitant à venir le voir en Belgique.

« Nous ferons ainsi chacun la moitié du chemin, disait le royal exilé, puisque je ne puis aller jusqu'à vous. »

Le général de Sonis était encore en disponibilité, ne sachant même pas si le ministère le confirmerait dans son grade et lui donnerait un commandement ; il avait donc toute sa liberté d'action, il en profita pour répondre aussitôt à l'appel de celui qu'il nommait en son cœur : le Roi.

Ce voyage réalisait un des vœux les plus chers du gentilhomme resté fidèle à toutes les traditions de sa famille.

Le général n'aimait guère à parler de ce qui pouvait flatter son amour-propre ; il fallut les pressantes questions de ses amis pour lui arracher l'aveu des délicates attentions dont il avait été l'objet de la part du petit-fils de Henri IV.

Le comte de Chambord pouvait dire à Sonis ce que le Béarnais écrivait à un de ses compagnons de bataille au lendemain de la journée d'Arques : « Je vois que qui n'a bon pied a bon œil », et de serviteurs tels que vous « j'estime bons même les morceaux. »

Arrivé fort tard à Anvers, la veille du jour où il devait être reçu par le comte de Chambord, le général, qui avait des habitudes très matinales, se hâtait de s'habiller pour aller à la messe, quand soudain on frappe à sa porte.

« Je m'habille », répondit-il.

Quelques minutes après, nouveaux coups à la porte et nouvelle réponse de Sonis qui ne comprenait rien à une telle insistance.

Il ne connaissait personne à l'hôtel. Qui donc pouvait le déranger à cette heure ?

Comme il commençait à descendre l'escalier, bien lentement, car il était encore très novice pour faire manœuvrer sa jambe de bois, il sentit une main s'abattre sur son épaule. Il se retourne vivement et se trouve face à face avec le comte de Chambord qui lui dit :

« Cher général, permettez à Henry le Boiteux (1) de vous offrir son bras. »

Et comme Sonis voulait refuser un tel honneur, le descendant de Louis XIV ajouta en souriant: « Ma jambe vaut bien mieux que la vôtre ! »

---

(1) Le comte de Chambord s'était brisé la cuisse en 1840 à la suite d'une chute de cheval.

Et bon gré mal gré le général dut s'appuyer sur le bras de son roi pour se rendre à la cathédrale.

En chemin le comte de Chambord plaisanta Sonis sur le temps qu'il employait à sa toilette, lui apprenant ainsi quel était l'auguste indiscret qui par deux fois avait essayé de forcer sa porte.

Quel curieux épisode d'histoire : ces deux hommes marchant côte à côte, le vaillant soldat de Loigny, soutenu par le fier petit-fils de saint Louis, monarque sans royaume, qui pourtant traitait d'égal à égal avec les rois !

A genoux l'un près de l'autre dans la vieille église flamande, le prince et le gentilhomme avaient sur les lèvres la même prière, comme ils avaient au cœur la même croyance en l'intervention divine et le même amour de la France !...

CHAPITRE XV

———

L'histoire des volontaires de l'Ouest est trop intimement liée à celle du général de Sonis pour que nous ne suivions pas dans ses derniers combats la vaillante phalange avec laquelle il avait voulu « partager prières et sacrifices ».

Unis sous le même drapeau, dans un acte de patriotique dévouement, le général de Sonis, le colonel

de Charette et les zouaves sont désormais inséparables.

Les volontaires de l'Ouest, si cruellement décimés à
Loigny, furent envoyés à Poitiers pour se reformer.
Leur lieutenant-colonel, M. d'Albiousse, vint aussitôt
les rejoindre, et le 16 décembre, il leur adressait
l'ordre du jour suivant :

Poitiers, 16 décembre 1870.

Officiers, sous-officiers et soldats,

« Appelé pendant l'absence du colonel de Charette
au commandement de la légion, j'éprouve le besoin
de me rapprocher de vous pour n'être pas écrasé
sous le poids de l'honneur qui m'est fait et de la responsabilité qui m'incombe.

« La crise que traverse la légion est terrible, mais
quelque désastreuse que soit la situation qui nous est
faite par l'éloignement de notre illustre chef, et la
perte de tant de braves camarades tombés sur les
collines de Patay, nous ne pouvons pas, nous ne devons pas nous décourager.

« La guerre que nous subissons est une guerre
d'expiation et Dieu a déjà choisi parmi nous les victimes les plus pures. Elevons donc nos cœurs à la
hauteur de la mission qui nous est confiée et soyons
prêts à tous les sacrifices. Retrempons notre courage
dans nos convictions religieuses et plaçons notre es-

poir dans la divine sagesse dont les secrets sont impénétrables mais qui nous fait une loi de l'espérance.

« C'est par un acte de foi que la France est née sur le champ de bataille de Tolbiac ; c'est par un acte de foi qu'elle sera sauvée, et tant qu'il y aura dans notre beau pays un Christ et une épée nous avons droit d'espérer... Quoi qu'il arrive, avec l'aide de Dieu et pour la patrie, restons ici ce que nous étions à Rome, les dignes fils de la fille aînée de l'Eglise.

« *Le Commandant de la légion,*

« D'ALBIOUSSE. »

Sous cette impulsion si chrétienne et si française, les zouaves se reformèrent très vite, et au commencement de janvier, grâce à l'activité de leur lieutenant-colonel, ils étaient prêts à marcher de nouveau à l'ennemi.

Poitiers n'a pas oublié ces jours de fiévreuse animation où le souffle brûlant du patriotisme surexcitait les esprits, et cependant celui en qui s'incarnait l'âme du régiment n'était pas là.

Mais M. d'Albiousse et les officiers épargnés par la fusillade allemande se multipliaient pour remplacer leurs camarades tombés sur le champ de bataille, et de nombreuses recrues arrivaient chaque jour.

C'étaient de vieux gentilshommes qui laissaient le fusil de chasse pour le chassepot, des paysans de l'Ouest, petits-fils des Vendéens et des Chouans, des séminaristes quittant momentanément la soutane pour courir au Prussien, des pères de famille qui désertaient le foyer et des adolescents le collège, tous n'ayant qu'un seul désir : imiter la bravoure des vaincus de Loigny et, comme eux, comme Sonis, « tomber la poitrine en face de l'ennemi en criant : Vive la France ! »

Aux premiers jours de janvier, nous retrouvons les zouaves aux avant-postes.

Ils font partie du corps de Bretagne et sont sous les ordres du capitaine de frégate Gougeard, faisant fonctions de général auxiliaire.

« Ce sera pour moi un éternel honneur d'avoir commandé à de tels hommes », écrira le général Gougeard dans son récit de la bataille du Mans.

Ce cri d'admiration a d'autant plus de valeur que le commandant de la quatrième division était loin de partager les idées religieuses et politiques des volontaires de l'Ouest. Le bataillon était alors commandé par M. de Couessin.

Le 6 janvier, au combat de Saint-Hubert, deux compagnies commandées par MM. de Fabry et Benoist furent entourées par l'ennemi ; elles se défendirent énergiquement et parvinrent à gagner Ivré-l'Evêque.

Cinq jours après, se livrait cette bataille du Mans, qui aurait pu être une victoire sans l'abandon de l'importante position de la Tuilerie par les mobilisés bretons.

Vers deux heures une première défaillance de nos

jeunes troupes livra aux Allemands le plateau d'Auvours.

Après avoir vainement essayé de les rallier, le
général Gougeard se tourna vers les zouaves et leur
montrant le plateau que n'avait pas défendu la division Paris, il s'écria :

« En avant pour Dieu et la Patrie ! Le salut de l'armée l'exige ! »

Un hurrah répondit à cet appel et l'intrépide co-
horte s'élança au pas de charge, entraînant à sa suite
un bataillon de mobiles du Gers. Quelques soldats
électrisés par l'exemple les suivaient.

Tous gravirent ainsi les pentes du plateau sous un
feu terrible. Beaucoup tombèrent en chemin ; mais
comme à Loigny rien n'arrêtait l'impétueux élan de
ces braves, prêts à mourir jusqu'aux derniers pour
Dieu et la France !

Arrivés au sommet, ils s'élancèrent à la baïonnette
sur les Allemands. Pendant une heure, on se battit
corps à corps. La *furia francese*, comme jadis, finit
enfin par l'emporter ; zouaves et mobiles restèrent
maîtres du terrain.

« Le succès de la journée semblait décisif, a dit le
comte Jacquemont, et l'on raconte que le prince Frédéric-Charles, désespérant de forcer la ligne du Mans,
donna ce soir-là à toute son armée l'ordre de battre
en retraite... »

Malheureusement pour nous, cet ordre ne fut pas
exécuté assez vite...

Deux heures plus tard , les mobilisés bretons croyaient la bataille terminée ; lorsqu'ils furent surpris à l'improviste par l'arrivée de l'ennemi.

« Bas les armes ! » s'écrie avec audace le lieutenant prussien.

Hélas ! les armes des mobilisés étaient de mauvais fusils qui ne partaient pas !

Epouvantés par cette attaque dans les ténèbres, exténués par les fatigues et les privations, ces malheureux soldats, saisis d'une folle terreur, se débandèrent. Tous les efforts des officiers pour les rallier furent infructueux, et une fois de plus il fallut nous retirer devant l'ennemi.

Mais au plateau d'Auvours, comme à Loigny, les volontaires de l'Ouest avaient montré ce que peuvent des chrétiens et des hommes de cœur !

Pendant ces luttes suprêmes on était sans nouvelles du colonel de Charette.

On savait que, relevé par les Prussiens avec son frère Ferdinand, blessé comme lui (1), il avait été porté au presbytère de Loigny ; que là il avait passé quelques jours dans la même chambre que le général de Sonis ; puis il avait disparu.

Tout à coup on apprit qu'il était à Bourges, et le 8 janvier, il arrivait à Poitiers.

Volontiers, on eût crié au miracle.

Et c'était, en effet, par un vrai miracle d'énergie d'une part, de dévouement de l'autre, que le colonel avait pu franchir les lignes allemandes.

(1) Les cinq frères du colonel étaient venus se ranger sous ses ordres.

Les vaincus de Loigny, qui encombraient le presbytère, n'étaient soumis à aucune surveillance, en
raison de la gravité de leurs blessures ; toute évasion
semblait impossible.

Mais pour les natures aussi actives et aussi ardentes que celle du colonel des zouaves, l'inaction est
une si terrible souffrance, qu'elle domine et fait
oublier en quelque sorte la douleur physique ; dès le
lendemain de la bataille, Charette n'eut qu'une pensée : essayer, coûte que coûte, de rejoindre son régiment.

Un religieux nantais, le P. Peigné (1), qui était venu
comme aumônier retrouver les volontaires de l'Ouest,
se chargea de l'aider dans cette audacieuse entreprise.

Non loin du petit village illustré désormais par la
lutte du 2 décembre, se trouve le château de Reverseaux, qui appartient à une famille célèbre dans nos
annales militaires. Les Gouvion Saint-Cyr n'avaient
pas déserté leur demeure, et c'est à eux que le
P. Peigné vint demander l'hospitalité pour son colonel. Ce n'était pas une hospitalité sans danger, car
les Allemands se montraient impitoyables pour les
complicités d'évasion ; mais les patriotiques châte-
lains de Reverseaux ne se laissèrent pas arrêter par
de pusillanimes terreurs, et ils acceptèrent avec
enthousiasme d'abriter le chef vendéen.

Quelques jours après, le baron de Charette, entièrement rasé et revêtu d'un costume bourgeois,

(1) Le P. Peigné fait partie de la Congrégation des Pères de
l'Immaculée-Conception.

prêté par un ecclésiastique, quittait le presbytère de Loigny. Sa blessure était à demi cicatrisée et il marchait très difficilement. Il arriva dans la famille Gouvion Saint-Cyr épuisé, à bout de forces. On l'installa dans les combles du château, où une ambulance avait été établie, et pendant plusieurs semaines, il fut soigné avec un dévouement sans égal.

A peine rétabli, le colonel reprit sa route, et d'étapes en étapes, après bien des aventures et bien des alertes, il était, le dimanche 8 janvier, à Poitiers.

Le lendemain, il adressait aux volontaires l'ordre du jour suivant :

Officiers, sous-officiers et soldats,

« Séparé de vous depuis un mois, je remercie la Providence qui me donne l'indicible joie de me retrouver parmi vous.

« Plusieurs de nos camarades sont morts.

« Honneur à ceux qui sont tombés pour la défense de la Patrie et ont enregistré une gloire de plus dans les annales du régiment.

« Soldats, de nouveaux périls, de nouvelles gloires nous attendent.

« Restons à la hauteur de notre mission.

« Marchons à l'ennemi forts de notre passé, fiers du présent et confiants dans la protection de ceux que nous avons perdus.

« Que notre cri de ralliement soit toujours : Dieu et la Patrie ! »

Peu de temps après cet ordre du jour, Charette était appelé à Rennes.

La situation s'aggravait de jour en jour. Un nouvel échec pouvait livrer le cours de la Loire, la ville de Nantes et ouvrir aux Allemands la route du Sud-Ouest. Dans cet extrême péril, Chanzy proposa à Gambetta de confier la défense de la Bretagne à Charette et à Cathelineau.

Bretons et Vendéens, famille encor meurtrie
De nos injustes coups,
Vengez-vous, ô martyrs, en sauvant la patrie !
Les Bleus comptent sur vous (1).

Les descendants des Vendéens et Bretons n'avaient pas attendu cet appel pour courir à l'ennemi. Depuis trois mois, ils versaient leur sang sur tous les champs de bataille.

Le 19 janvier, Gambetta arrivait à Laval, et, sur les pressantes sollicitations de Chanzy, il prononça à la préfecture un très éloquent discours, dans lequel il déclara que toute préoccupation politique devant s'effacer en face du salut de la patrie, il confiait aux grands noms de la Bretagne le soin d'en interdire l'accès à l'ennemi.

Cette patriotique décision qui honore le dictateur, fut entravée par M. de Freycinet ; comme le constate le général Ambert dans ses *Récits militaires :* quatre jours après, le 23, le délégué à la guerre écrivait à Chanzy : « M. Gambetta pense qu'il y aurait des inconvénients à constituer à Charette une sorte de commandement régional. Le mieux, dans son opinion, serait de lui

______

(1) Victor de Laprade

adjoindre purement et simplement un certain corps de mobilisés bretons, avec lesquels il guerroyerait comme Lipowski et Cathelineau..... *Il faut en tout cas éviter de donner à Charette une sorte de supériorité militaire.* Il doit rester ce qu'il est, le chef militaire d'un corps de partisans. »

Néanmoins, le 27 janvier 1871, le ministre de la guerre nommait le baron de Charette général de l'armée auxiliaire. Le même grade était conféré à Garibaldi, et les noms du condottieri et du soldat pontifical étaient l'un à côté de l'autre dans le décret ministériel.

Le nouveau général reçut le commandement de quinze mille mobilisés bretons, qu'il devait joindre à ses volontaires. Il se disposait à les amener à Vitry et à Fougères, quand furent signés les préliminaires de paix.

Pendant la Commune, il fut un instant question d'appeler les zouaves sous les murs de Paris. Mais le gouvernement eut peur de cet élément royaliste, et, dans l'effroi que lui inspirait une restauration, il préféra se priver de leurs services.

Sachant bien la défiance qu'inspirait sa légion, le général de Charette ne mit pas en doute, qu'une fois l'ordre rétabli, un licenciement immédiat serait la récompense du sang versé.

Aussi voulut-il, avant que sonnât l'heure de la séparation, grouper autour du drapeau de Loigny le régiment tout entier et le consacrer publiquement au Sacré-Cœur.

Le jour choisi pour cette imposante cérémonie fut

le dimanche de la Pentecôte, qui tombait en cette année 1871 le 28 mai.

C'est donc quatre jours après l'exécution des otages et l'entrée des troupes à Paris que les volontaires de l'Ouest se réunirent dans la chapelle du grand séminaire de Rennes.

Sonis avait été vivement sollicité de venir rejoindre ses compagnons d'armes. C'était grâce à lui que l'étendard du Sacré-Cœur avait été déployé sur le champ de bataille, c'était donc à lui que revenait la première place au pied de l'autel.

Mais le général était dans le Midi, trop faible et trop souffrant encore pour pouvoir entreprendre un aussi long voyage.

Désolé de n'avoir pas à la tête de ses zouaves celui qui les avait si vaillamment conduits à l'ennemi, le baron de Charette pria Sonis de s'unir à eux par la prière en leur adressant une formule de consécration au Cœur de Jésus.

Le général commença par refuser. Il avait une si grande humilité que tout ce qui pouvait le mettre en évidence lui causait un véritable effroi !

Mais avec l'obstination de sa race, le chef des zouaves revint à la charge. Ses instances, celles du P. Ramière finirent par triompher de la modestie de M. de Sonis, qui consentit enfin à envoyer à Rennes ce cri sublime de foi, d'espérance et d'amour qu'on ne saurait lire, même à vingt ans de distance, sans une émotion profonde.

Cette consécration des zouaves eut un immense retentissement.

Mais hélas ! tout s'oublie, tout s'efface ici-bas, et on ne saurait trop, à une époque de défaillance comme la nôtre, rappeler ces grands et nobles souvenirs.

Donc le 28 mai 1871, les quinze cents volontaires de l'Ouest emplissaient la chapelle du séminaire. Le général de Charette et ses officiers, tous en grand uniforme, vinrent se placer dans le chœur. A droite de l'autel, au-dessus duquel rayonnait le Saint-Sacrement, un officier portait le drapeau, déchiré par les balles allemandes et tout couvert du sang des Verthamon et des Bouillé.

Après la messe l'aumônier en chef des zouaves, Mgr Daniel, prononça une courte allocution qu'il termina en ces termes :

« ... Le général de Sonis, celui qui vous a conduits à la bataille, celui qui a voulu un zouave pour porter le drapeau du Sacré-Cœur, celui qui vous a dit : « ... Faites voir ce que peuvent des soldats chré- « tiens... en avant !... Voici le moment ou jamais « d'arborer votre étendard », le général de Sonis a voulu vous conduire lui-même au Cœur de Jésus. Avec vous à la bataille, il a voulu s'associer à votre consécration et en formuler lui-même les paroles. Qu'elles deviennent, Messieurs, la formule de votre consécration ; nous n'y changerons rien, car ces paroles pour nous sont sacramentelles... »

Et Mgr Daniel s'agenouillant devant le Saint-Sacrement lut la sublime et touchante prière, tombée de la plume ou plutôt du cœur du soldat de Loigny.

En voici le texte. Quoiqu'il soit très connu, nous ne saurions le passer sous silence :

« O Jésus, vrai fils de Dieu, notre roi et notre frère,
« rassemblés tous ici, au pied de vos autels, nous
« venons nous donner pleinement à vous et nous con-
« sacrer à votre divin cœur.

« Vous le savez, Seigneur, nos bras se sont armés
« pour la plus sainte des causes ; de la vôtre, Sei-
« gneur, puisque nous sommes les soldats de votre
« Vicaire.

« Vous avez permis que nous fussions associés
« aux douleurs de Pie IX et qu'après avoir partagé
« ses humiliations, nous fussions violemment séparés
« de notre Père.

« Mais, Seigneur, après avoir été chassés de cette
« terre romaine, où nous montions la garde au tom-
« beau des saints Apôtres, vous nous prépariez d'au-
« tres devoirs, et vous permettiez que les soldats du
« Pape devinssent les soldats de la France.

« Nous avons paru sur les champs de bataille armés
« pour le combat. Votre Cœur adorable, représenté
« sur notre drapeau, abritait nos bataillons.

« Seigneur, la terre de France a bu notre sang et
« vous savez si nous avons bien fait à la patrie le
« sacrifice de notre vie.

« Beaucoup de nos frères sont morts, vous les
« avez rappelés à vous parce qu'ils étaient mûrs pour
« le ciel.

« Mais nous, nous restons et nous ignorons le sort
« que vous nous réservez.

« Faites, mon Dieu, que la vie que vous nous avez
« laissée soit tout entière consacrée à votre service.

« Nous portons tous sur nos poitrines l'image de
« votre sacré cœur, faites que nos cœurs en soient
« l'image encore plus vraie. Rendez-nous dignes du
« nom de soldats chrétiens.

« Faites que nous soyons soumis à nos chefs, cha-
« ritables pour le prochain, sévères pour nous-
« mêmes, dévoués à nos devoirs et prêts à tous les
« sacrifices.

« Faites que nous soyons purs de corps et d'âme,
« qu'ardents dans le combat, nous devenions tendres
« et compatissants pour les blessés.

« O Jésus, dans les dangers et dans les souffrances,
« c'est de votre divin Cœur que nous attendons
« notre plus puissant secours. Il sera notre refuge,
« lorsque tous les appuis humains lui manqueront,
« et notre dernier soupir sera notre dernier acte d'es-
« pérance dans sa miséricorde infinie.

« Et vous, ô divine Marie, que nous avons choisie
« pour notre mère, à vous aussi nous avons rendu
« témoignage.

« Les champs de bataille ont vu le long cortège des
« mères, des épouses et des sœurs en deuil ; et lors-
« que de pieuses mains remuaient la terre qui recou-
« vre les morts, on savait reconnaître les nôtres à votre
« scapulaire.

« Soyez donc notre protectrice et obtenez-nous la
« grâce de nous tenir étroitement unis à vous dans le
« sacré Cœur de Jésus durant la vie et à l'heure de la
« mort, pour le temps et pour l'éternité. Ainsi soit-il. »

L'assistance était très émue.

Mgr Daniel s'adressant à Charette, lui dit :

« Si les sentiments du général de Sonis sont les
« vôtres ; si vous avez la confiance qu'ils sont égale-
« ment ceux de votre régiment, Notre-Seigneur, au
« Saint-Sacrement exposé sur l'autel, vous y autorise,
« je vous donne la parole pour les exprimer. »

D'une voix claire et vibrante, le général répondit :

« A l'ombre de ce drapeau teint du sang de nos
« plus nobles victimes, moi général baron de Charette,
« qui ai l'insigne honneur de vous commander, je
« consacre au divin Cœur de Jésus mes volontaires
« de l'Ouest, zouaves pontificaux ; avec ma foi de
« soldat, de toute mon âme, je dis et vous demande de
« dire avec moi : Cœur de Jésus, sauvez la France ! »

Quelques semaines après l'imposante réunion du
28 mai, les volontaires de l'Ouest étaient licenciés.
En témoignage de reconnaissance, le gouvernement
offrit au général de Charette, aux officiers et aux
sous-officiers de son régiment d'entrer dans l'armée
avec leur grade. C'était le plus grand honneur que
puissent ambitionner ces vaillants. Mais tous refusèrent cette faveur, ne voulant se séparer ni de leurs
camarades ni de leur uniforme.

Presqu'à la même époque, le général de Sonis
fut appelé à Versailles. On sait qu'un des premiers
actes de l'Assemblée nationale avait été d'ouvrir une
enquête parlementaire sur la guerre de 1870-71, afin

de jeter un peu de lumière sur les événements de cette lugubre époque, et d'établir autant que possible les responsabilités de chacun.

C'était une lourde tâche. Elle fut très vaillamment et très impartialement remplie, mais elle n'eut aucune influence sur le jugement des masses égarées par les discours superbes et les articles mensongers des journaux.

Le peuple ne connut jamais les terribles fautes des hommes du Quatre-Septembre, et les consciencieux rapports de la commission, bientôt oubliés, s'en furent attendre dans la poussière des bibliothèques, les patientes recherches des historiens.

La commission d'enquête, avertie de l'arrivée du général de Sonis, quitta ses bureaux et descendit au-devant de lui pour le recevoir. Sublime hommage rendu au héros sans peur et sans reproche, qui avait illuminé de l'éclat de son sacrifice les pages si sombres de la guerre de la Loire.

C'est au bras du comte Daru, président de la commission, et à celui de M. Dezannaux, que le général arriva jusqu'au fauteuil qui lui était préparé. Avec la netteté qui lui était habituelle, l'ancien commandant du 17ᵉ corps donna sur les faits que nous connaissons de précieux renseignements.

Mais, si intéressante que soit la déposition de Sonis au point de vue historique, elle l'est plus encore au point de vue moral, car elle dénote chez son auteur une prudence, une charité, une grandeur d'âme tout à fait surhumaine. Obligé de se mettre en scène, de parler de lui, il le fait avec une simplicité, une modestie qui étonnent ses auditeurs et les émeuvent profondément.

Ce n'est plus le langage qu'ils ont l'habitude d'entendre chaque jour, et à travers ces paroles si loyales et si bienveillantes, ils sentent passer le souffle d'une grande âme chrétienne qui n'a d'autre objectif que le service de son Dieu et de sa patrie...

Dieu et la France ! ce sont bien là, en effet, les deux pensées qui dominent toute la vie du général.

Après la bataille de Loigny, Sonis avait dit au docteur Beaumetz : « Coupez ma cuisse s'il le faut, mais de façon à ce que je puisse encore servir mon pays. »

Et quand, au mois de septembre 1871, le ministre de la guerre le fit appeler pour lui demander ce qu'il voulait, le mutilé répondit simplement : « Servir la France, fût-ce comme sous-lieutenant !... »

CHAPITRE XVI

La commission de révision des grades ayant confirmé, le 16 septembre 1871, au général de Sonis les
étoiles de divisionnaire qu'il avait si chèrement ache-
tées, il fut dès le mois d'octobre placé à la tête de la
division d'infanterie de Rennes.

Les sentiments chrétiens de la terre d'Armorique
étaient trop en harmonie avec les siens pour qu'il ne
fût pas heureux d'y vivre.

En arrivant à Rennes il n'y retrouva plus « ses chers
zouaves », mais leur souvenir et celui du général qui

les avait commandés à Loigny était encore vivant, et il fut reçu avec la plus vive sympathie dans la vieille cité bretonne.

On lui avait fabriqué un très ingénieux appareil avec lequel il pouvait encore très bien se tenir à cheval. Au côté montoir de la selle était attaché une sorte de crochet emboîtant la cuisse ; l'étrier supportait une botte en cuir dans laquelle Sonis plaçait sa jambe de bois.

On sait que par humilité le pieux général ne voulut avoir que la jambe de bois du plus pauvre soldat.

Une fois installé, Sonis redevenait le brillant cavalier d'autrefois, et malgré les instances de sa famille, effrayée de telles imprudences, il montait les chevaux les plus fougueux et prenait les allures les plus rapides.

En vrai gentilhomme, le général aimait toujours passionnément les beaux chevaux. C'était son seul luxe ; mais Dieu voulait un détachement absolu dans l'âme de son serviteur, et il permit que cette innocente faiblesse fût la cause de nombreux accidents qui lui occasionnèrent de bien vives souffrances.

Souffrances qu'il supportait avec la plus grande résignation et une indomptable énergie ; toujours debout et partout, oubliant ses blessures, ne comptant pour rien la fatigue devant les intérêts de l'armée et le service de la France !

Sa grande âme se perfectionnait chaque jour davantage sous le céleste burin de la douleur. Deuils cruels, tortures physiques, préoccupations morales pour l'avenir de sa nombreuse et bien-aimée famille, rien ne lui fut épargné, et avec une inaltérable patience, il acceptait toujours la croix que lui présentait le divin Maître.

Soldat du Christ, il gravissait, à la suite de son chef, les rudes pentes du Golgotha, sans une plainte, sans un murmure !

Après la mort du général, on a trouvé dans ses papiers une prière sublime qui, mieux que nous ne le saurions faire, caractérise cette nature de saint. C'est, avec la prière de Mme Elisabeth, le plus magnifique *fiat* qui soit sorti d'un cœur humain :

« Mon Dieu ! me voici devant vous, pauvre, petit, « dénué de tout.

« Je ne suis rien, je n'ai rien, je ne puis rien !

« Je tombe à vos pieds, plongé dans mon néant.

« Je voudrais avoir quelque chose à vous offrir, « mais je ne suis que misères.

« Vous, vous êtes mon tout, vous êtes ma richesse !

« Mon Dieu ! je vous remercie d'avoir voulu que je « ne fusse rien devant vous ; j'aime mon humilité et « mon néant ; je vous remercie d'avoir éloigné de moi « quelques satisfactions d'amour-propre, quelques « consolations de cœur.

« Je vous remercie des déceptions, des injustices, « des humiliations ; je reconnais que j'en avais besoin « et que ces biens auraient pu me retenir loin de « vous.

« O mon Dieu ! soyez béni quand vous m'éprouvez ; « j'aime à être brisé, consumé, détruit par vous. « Anéantissez-moi toujours de plus en plus.

« Que je sois à l'édifice, non pas comme la pierre
« travaillée et polie par la main de l'ouvrier, mais
« comme le grain de sable obscur dérobé à la pous-
« sière du chemin.

« Mon Dieu ! je vous remercie de m'avoir laissé en-
« trevoir la douceur de vos consolations !

« Je vous remercie de m'en avoir privé.

« Je vous bénis dans mon indigence.

« Tout ce que vous faites est juste et bon.

« Je ne regrette rien, si ce n'est de ne pas vous
« avoir assez aimé.

« Je ne désire rien, sinon que votre volonté soit
« faite !

« Vous êtes mon maître et je suis votre propriété.

« Détruisez et travaillez. Je veux être réduit à rien
« pour l'amour de vous.

« O Jésus ! que votre main est bonne, même au plus
« fort de l'épreuve !

« Que je sois crucifié ! mais crucifié par vous. Ainsi
« soit-il. »

L'année 1871, commencée au bruit du canon allemand, se terminait par de douloureux anniversaires.

Le souvenir des succès de Coulmiers et de Brou
était effacé par celui de la défaite de Loigny (1). « Dé-

---

(1) Les deux villages de Patay et de Loigny se disputent l'honneur de donner leur nom à la bataille du 2 décembre 1870 ; mais
comme c'est pour reprendre Loigny que le général de Sonis et les
zouaves se sont jetés au devant des Prussiens, et que c'est à quelques mètres du village qu'ils sont tombés, le nom de Loigny a été
généralement adopte.

faite presque triomphante à l'égal de la victoire, dira Mgr Pie, grâce à l'héroïsme du général de Sonis et d'une poignée d'hommes. »

L'Eglise, dont les prières sont d'une si grande magnificence pour tous ceux qui succombent en défendant leur patrie, voulut honorer, d'une façon toute particulière, les morts de Loigny, tombés sous le drapeau du Sacré-Cœur. Un service solennel fut décidé et la grande voix de l'illustre évêque de Poitiers vint faire entendre, près du champ de bataille, les espérances du ciel et ses suprêmes consolations.

Le bon curé de Loigny, l'abbé Theuré, avait tant bien que mal réparé la pauvre demeure de Dieu fort endommagée par l'incendie et la mitraille. Avec les baïonnettes des fusils, avec les jugulaires des casques bavarois et les pointes des casques prussiens, avec les lions et les aigles qui ornaient les armures allemandes, avec toutes ces épaves de la bataille il avait fait fabriquer des candélabres et des lustres qui, suivant la belle pensée de M. Léon Aubineau, « portent devant l'autel la gloire et l'éclat des martyrs (1) ».

La place d'honneur revenait de droit à Sonis, et si grande que fût sa modestie, il serait venu joindre ses prières à celles du général de Charette et des zouaves, s'il n'avait été retenu à Paris par la commission de révision des grades de la cavalerie.

Mgr Pie, dans son éloquent discours, fit une touchante allusion au glorieux soldat dont l'absence était si vivement regrettée par tous.

(1) *Univers* du 5 décembre 1871.

Après avoir, en un superbe langage, raconté le suprême effort de ces « huit cents braves qui vont montrer à la France et à l'étranger ce que valent des chrétiens et des hommes de cœur », effort qui, s'il eût été secondé, aurait peut-être fait de la charge de Loigny, une victoire, l'évêque de Poitiers ajoute :

« ... Dieu merci, la gloire n'est pas seulement dans
« le succès.

« Etre tombé sous les plis de la bannière du Cœur
« de Jésus, c'est avoir acquis le privilège du disciple
« bien-aimé.

« Ils ont trouvé la mort sous ces mêmes auspices,
« ces dignes enfants de l'Armorique, ces mobiles des
« Côtes-du-Nord, devenus les inséparables compa-
« gnons des bataillons pontificaux ; et ces francs-
« tireurs de Tours, dont le courage fut un titre
« d'honneur pour la ville où s'organisait la défense
« nationale, et ceux de Blidah, qui ont mêlé le sang
« de la colonie algérienne à celui de la mère-patrie.
« Infortunés colons ! justement fiers d'être placés ici
« sous les ordres d'un chef connu et révéré de vos
« rivages, mon cœur aspire à se faire pour vous
« l'écho de son cœur.

« ... Bienheureux, ai-je dit, ceux qui ont accompli
« leur sacrifice et qui sont morts dans ce sacrifice.
« Mais que dire de ceux qui, là-bas, à ciel ouvert,
« souffrent les horribles douleurs d'une lente agonie,
« ou bien, avec toute la plénitude de leur intelligence,
« voient à pas lents venir la mort, parce qu'ils ne
« peuvent espérer de secours ?

« Chrétiens, élevons nos pensées et comprenons
« cette parole : « Le patient vaut mieux que le fort,
« et celui qui dompte son cœur vaut mieux que celui
« qui prend les villes. »

« ... Sans oublier que la victime peut être non
« moins héroïque sous le fer qui sauve que sous le
« fer qui tue, dirigeons notre admiration et notre
« gratitude vers l'homme de cœur non moins que de
« talent dont la Providence se sert pour conserver
« un homme de bien à sa famille, au pays un de ses
« défenseurs.

« La Patrie, tristement amputée elle-même, s'inté-
« resse au sort de ces glorieux amputés...

« Elle sait par son histoire ce qu'elle peut attendre
« encore de leurs services. Ils sont restés fameux
« dans les annales militaires, ces vieux capitaines
« qui conduisaient encore des armées... et qui rem-
« portaient des victoires... après qu'ils avaient dis-
« persé la moitié de leurs membres sur les champs
« de bataille et qu'ils n'avaient plus d'entier que le
« cœur ... »

A ces belles paroles, si chrétiennes et si françaises, la
foule eut un frémissement, et, sans le respect qu'impose le sanctuaire, elle eût confondu dans ses enthousiastes applaudissements le général de Sonis et le
grand orateur qui interprétait si magnifiquement la
pensée de tous.

En terminant son discours, Mgr Pie avait émis le
vœu, que bientôt un temple dédié au Sacré-Cœur de
Jésus, vînt abriter, sous les voûtes de sa crypte, les

ossements des victimes de Loigny et que leurs noms fussent inscrits sur des tables de marbre, afin de réunir dans un même et ineffaçable souvenir les vieux noms de l'aristocratie française, et ceux, ignorés hier mais glorieux aujourd'hui, de ces vaillants soldats qui versèrent généreusement leur sang pour le salut de la France.

Le vœu de Mgr l'évêque de Poitiers avait été devancé par le général de Charette, qui prit l'initiative d'une souscription bientôt couverte de signatures. Le général de Sonis s'en occupait avec une grande activité, car il avait hâte de voir s'élever au-dessus du champ de bataille, une belle église où dormiraient jusqu'à leur éternel réveil ses compagnons de Loigny.

« ... Nous nous occupons de la reconstruction de l'église de Loigny, écrit-il à un de ses amis du Limousin, le 7 mars 1872, et nous avons déjà recueilli cinquante-cinq mille francs.. Il en faut quatre-vingt-dix mille. Si, parmi tes amis, tu connais quelques bons chrétiens aisés, frappe à leur porte de ma part et de la part du Cœur de Jésus.

« ... La dévotion au Sacré-Cœur, disait-il un peu plus tard, c'est celle de Loigny qui ne peut se séparer du culte de Notre-Dame de Lourdes. »

Le général regretta vivement de n'avoir pu se trouver au pieux rendez-vous de Loigny, mais rien ne l'empêchait de remplir l'engagement pris par lui vis-à-vis de Dieu dans la nuit du 2 décembre 1871.

Il choisit pour accomplir son vœu la chapelle des Jésuites de la rue des Postes.

Le P. Du Lac, alors directeur de la célèbre école, a raconté, dans un très intéressant et très remarquable ouvrage (1), l'impression que lui causa la visite inattendue de Sonis.

L'éminent religieux travaillait dans sa cellule, occupée quelques mois auparavant par le P. Ducoudray, fusillé pendant la Commune. On frappe à sa porte. C'était le général. Il ne l'avait jamais vu.

« — Mon Père, dit-il, je viens vous demander la
« permission de passer cette nuit devant le Saint-
« Sacrement dans votre chapelle. »

Voyant l'impression que causait sa demande :

« — Oh ! dit-il en souriant, il ne faut pas me prendre
« pour ce que je ne suis pas. J'acquitte une dette,
« rien de plus. J'ai passé, il y a un an, cette nuit du
« 2 décembre étendu sur la neige, entre la vie et la
« mort, beaucoup plus près de l'une que de l'autre, et
« c'est Dieu qui m'a sauvé. Je lui dois bien une nuit,
« puisque je lui dois la vie.
« J'aurais voulu répondre à l'appel de Charette et
« me rendre aujourd'hui à Patay, mais je suis mem-
« bre de la commission pour la révision des grades
« de la cavalerie. Elle tient séance demain matin.

(1) « *France* ». Dédié aux élèves de Canterbury.

« Je sais que vous aimez bien les zouaves pontifi-
« caux, que vous les avez casernés au Mans et que
« leur drapeau du Sacré Cœur a été gardé là plu-
« sieurs semaines avant de devenir mon fanion. C'est
« pourquoi je suis venu chez vous de préférence, —
« outre que les martyrs ont vécu ici ! » ajouta-t-il
en regardant le portrait du P. Ducoudray.

Et Sonis, qui était un charmant causeur, se mit à
raconter au P. Du Lac cette histoire du drapeau, que
le Jésuite connaissait en partie, grâce aux récits de ses
anciens hôtes, les zouaves.

Tout à coup le son d'une cloche l'arrêta. C'était
l'heure des vêpres. Sonis demanda d'y assister, et le
P. Du Lac le conduisit au fond de la chapelle.

« Les élèves de la rue des Postes, nous dit l'au-
« teur de *France*, chantaient alors et ils chantent
« encore aujourd'hui, je le crois, les vêpres comme
« je ne les ai jamais entendu chanter.

« Les trois cent cinquante voix des Polytechni-
« ciens, des Saint-Cyriens et des Centraux, formant
« la basse, les cinquante petites voix des marins for-
« mant le dessus, l'ensemble était des plus imposants. »

« Puis cette chapelle naguère violée, ces souve-
« nirs de l'année terrible qui s'achevait, l'avenir de
« ces jeunes gens, ces sentiments se heurtaient dans
« l'âme si catholique et si française du général, qui
« pleurait à chaudes larmes. En sortant, il me prit la
« main, et me dit :

« — Oh ! que c'est beau, cela me rappelle les zoua-

« ves. Venez, je vais vous dire la fin, puis vous me
« ramènerez à la chapelle. »

« Il ne voulut rien prendre, pas plus que le lende-
« main matin, quand il partit après avoir communié
« à la première messe. Et, comme je lui parlais de
« fatigue :

« — Fatigue ! me dit-il, une nuit de garde ! »

Ces nuits de garde, ces veillées d'honneur, comme
il les appelait, Sonis en avait depuis longtemps, nous
le savons, contracté la pieuse habitude.

Les travaux de la commission de cavalerie terminés,
le général reprit la route de Rennes, pour rejoindre
sa femme et ses enfants.

La vie de foyer ne saurait franchir le seuil de l'intimité ; nous devons donc laisser dans l'ombre d'intéressants détails qui seront peut-être révélés dans
l'avenir et qui ajouteront un rayon de plus à cette
grande figure contemporaine.

Cependant la famille a tenu trop de place dans la
vie du général de Sonis, il en a pratiqué les devoirs
avec trop d'intelligence, pour ne pas dire un mot de
son dévouement pour les siens et de la touchante sollicitude dont il entourait ses dix enfants.

A Rennes et à Saint-Servan, nous le voyons se faire
l'instituteur de ses plus jeunes fils, et entremêler de
leçons d'algèbre et de latin ses occupations militaires.
L'avenir de ses enfants le préoccupe, et leurs noms

reviennent à chaque page de sa correspondance intime.

« Toutes mes pensées, écrit-il à M. de Sèze, sont
« concentrées sur mes enfants. Je ne sais ce qu'ils
« deviendront. Je crois que Dieu leur donnera du pain,
« mais je ne suis préoccupé que de les voir fidèles
« aux traditions que je leur laisserai. »

Et, de son âme de chrétien, s'échappent ces lignes qui
rappellent la parole de Blanche de Castille à son fils
saint Louis :

« J'aimerais mieux les voir mourir de misère que
« de les savoir impies ou même indifférents, et pour-
« tant Dieu sait si je les aime. Mais qu'est-ce que la
« vie en comparaison de l'éternité ? »
Et encore : « ..... Quel bonheur de façonner ces
« jeunes âmes pour le ciel et de préparer aux luttes
« de ce monde ces jeunes cœurs chrétiens ! Je ne
« pense jamais à cela sans émotion. »

Dieu allait demander à M. et Mᵐᵉ de Sonis un nouveau
sacrifice : celui de leur fille aînée qu'il voulait tout
entière consacrée à son service. Malgré le déchirement
de cœur qu'ils éprouvèrent à la pensée d'une séparation avec cette enfant si tendrement aimée et comblée
par la Providence de tous les dons du cœur et de
l'esprit, les parents s'inclinèrent devant sa vocation,
et la laissèrent libre de suivre l'appel de Jésus.
En 1872, après un séjour au Sacré-Cœur de Rennes,

MORT DU COMMANDANT DE TROUSSURES

comme postulante, Mlle Marie de Sonis partit pour le noviciat de Conflans.

Voici en quels termes le général prévient son vieil ami, le vicomte de l'H..., de la détermination de sa fille. C'est le langage chrétien dans sa plus touchante simplicité.

« ... Je garde pour la fin de cette lettre l'annonce
« que je te fais de l'entrée de ma fille aînée Marie au
« Sacré-Cœur.

« Elle doit partir pour le noviciat de Conflans dans
« les premiers jours de novembre.

« C'est un gros sacrifice pour la nature, mais la
« grâce qui ne nous sera pas refusée nous permettra
« de le faire avec joie.

« A Dieu, bien à Dieu et tout à Dieu. »

Dans les premiers jours de 1873, la famille de Sonis venait à Conflans et en rentrant à Rennes, le général écrivait le 7 février, toujours au vicomte de l'H... :

« ... J'arrive de Paris où j'ai été assister à la prise
« d'habit de ma fille.

« La cérémonie a été fort belle, et a été présidée
« par le Nonce du Pape.

« Le sermon a été prêché par le R. P. Matignon.

« Le bon Dieu m'a fait la grâce de lui faire mon
« sacrifice de grand cœur. J'ai laissé ma femme à
« Paris. Elle va passer huit jours à Conflans auprès
« de sa fille... »

Si pénible que fut cette séparation pour Sonis, il l'accepta cependant avec une douce résignation, car il savait par expérience que les murailles du couvent ne séparent pas les âmes et que les cœurs qui se réfugient au pied de l'autel sont toujours aussi dévoués.

L''amitié si fidèle de ses sœurs lui en était une preuve.

Cette sainte affection d'enfance allait être brisée à son tour.

Au mois de juin 1873, le souverain Maître rappelait à lui la plus jeune des deux sœurs ; celle qui dans le monde s'était appelée Marie de Sonis, et qui portait dans le cloître le nom de Marie du Saint-Sacrement. Le général en eut un profond chagrin, mais les souffrances sont les ailes qui nous emportent au Ciel, et Dieu attirait à Lui l'âme de Sonis en multipliant les épreuves.

Dans les derniers jours de novembre 1875, Mlle de Janvre de Lestortières, la sœur préférée du général, s'éteignit à son tour au Carmel de Coutances, dont elle était prieure depuis quelques années.

Ces deux morts, si rapprochées l'une de l'autre, causèrent à Sonis une immense douleur. C'était tout le passé, tous les souvenirs de ses jeunes années, de sa mère surtout, qu'il avait si tendrement aimée et que lui rappelait si bien sa sœur Joséphine, qui disparaissaient à jamais...

Dieu ne défend pas les larmes ; le saint homme Job en a versé, Marie la mère de douleur a pleuré, et Jésus lui-même n'a-t-il pas versé des larmes sur le tombeau de Lazare ?

Mais les âmes chrétiennes ne doivent pas se laisser accabler par la tristesse et le deuil, ni pleurer « comme ceux qui n'ont pas d'espérance ». Le général de Sonis ne se laissa donc jamais abattre ni par la douleur physique, ni par la douleur morale, et comme ces lames d'acier, merveilleusement trempées, qui plient sous l'effort de la main mais se redressent aussitôt, son âme pouvait se courber un instant sous le poids de la croix, mais elle se relevait bientôt, plus forte et plus vaillante, n'ayant d'autres cris que le *Fiat* de la divine Agonie.

Nous ne saurions mieux faire que de reproduire ici quelques-unes des lettres écrites au lendemain de ces cruelles épreuves. Elles compléteront, pour nos lecteurs, la physionomie de l'admirable chrétien que nous avons essayé d'esquisser.

La première de ces lettres est adressée à son ami de Juilly, M. de l'H...

Rennes, 9 juin 1873.

« Mon cher ami,

« Je te remercie des sympathies que tu me témoi-
« gnes et qui me sont d'autant plus précieuses qu'elles
« viennent de toi.

« La nature a sans doute payé son tribut et c'était
« le moins qu'une séparation en ce monde coûtât
« quelques larmes.

« Ma sœur est morte le jour où elle a obtenu ses
« vingt ans de service au Carmel, service assidu d'un

« cœur qui veut se dépenser tout entier pour son
« Maître et ne pas garder une miette de ce qui n'ap-
« partenait qu'à Dieu seul.

« Elle a passé la journée de cet anniversaire dans la
« joie, et puis lorsque le soir est venu, elle a dit à
« ses sœurs : Il me semble que j'ai fini mon temps et
« que je n'ai plus qu'à mourir.

« Là-dessus elle est allée au chœur pour dire l'of-
« fice de matines qui se termine à onze heures. Elle
« s'est ensuite retirée dans sa cellule pour prendre
« son repos sur sa couche de paille.

« A peine couchée, elle s'est sentie souffrante et on
« s'est empressé autour d'elle ; l'aumônier a été ap-
« pelé, et elle a rendu son âme à Dieu pendant qu'elle
« recevait les préparatifs du départ pour le ciel.

« J'ai pu encore la voir couchée dans son cercueil,
« le visage souriant de ce doux sourire qui ne la
« quittait pas pendant sa rude et si laborieuse vie.

« Béni soit Dieu qui nous donne ces joies que le
« monde ne peut pas connaître, et qui permet que
« notre cœur se dilate dans les tribulations.

« J'ai peu de temps pour causer avec toi. Je suis
« attelé à un char qui ne se repose guère, et c'est
« moins le moment que jamais. Nous respirons depuis
« le 24, jour béni où la sainte Vierge s'est montrée.
« Aveugles sont ceux qui ne savent pas reconnaître sa
« main. Mais quel sera le terme de tout cela ? car
« nous sommes toujours dans le provisoire.

« A Dieu, mon cher ami. Soyons bien étroitement
« unis dans le cœur de Jésus qu'il faut servir *très*, *très*,
« *très* fidèlement et chaque jour de mieux en mieux,

« car tu peux croire que nous ne sommes pas loin des
« temps où ce cœur adorable fera éclater sa puissance.
« Toujours à toi en Notre-Seigneur. »

Nous retrouvons cette même surélévation de pensées dans les lignes suivantes, datées du lendemain 10 juin :

« ... Je viens de rentrer de Poitiers où j'ai con-
« duit à sa dernière demeure ma sœur morte encore
« jeune, après un séjour de vingt ans au Carmel et
« une vie tout entière consacrée au service de Dieu.
« *Sursum corda !*
« Il faut, vous comme moi, nous inspirer des exemples
« qui sont un honneur pour nos familles et ne penser
« à nos chers morts que pour les imiter.
« Continuons à combattre le bon combat et espérons
« jusqu'au bout au répit inespéré que la Providence
« nous a accordé. Nous verrons luire, après, le jour
« de sa justice..... »

Avec quelle religieuse et touchante simplicité il annonce au supérieur des Jésuites de Castres, la mort de sa sœur, Mme Marie-Thérèse de Jésus :

« ... Ma chère Mère prieure est entrée dans l'éter-
« nité, la main levée pour bénir ses filles en religion
« agenouillées autour d'elle.
« Quelques minutes avant de quitter ce monde elle
« m'a fait dire que c'était chose très douce de mou-
« rir. »

« Enfin, les yeux fixés sur l'image du divin Enfant,
« elle a murmuré de sa voix mourante : « Que tu es
« beau, mon Dieu ! mais je vais te voir plus beau
« encore ! »

« J'ai un sentiment profond de son salut bien assuré,
« car je n'ai pas connu d'âme plus dévouée, plus
« ardente au bien, ayant plus de soif de sacrifices et
« d'immolations, et aussi plus humble.

« C'est surtout pour cela que je veux rester dans
« son esprit, qui est le véritable esprit chrétien, et
« que je la recommande à vos prières..... »

Quelques semaines auparavant, il avait écrit à
M. Gaston de l'H... :

Saint-Servan, le 27 novembre 1873.

« Mon cher ami,

« C'est à ma porte que la mort frappe cette fois, et
« je viens t'annoncer l'épreuve que le bon Dieu m'en-
« voie.

« Ma chère et bien-aimée sœur Marie-Thérèse de
« Jésus est morte le 22 à trois heures du soir, au
« Carmel de Coutances, dont elle était prieure.

« Je l'avais laissée il y a un mois, pleine de santé, et
« je ne me doutais pas que je lui disais un dernier
« adieu.

« Elle a été enlevée en quatre jours par une fluxion
« de poitrine qui lui a laissé la connaissance jus-
« qu'au dernier moment.

« Sa dernière parole a été :

« Je ne croyais pas qu'il fût si bon de mourir !... »

« Elle est au terme de ses travaux et j'ai la douce
« confiance qu'elle a reçu sa récompense. Je la
« recommande cependant à tes prières, *moi qui suis*
« *si fidèle à prier pour tes deux chères âmes, Cyprien*
« *et sa mère.*

« Oui, prions et souffrons ensemble !

« Au moment de partir pour aller assister à son
« enterrement, Notre-Seigneur m'a cloué sur ma
« chaise par des douleurs qui ne me permettent pas
« de faire un pas.

« J'ai donc été privé de prier sur le corps de cette
« sainte amie et j'ai reconnu là l'empreinte de cette
« main qui a été clouée sur la croix.

« Bien à Dieu et toujours.

« G. DE SONIS. »

Le général fait ici allusion aux deuils récents qui
venaient d'accabler le gentilhomme limousin.

Nous avons trouvé parmi les documents qui nous
ont été confiés, plusieurs lettres écrites par Sonis à
son ami, à l'heure des cruelles angoisses du vicomte de l'H..., au sujet de la santé de sa femme et
de son fils, et bientôt après, hélas ! au lendemain de
leur mort. Nous n'avons pas hésité à transcrire ces
admirables pages.

Les inquiétudes, la maladie, la mort, l'épreuve enfin
avec son triste cortège frappe à toutes les portes, et
il nous a semblé que les pensées surélevées du géné-

ral de Sonis pouvaient consoler d'autres douleurs et sécher des larmes non moins amères, en montrant aux âmes affligées, meurtries, la vraie source de toutes les résignations, parce qu'elle est celle de toutes les espérances.

Voici donc ces lettres. La première fut écrite de Rennes ; les trois autres sont datées de Saint-Servan deux ans plus tard.

Rennes, le 6 octobre 1872.

« Mon pauvre ami,

« Je viens de rentrer à Rennes après avoir terminé
« ma tournée d'inspection générale et je trouve ici ta
« bonne et affectueuse et aussi triste lettre.

« Je te suis bien uni dans ta douleur et aussi dans
« ta joie, car tu es de ceux qui voient clair et dont les
« yeux percent les nuages qui enveloppent notre
« pauvre monde.

« Donc *Sursum corda !* — Ah ! ce *sursum* est bien
« une grande chose et il fait bon y penser souvent.

« C'est là qu'habite ton petit ange avec ceux qui
« ont quitté mon foyer. — Ils sont tous là-haut,
« occupés à chanter les gloires de Dieu, et trouvent
« que nous ne devons pas nous plaindre, de les savoir
« si bien placés et délivrés de si lourdes chaînes.

« Les yeux du corps pleurent, et c'est justice ; mais
« que le cœur se dilate !

« On peut te parler ce langage, à toi, mon cher
« ami, dont le cœur est si haut placé.

« J'aime à te dire ces choses aujourd'hui, fête du
« Saint-Rosaire. Il me semble que je suis tout impré-
« gné de la sainte rosée qui est tombée sur la France
« depuis ce matin.

« J'espérais pouvoir aller à Lourdes, mais Notre-
« Seigneur ne l'a pas permis.

« C'est une grande privation pour moi. »

. . . .

Saint-Servan, le 17 septembre 1874.

« Je viens de rentrer à Saint-Servan, mon cher ami,
« après une longue absence motivée par ma tournée
« d'inspection générale. Ta lettre a couru après moi,
« et c'est aujourd'hui seulement que j'y réponds tandis
« que j'aurais voulu te dire plus tôt combien je te suis
« tendrement uni dans tes angoisses.

« Mon pauvre ami, Notre-Seigneur t'associe en ce
« moment à sa passion.

« Tu portes un peu cette croix qui fut si lourde,
« mais qui sauva le monde.

« Je ne voudrais pas te laisser seul à ce cher mi-
« nistère et soulever un peu de ton fardeau, mais
« j'aime à regarder au-delà... et au bout du chemin
« royal que tu parcours en ce moment, je vois ce
« Maître qui regarde avec complaisance son bon ser-
« viteur.

« C'est lui-même qui te serrera dans ses bras lors-

« que tu seras arrivé au terme de ta voie douloureuse,
« et c'est lui qui sera ta récompense...

« Voilà ce que j'aime à penser et à te dire de la
« part de notre doux Seigneur, qui ne nous afflige
« que pour un temps, certains que nous sommes que
« tant de peines et de tribulations ne sont qu'un vent
« qui passe et qui ne saurait affaiblir notre foi ; vent
« si léger qu'il ne peut rien diminuer des consola-
« tions associées aux amertumes de la Croix.

« Oui, mon cher et bien excellent ami, crois bien
« que tous les cœurs qui battent ici vibrent à l'unis-
« son du tien ; que toutes les prières qui montent au
« ciel d'ici disent ton nom.

« Puisse Notre-Seigneur écouter notre voix et te
« donner ce que tu désires, la santé de ta chère
« femme, conserver la mère de ces pauvres enfants.

« La mère de tes enfants... Que de choses dans
« ces quelques mots... C'est toute la vie... C'est plus
« que la vie... car il semble qu'il n'y a plus de vie
« lorsque la mère n'est plus là !...

« Mon pauvre ami, courage !

« Que Notre-Seigneur te tienne par la main et te
« soutienne, qu'Il te donne la force.

« Il faut vouloir tout ce qu'Il veut, et nous ne serions
« pas dignes du nom chrétien si nous ne bénissions
« la main qui nous frappe.

« Donne-moi des nouvelles, un mot seulement. Je
« t'embrasse en frère qui t'aime bien.

« G. DE SONIS. »

Saint-Servan, le 29 octobre 1874.

« Mon bien cher ami,

« Si j'avais été auprès de toi au moment de l'é-
« preuve, je t'aurais serré la main, sûr que ton cœur
« savait tout ce que ma bouche aurait pu t'exprimer.

« Eloigné de toi, j'ai dû laisser passer un peu de
« temps sur ta douleur et ne pas troubler le silence
« qui s'est fait à ton foyer autour de cette place qui
« fut la première et qui est vide aujourd'hui.

« Il faut de ces douleurs-là pour comprendre la
« vie, et qui ne les a pas ressenties ne connaît pas
« la mesure du cœur de l'homme, façonné sur le divin
« modèle du cœur de Jésus-Christ.

« Si je me suis tu, j'ai prié avec toi, et c'est avec
« une ferme confiance d'être exaucé que j'ai demandé
« à Dieu de te donner la force dont tu as besoin pour
« mener à bonne fin la rude tâche de l'éducation de
« ce cher petit monde qui t'entoure.

« Nous autres chrétiens, nourris d'ailleurs d'espé-
« rances immortelles, ne devons-nous pas croire que
« les âmes qui nous sont chères et qui sont parties
« pour le ciel, ne cessent point de veiller sur nous ?

« Oh! certainement, mon bien cher ami, le minis-
« tère de cette tendre mère est assuré à tes enfants,
« assuré surtout à ceux qui, ayant quitté ton toit,
« sont exposés à toutes les attaques du Prince de ce
« monde, à tant d'embûches, à tant de pièges et de
« tentations.

« J'ai confiance que cette bonne mère sera, de la
« Patrie qu'elle a conquise, plus utile à ton Pierre
« qu'elle ne pouvait l'être de sa demeure. De là-haut,
« elle veillera sur lui, son céleste regard percera son
« cœur de jeune homme, et je suis sûr qu'elle sera
« la sauvegarde de sa pureté ! cette aimable, cette
« sainte vertu qui n'est plus qu'un souvenir dans
« notre triste génération.

« Voilà, mon bien cher ami, ce que mon cœur te
« dit ; mais ce qu'il n'a pas besoin d'ajouter, c'est que
« je te suis bien tendrement uni, dans la peine surtout,
« uni dans la prière et dans le sacrifice.

« Je te serre la main.

« Ton vieil ami,

« G. DE SONIS. »

Saint-Servan, 15 novembre 1874.

« Mon cher ami,

« Je te remercie de ta lettre et des deux pieux sou-
« venirs qu'elle contenait.

« Je ne fais pas une communion sans que le nom
« de ton cher Cyprien ne se trouve sur mes lèvres.
« J'ai une grande dévotion aux âmes du purgatoire, et
« si Dieu permet que je fasse un tout petit peu de
« bien en ce monde, il lui est offert à leur intention.

« Courage, mon cher ami, encore un peu de ce rude
« chemin dans lequel Notre-Seigneur t'a engagé à
« sa suite et tu touches à la récompense.

« Qu'elle sera belle ta couronne et que ta joie sera
« grande à ce bienheureux moment !

« A Dieu, mon cher ami, je te serre la main de tout
« cœur et te suis toujours bien uni aux pieds de la
« croix.

« G. DE SONIS. »

CHAPITRE XVII

« O Jésus ! disait Sonis, que je sois crucifié, mais
crucifié par vous ! »

Ce vœu, véritablement surhumain, allait être réa-
lisé une fois de plus.

C'était à la fin de 1873 ; le général commandait
encore la division de Rennes et avait l'habitude, quand
il n'était pas retenu chez lui par ses obligations militaires, de faire chaque matin une longue promenade
à cheval.

L'antique capitale bretonne, si fière de son Thabor (1), a, comme toutes les anciennes villes, des faubourgs aux ruelles étroites et tortueuses.

Un jour que Sonis traversait un de ces misérables quartiers, il se trouva soudain en face d'une femme très âgée, qui pliait sous un de ces immenses fagots que font les malheureux ; lourde gerbe d'hiver glanée parmi les bois morts !

Le général montait une fort belle jument, excessivement ombrageuse. La bête prit peur, et, d'un brusque mouvement, se renversa en arrière, entraînant son cavalier. Aux cris de la pauvresse, on accourt de tous côtés. Sonis est l'idole des humbles, car il en est la providence. On s'empresse autour de lui, on le dégage.

« — Ce n'est rien, dit l'indomptable soldat, je vais remonter », et il veut essayer de se relever, mais tous ses efforts sont inutiles et malgré son énergie il lui est impossible de se tenir debout.

Dans sa chute il s'était brisé la jambe droite. Désolés de l'accident arrivé à leur général, les habitants du faubourg improvisent une civière et le transportent à l'hôtel de la division. On juge de l'effroi de Mme de Sonis en voyant ramener ainsi son mari.

Le général, toujours maître de lui, dominant ses cruelles souffrances, trouvait la force de calmer les inquiétudes des siens, de leur sourire, et, comme à Loigny, il remerciait Dieu de l'avoir associé aux douleurs de sa passion.

Les suites de cet accident furent très longues et très pénibles.

(1) Célèbre promenade de Rennes.

Sonis vint se faire soigner à Paris chez les Frères de Saint-Jean de Dieu, et le Père Du Lac, qui le vit alors, raconte qu'il souffrait le martyre avec un calme, une douceur inaltérables.

Il reprit cependant aussitôt ses occupations, et peu de temps après, il écrivait la lettre suivante :

Rennes, le 11 février 1874.

« Mon bien cher ami,

« Je trouve ton petit mot daté du 28 novembre, au
« milieu d'une montagne de lettres, arrivées pendant
« que j'étais cloué dans mon lit, et je vais essayer d'y
« répondre en deux mots, ou plutôt te remercier du
« témoignage de cette vieille et bonne amitié qui
« m'est si précieuse.

« Voilà près de trois mois que je suis impotent et
« à peu près réduit à l'état d'un homme qui aurait
« ses deux jambes coupées ; je ne marche pas encore
« autrement qu'accroché au bras d'un de mes hom-
« mes, et je ne puis même faire, comme cela, que
« quelques pas dans ma chambre !

« On vient de me mettre, à trois reprises diffé-
« rentes, le feu comme à un vieux cheval que je suis.
« Je crois ce remède très efficace et je commence à
« m'en trouver bien, quoique la dernière opération
« ait eu lieu ce matin.

« J'ai cependant été à Paris pour le classement de
« la cavalerie ; j'avais à défendre les droits des offi-
« ciers que j'ai inspectés et je ne pouvais faire défaut.

« Malgré ma bonne volonté, je n'ai pu arriver au
« commencement des opérations, mais j'ai fait ce que
« j'ai pu. J'ai dû pour cela me faire porter au minis-
« tère.

« A Dieu, mon cher ami, courage et toujours cou-
« rage. Je te serre les deux mains.

« Ton vieil ami,

« G. DE SONIS. »

Le général de Sonis ne souffrait pas seulement du
cruel accident qui lui avait brisé la jambe.

Après la nuit de Loigny où blessé, mourant, il avait
été presque enseveli sous la neige, une violente
pleurésie s'était déclarée et elle serait devenue mortelle, si Dieu n'avait pas voulu donner à la terre, pendant dix-sept ans, l'édifiant spectacle de cette lutte
héroïque « ... entre une âme grandie par la souf-
« france et les restes d'un corps devenu impuissant à
« la servir (1). »

Les pleurésies atteignent toujours profondément
l'organisme et réclament de ceux qui en ont été
atteints de minutieuses précautions et beaucoup de
ménagements qui étaient tout à fait incompatibles
avec la nature ardente de Sonis.

Levé de grand matin, il sortait par tous les temps
pour assister à la messe ; chargé d'une inspection
générale dans plusieurs départements, il ne comptait
jamais avec la fatigue ou le froid. Lui-même va nous
dire le résultat de ces imprudences journalières.

(1) Mgr Freppel, oraison funèbre.

«   ... Ta lettre est sur ma table comme un reproche
« vivant, écrit-il le 7 mars 1872 à M. de l'H... Mais
« je suis d'autant moins coupable que je suis malade
« depuis un mois.

« J'ai d'abord souffert de ma malheureuse jambe,
« et j'ai une bronchite qui menace de passer à l'état
« chronique et me forcera sans doute à aller passer
« une saison aux Eaux-Bonnes... »

Et sans plus se plaindre, il s'occupe des intérêts
de famille de son ami avec une touchante sollicitude.
Cependant il manifeste un regret à la fin de sa lettre,
c'est celui de ne pouvoir assister au banquet des
anciens élèves de Juilly, mais avec quelle simplicité
il l'exprime !

« On m'avait offert la présidence du banquet de
« Juilly qui aura lieu le 12 de ce mois, au réfectoire
« du collège. Mon état de santé et mes occupations
« ne m'ont pas permis d'accepter. J'aurais pourtant
« été bien heureux de revoir les murs de ce vieux
« collège (1)... »

« ... J'espère, dit-il encore à son ami, que la santé
« de ton jeune fils s'améliore. J'approuve fort la pen-
« sée de l'amener à Lourdes. Je serais bien heureux
« si ton voyage pouvait coïncider avec celui que je

______

(1) Depuis 1867, la Congrégation de l'Oratoire, rétablie en
France par les soins du P. Petetot, a repris possession du collège fondé par le cardinal de Bérulle. Juilly est actuellement
dirigé par le R. P. Chauvin, un des membres les plus éminents
de la célèbre Congrégation.

« compte faire aux Pyrénées. Je m'arrêterai néces-
« sairement au moins un jour à Lourdes.

« Ma foi est de plus en plus vive à la Vierge Im-
« maculée, qui m'a donné du reste des marques si
« patentes de sa protection. »

Ce pèlerinage si désiré ne put s'accomplir. « Je
« vois qu'il faut, pour cette année, renoncer à un
« voyage aux Pyrénées. Je vais d'ailleurs assez bien,
« grâce à un traitement au goudron qui m'a bien
« réussi, » écrit-il encore au vicomte de l'H...

A la suite d'un refroidissement, Sonis eut une
rechute assez grave. On était en hiver; le climat
humide de la Bretagne parut nuisible et les médecins lui ordonnèrent de passer quelques semaines à
Amélie-les-Bains.

Le général se soumit aux prescriptions des hommes
de science, mais il croyait bien plus à l'intervention
divine qu'aux remèdes humains.

Un religieux de la Compagnie de Jésus, qui connaissait la foi de Sonis, lui envoya une relique du P. de
la Colombière, en lui annonçant qu'il allait commencer
une neuvaine au bienheureux apôtre du Sacré-Cœur
pour demander sa guérison.

Cette neuvaine, le général va s'y unir de toute son
âme, et après avoir remercié d'abord le Révérend Père
de sa touchante attention, il ajoute :

« ... Je commencerai, le dimanche de la Quinqua-
« gésime, la neuvaine qui devra se terminer le lundi
« 15 février.

« Grâce à votre pieux concours, le serviteur de
« Dieu voudra peut-être s'intéresser à ma santé ; s'il
« en est autrement, ce sera pour moi une preuve de
« plus qu'il est dans les desseins de Dieu que je garde
« mon mal, et tout ce que Dieu fait est bien fait ! »

Dieu voulait, en effet, éprouver encore sa patience
et le mieux ne vint pas ; cependant le malade ne perdait pas confiance, et il écrivait au même religieux,
le 19 février :

« ... Je vois que vous ne voulez pas que je me décou-
« rage, et vous avez raison. Je recommencerai donc
« dimanche prochain une neuvaine au serviteur de
« Dieu qui ne m'a pas exaucé la première fois, quoique
« je l'aie prié avec la ferveur dont je suis capable.
« Quoi qu'il arrive, j'ai la ferme confiance de ne
« pas perdre le fruit de tant de prières et de recueil-
« lir pour mon âme le secours qui, dans les desseins
« de Dieu, pourrait être refusé à mon corps. »

Quelle douce résignation, quelle humble acceptation de la souffrance à travers ces lignes si simplement écrites !

Sonis ne parle de « ses misères » que pour s'excuser de n'avoir pas répondu à une lettre, remercié
d'un souvenir. « ... Parti pour les Pyrénées en très
« bonne santé, j'en suis revenu couché dans un
« coupé-lit..... J'ai dû supporter une opération dou-
« loureuse et voilà longtemps que je n'ai pu quitter
« mon fauteuil.

«Ces petites misères me vaudront, je l'espère. votre
« indulgence. »

Quelque temps après son retour d'Amélie-les-Bains,
le général eut à venir à Paris pour une inspection.
Les instances de sa famille et de ses amis le décidèrent
alors à consulter les docteurs Beaumetz et Gosselin
qui lui ordonnèrent une saison à Barèges.

Le pieux mutilé se soumit d'autant plus volontiers
à cette ordonnance que le voyage de Barèges lui
permettait celui de Lourdes.

Au mois de juin 1876, il retournait donc dans les
Pyrénées. « ... Je suis venu essayer l'effet de ces eaux,
« écrit-il au R. P. Ginhac, le vénérable supérieur des
« Jésuites de Castres, la sainte Vierge n'ayant pas
« jugé à propos de me guérir à Lourdes.

« Je n'en suis pas moins passé à ce béni sanctuaire
« pour demander à la Reine du Ciel de donner de
« l'efficacité aux eaux thermales. »

Inébranlable dans sa foi, le soldat du Christ ne
perd point courage, et en quittant Barèges il revient
passer une journée à Lourdes. « J'espérais guérir là,
dira-t-il plus tard à ses amis. » Puis, comme s'il avait
peur que l'insuccès de son pèlerinage ne diminuât la
confiance des siens en la Vierge Immaculée, il s'empressait d'ajouter : « A dire vrai, je n'ai demandé
« qu'une chose en matière de guérison : la possibi-
« lité de faire quelques cinquante pas, et vous voyez
« que je les fais ! »

En quittant Lourdes, Sonis s'arrêta à Tarbes, pour
revoir ses excellents amis, le vicomte et la vicomtesse de Gauville, qui furent vivement émus de ses

souffrances et de l'admirable résignation avec laquelle il les supportait. Malgré leurs instances, le général les quitta bientôt pour se rendre à Castres.

Le chef de la famille, M. Roger, n'était plus. Deux ans auparavant, au mois de février 1874, sa fille avait dû quitter Rennes en toute hâte pour recevoir son dernier soupir.

Nous avons trouvé dans les lettres du général quelques lignes relatives à ce douloureux événement. « .... Ma pauvre femme vient de partir pour Castres, appelée par un télégramme qui lui annonce que son père se meurt. Elle-même était très souffrante, et je me demande comment se fera ce voyage? Il est vrai que Notre-Seigneur l'accompagne », ajoute-t-il aussitôt avec son inébranlable confiance en son divin Maître.

La mort de M. Roger n'avait pas rompu les liens de famille, ainsi que cela arrive trop souvent; et c'était pour être le parrain de son neveu, que Sonis venait dans la petite ville languedocienne, où sa présence était un événement et un honneur.

Mais parmi les habitants de Castres, il n'en était pas qui fussent plus heureux de son arrivée que les Pères Jésuites, dont il devenait l'hôte assidu pendant ses trop courts séjours dans le Midi. Les pieux religieux vénéraient le saint officier et ses visites étaient toujours impatiemment attendues.

Il s'empressa donc d'écrire au P. Ginhac, qu'il affectionnait tout particulièrement:

« Je tiens à vous dire que dans la matinée de lundi

« je me rendrai à votre chapelle : je veux faire la
« Sainte-Ignace.

« Après la messe, j'aurai l'honneur et le bonheur
« de vous présenter mes respects avant de me ren-
« dre au cimetière, et je n'ai pas besoin de vous dire
« combien je serai heureux de revoir aussi cet autel
« du sacré Cœur au pied duquel j'ai reçu tant de
« grâces. »

Cette visite au cimetière, dont parle Sonis, avait
pour motif une très douloureuse cérémonie. Il s'agissait d'exhumer les restes de la chère petite fille morte
en 1862, et de les faire transporter dans un caveau
de famille qu'on venait de terminer. C'était pour le
général un pieux devoir et une douce consolation
d'aller prier sur les tombes de ceux qu'il avait tendrement aimés. Il savait « que la mort n'est pas tout
« à fait la mort pour les croyants, qu'elle leur cache
« ou plutôt leur voile légèrement ces êtres chers qui
« bientôt redeviennent présents et, d'une certaine
« manière, visibles (1). »

Après avoir édifié pendant environ trois ans la
ville de Rennes, le général fut envoyé à Saint-Servan,
où il continua jusqu'aux premiers jours de 1880 ce
merveilleux apostolat de l'exemple, qui n'était pas
sans étonner les esprits vulgaires et superficiels.

« ... On ne peut pas être un vrai chrétien sans qu'on
« vous regarde comme une bête curieuse », écrivait-
il à un de ses amis.

(1) Louis Veuillot, Correspondance.

Mais Sonis n'avait jamais connu cette honteuse faiblesse, indigne d'un grand cœur, qui s'appelle le respect humain, et trouvant que la plus grande gloire est de servir le Roi du ciel, il affirmait hautement sa foi et ses croyances.

A Rennes, il suivait tête nue la procession du Saint-Sacrement, entouré de son état-major qui s'honorait d'imiter l'exemple de son chef, et on n'a pas encore oublié à Saint-Servan ses visites à l'hôpital, où le vendredi saint il lavait les pieds des pauvres.

Le seul luxe de son cabinet de travail, à Limoges, était une très belle statue du Sacré-Cœur devant laquelle brûlait constamment une petite lampe.

A Castres, il faisait partie d'une congrégation pieuse dont les exercices, auxquels il ne manquait jamais, avaient lieu dans la chapelle des Pères Jésuites.

Après la guerre, on lui avait réservé un fauteuil dans le chœur, sous prétexte qu'il était ainsi plus près du prêtre qui venait lui donner la communion à sa place, car il ne marchait encore que très difficilement. Cette place d'honneur effaroucha bientôt la modestie du général, et malgré toutes les instances, il ne voulut plus l'accepter. Appuyé au bras d'un ami, il se rendait à la sainte Table et le soldat du Christ recevait son Maître debout comme au port d'armes

Il nous faudrait un volume pour redire les traits d'édification qui nous ont été transmis de tous côtés et combien d'œuvres pieuses sont restées dans l'ombre, n'ayant eu que Dieu seul pour témoin !

Les admirables enseignements qui se dégagent de

la vie du général de Sonis, peuvent se résumer, au point de vue religieux comme au point de vue militaire, par ces quatre mots : « *Quarante ans de service !* »

Nous avons répété bien souvent dans le cours de cette étude que Sonis, au milieu de ses occupations et de ses souffrances, trouvait du temps pour tout. La preuve en est dans cette volumineuse correspondance, dont une partie, et la plus intéressante peut-être, a été malheureusement détruite après la mort de ses sœurs les Carmélites et après la sienne.

La plupart des lettres qui ont été conservées sont écrites en courant et souvent interrompues ; mais il y a dans toutes, un tel accent de patriotisme, une si grande élévation de pensées, un si complet abandon à la volonté divine, qu'il nous a semblé utile d'en donner encore quelques extraits.

« J'ai des montagnes de lettres », écrivait parfois le général à ses intimes en s'excusant de ne pas leur répondre assez vite...

A ces montagnes de lettres venaient s'ajouter les multiples occupations militaires, qui chez ce soldat passionné passaient toujours en première ligne.

« ... Je n'ai plus le temps d'écrire et je me borne à de véritables bulletins de correspondance, tant je suis surchargé d'occupations.

« J'arrive de Versailles et je vais repartir pour ma tournée d'inspection à Nantes, Amiens, Tours, Angers, le Mans et Pontivy. Je ne serai pas moins d'un mois et demi ou deux mois absent... »

« ... Je suis très occupé, dit-il encore, et n'ai pas

le temps aujourd'hui de causer avec toi. Je te suis toujours bien fidèlement uni par la prière. Je ne manque jamais à ce rendez-vous-là.

« Je te serre la main. *Toto corde* (1).

De tout cœur ! Ces deux mots résument admirablement toute l'existence du général. C'est de *tout cœur*, sans retour sur lui-même, qu'il se donnait toujours à Dieu ; c'est de *tout cœur*, sans arrière-pensée aucune, qu'il se dévouait toujours à son pays, à sa famille, à ses amis.

L'activité de Sonis n'avait pas ce caractère fébrile des activités humaines, qui n'ont pour bases que l'ambition et l'orgueil. Au plus fort de ses occupations et de ses travaux comme en face de l'ennemi, il restait toujours calme et maître de lui, car il puisait son activité et sa bravoure à la source de tous les grands sentiments et de toutes les vertus, dans l'amour de Dieu.

« Je ne suis qu'une misérable nature d'homme com-
« blée des grâces de Dieu, écrit-il à Dom Victor Sar-
« lat, ancien officier de marine qui était entré chez les
« Bénédictins de Solesmes, et ayant bien peu fait pour
« témoigner toute sa reconnaissance à un si bon Maître.
« Il est vrai que j'aime Dieu. Oh ! je voudrais l'aimer
« plus encore, mais combien je fais peu pour lui témoi-
« gner mon amour ! »

Ce *peu* que faisait Sonis, c'était un abandon com-

(1) Lettre adressée à M. de l'H...

plet de sa volonté à la volonté divine, une acceptation parfaite de ses souffrances, une soumission d'un autre âge aux prescriptions de l'Eglise, la pratique austère de sa règle, un dévouement sans bornes et une ardente charité pour le prochain, que, par amour pour Dieu, il aimait bien plus que lui-même.

Mais s'il était heureux de soulager les souffrances matérielles de la vie, il était surtout préoccupé d'éviter aux âmes les souffrances de l'éternité.

La nouvelle d'une mort édifiante lui causait une sainte joie, et il exprime son tendre intérêt des âmes dans la lettre suivante qu'il écrit au R. P. Peigné :

Rennes, 16 mars 1872.

« Monsieur l'abbé,

« Mon état de santé ne s'est pas beaucoup amélioré
« depuis que j'ai eu le plaisir de vous voir, et je vous
« prie d'excuser le retard que j'ai mis à vous répondre
« et à vous remercier des brochures que vous m'avez
« envoyées.

« J'avais déjà lu le discours de M. le Vicaire
« général de Nantes, arrivé il y a trois semaines
« sans que la poste ait pu m'indiquer le nom de
« l'expéditeur ; je n'ai pu ainsi remercier la personne
« qui avait bien voulu penser à moi, quoique j'aie un
« peu supposé que vous étiez capable de cette gra-
« cieuse attention à mon endroit : je dis gracieuse, je
« devrais dire trop gracieuse, car M. l'abbé Pergeline
« a lié à mon nom deux épithètes que je ne mérite
« pas.

« Le discours de M. le Vicaire général et le récit
« de Mlle G... m'ont extrêmement édifié.

« Je ne sais rien de plus suave, de plus angéli-
« que, de plus digne d'envie que la mort de cet incom-
« parable jeune homme.

« Cette lecture est bien faite pour réchauffer le
« zèle des plus tièdes, et j'estime que ce pauvre jeune
« homme, qui a dû faire tant de bien pendant sa vie,
« qui au moment de mourir avait encore soif du salut
« des âmes, rappellera encore au devoir et à Dieu les
« indifférents qui auront occasion de lire les admi-
« rables pages que vous m'avez fait lire et qui font si
« bien connaître cette âme séraphique.

« Aussi bien, je ne sais rien de touchant comme
« les paroles sublimes échappées des lèvres de ses
« pieux parents.

« Quel père! Quelle sœur!

« Il fait bon de se dire qu'il y a encore, dans notre
« société malade, quelques âmes où la foi brille du
« plus pur éclat des premiers temps du christianisme
« et des familles comme celles de M. C... Veuillez le
« remercier de l'exemplaire que vous avez bien voulu
« m'envoyer de sa part, et me recommander un peu à
« ses prières. Je présente mes respects à Monsieur
« votre supérieur. Si jamais je passe à Nantes, il peut
« compter que j'irai frapper à la porte de l'Immacu-
« lée-Conception. Je remercie aussi mon ami Rose,
« colonel du 10e régiment de dragons, en garnison à
« Nantes, de son bon souvenir. J'essaie de mettre en
« train l'œuvre des militaires, mais c'est bien diffi-
« cile... »

La grande bienveillance de Sonis n'excluait pas chez lui l'esprit de justice, et il lui arriva souvent de se montrer inflexible quand les faveurs demandées ne lui semblaient pas avoir de motifs assez sérieux pour être accordées.

C'est ainsi qu'ayant été prié par un prêtre de dispenser un jeune soldat de la chambrée, sous prétexte qu'il était trop bon chrétien pour l'exposer à un dangereux voisinage, il s'y refusa absolument. Voici les raisons que le général donne à l'abbé :

Rennes, le 19 juin 1872.

« Monsieur l'abbé,

« Je ne veux pas vous faire attendre ma réponse.
« Ce que vous me demandez ne me paraît pas pos-
« sible, et de plus, je crois qu'il est digne d'un chré-
« tien véritable de ne pas redouter les difficultés
« lorsque Dieu les impose ; il faut les accepter.

« Il a ses vues, et la présence d'un jeune homme
« pieux dans une chambrée peut faire plus de bien
« qu'on ne le suppose.

« Dans nos temps malheureux, il faut se retremper
« aux sources vives de la foi et avoir l'œil sur les
« martyrs.

« Pour faire autrement, il faut toujours ne pas faire
« moins qu'eux et ne rien refuser à Dieu.

« Voilà l'expression de mon opinion.

« Cela dit, croyez que je ferai tout ce qui sera pos-
« sible pour venir en aide au bon jeune homme dont

« vous me parlez et dont le nom m'est si sympathique.

« J'irai peut-être vous voir à N... ; car sans en
« être encore bien certain, je crois que je serai
« chargé de l'inspection générale du régiment de dra-
« gons qui est à N...

« Veuillez agréer, Monsieur l'abbé, l'assurance de
« mon respectueux attachement.

« G. DE SONIS. »

Si le général de Sonis trouvait qu'un « chrétien ne
doit rien refuser à Dieu », on pense avec quelle énergie il devait blâmer le duel ; cette tradition d'une
époque disparue.

La seule, peut-être, que notre société moderne ait
conservée.

Voici ce qu'il écrivait à ce sujet au père d'un jeune
officier qui avait servi sous ses ordres pendant la
guerre :

« Je suis très peiné de l'affaire de P... Sans doute
« elle a dû lui valoir de nombreuses poignées de
« main. Je connais cela, mais : *Mieux vaut un affront
« pour l'amour de Jésus-Christ.* Je sais bien que tous
« les gentilshommes ne tiennent pas ce langage, mais
« il n'y a pas deux religions de la Croix.

« Fais-lui mes amitiés *quand même.* »

Après la guerre de 1870-71, la France entière était
bouleversée et le tiers de son territoire couvert de
ruines et de débris, tristes suites de l'invasion.
Comme après la tempête on leva les yeux au ciel,

comprenant enfin que la prière et la réparation pouvaient seules suspendre les effets de la colère divine.

L'assemblée monarchique et religieuse élue au mois de février 1871, vota l'érection d'une basilique au sacré Cœur de Jésus par la *France pénitente et dévouée*, puis de nombreux pèlerinages s'organisèrent à Lourdes et à Paray-le-Monial. En 1873, il y eut une sorte de consécration nationale dans cette chapelle du couvent de la Visitation où, en 1689, Notre-Seigneur était apparu à une humble religieuse pour lui demander des prières solennelles en l'honneur de son Cœur « *qui a tant aimé les hommes* ». Le plus imposant de tous ces pèlerinages fut celui du 20 juin.

Charette avait convoqué ses zouaves, et l'étendard de Loigny devait être déployé près de l'autel. Le général de Sonis, qui ne manquait jamais aux rendez-vous de la prière, vint se joindre à ses anciens compagnons de bataille.

Le temps était splendide et la foule immense. Après la messe qui fut dite devant la châsse où reposent les restes de la Bienheureuse Marguerite-Marie Alacoque, l'imposante procession sortit au chant de ce cantique du Sacré-Cœur qui retentit depuis 1871 sous les voûtes de toutes les églises de France comme un suprême appel à la miséricorde divine. Chaque diocèse marchait avec sa bannière. Derrière celle de l'Alsace voilée d'un crêpe, venaient les généraux de Sonis et de Charette, suivis de tous les anciens officiers des volontaires de l'Ouest.

Sonis était très ému ; c'était la première fois depuis Loigny qu'il se retrouvait à la tête de « ses chers zouaves ». Ce devait être aussi la dernière, ils ne se grouperont plus qu'autour de son cercueil.

Il revenait de droit à un disciple de saint Ignace, à un frère en Dieu du P. de la Colombière, d'adresser la parole aux pèlerins. C'est le R. P. Félix, alors dans tout l'éclat de sa renommée oratoire, qui en fut chargé.

Une estrade avait été dressée pour l'orateur, le clergé et les principaux personnages qui avaient suivi la procession. Il fallut de vives instances pour décider Sonis à y prendre place. Il aurait voulu rester perdu au milieu de la foule.

Quand les pèlerins virent le général gravir avec peine les marches de l'estrade, un cri de : « Vive Sonis ! » sortit de toutes les poitrines.

Cri d'enthousiasme qui avait déjà retenti sur son passage pendant la procession, et qui fit cruellement souffrir l'humble chrétien.

Cette souffrance-là, il faut être un saint et avoir rompu avec toutes les vanités humaines, pour l'éprouver !

Ce grand élan religieux qui conduisait les âmes chrétiennes aux sanctuaires de Lourdes et de Paray-le-Monial, ne fut malheureusement pas assez fort pour entraîner les masses vers Dieu, et la situation morale de la France ne fit que s'aggraver de jour en jour.

Le général de Sonis en était profondément attristé, car il voyait au bout des apostasies nationales la ruine de cette patrie à laquelle, après Dieu, il avait consacré sa vie.

Chaque concession nouvelle faite à la Révolution était pour lui, dont l'âme fière ne capitulait jamais, une nouvelle tristesse. Il s'effrayait d'un avenir où tout était sombre, et, en 1872, il écrivait familièrement à un de ses camarades de Juilly :

« Dans quel pétrin nous sommes, au point de vue « politique ! C'est la bouteille à l'encre. Il serait bien « malin, celui qui y verrait clair.

« En vérité, Dieu seul peut nous tirer de là par un « miracle de premier ordre.

« Enfin, courage et toujours courage. . . . .»

. . . .

Quelques jours après, il adressait à un religieux de Castres une lettre qui montre combien la froideur et l'indifférence chrétiennes indignaient son âme française et courageuse.

« Vous avez bien raison de croire que ce serait le « moment pour nous de nous réveiller de notre lé- « thargie.

« Mais comment secouer ce pays ?...

« Vous le connaissez mieux que moi. Tout le monde « dort ; on mange, on boit, on digère. Chacun pour « soi... Voilà la hauteur de vues de ce pauvre « monde.

« Oh ! quel coup de fouet nous allons recevoir dans « les jambes, et que Dieu aura bien raison de nous « faire sauter

« Nous n'avons rien de chrétien, à part quelque

« pratiques extérieures du culte *et qui ne dureront*
« *pas longtemps;* mais de la foi vive, de cette foi qui
« remue les montagnes, du dévouement, du sacrifice,
« l'ardeur, l'amour du bien et de la vérité au point
« de s'imposer quelque petite peine pour la répan-
« dre... cette vérité... rien de tout cela. Pauvre
« monde!

« Pour moi, je ne trouve de consolation que dans
« cette pensée :

« Dieu aura le dernier mot... »

« ..... Prions, oui, oui, prions avec ferveur pour la
« France, car elle est bien malade, écrit-il le 11 juil-
« let 1873.

« Que de mal autour de nous! Je te recommande
« très spécialement la dévotion au sacré Cœur, c'est
« celle de Loigny...

Ce sentiment d'inquiétude pour l'avenir de son pays,
nous le retrouvons dans toute la correspondance du
général comme une preuve éclatante du magnifique
essor que la religion bien comprise donne au patriotisme.

Nous n'insisterons pas plus longtemps sur ce côté
particulier du caractère de Sonis. Cependant nous citerons encore l'intéressante page datée du 23 avril
1877 (1), et relative à la guerre turco-russe qui préoccupait alors tous les esprits :

« ..... L'horizon est bien sombre du côté de l'Orient.

(1) Lettre adressée au vicomte de l'Il...

« S'il n'était question que de Turcs et de Russes, il
« n'y aurait pas à se plaindre de ce que la Providence
« voulût se venger de tant de persécutions dirigées si
« longtemps contre la Pologne et contre les chrétiens.
« Mais qui sait ce qui adviendra lorsque le feu sera
« mis aux poudres?

« Et nous sommes loin d'être prêts à faire face à
« une lutte qui pourrait bien devenir une coalition,
« à raison des haines que nous inspirons par nos tur-
« pitudes révolutionnaires à toutes les monarchies de
« l'Europe.

« Enfin! Dieu aura le dernier mot. Voilà la pensée
« qui doit consoler de toutes ces misères qui sont le
« fait du siècle où nous vivons.

« Le Roi est plein de confiance dans une solution
« prochaine. Dieu veuille que sa foi soit justifiée.

« Je t'embrasse *toto corde*.

« G. DE SONIS. »

CHAPITRE XVIII

Il y avait près de dix ans que le général était en Bretagne, et rien ne lui faisait prévoir son changement, quand tout à coup il reçut l'ordre de se rendre à Châteauroux.

Ce départ subit d'un pays qu'il aimait, où deux de ses fils s'étaient mariés, où sa nombreuse famille se trouvait établie, lui causa un véritable chagrin.

A Châteauroux, l'hôtel de la division n'était même pas achevé, et M. et Mme de Sonis durent se loger dans une petite maison fort incommode de la triste rue des Pavillons.

Le général lui-même va raconter à son ami le R. P. Stanislas Peigné, supérieur au couvent de l'Immaculée-Conception, à Nantes, les difficultés et les ennuis de son installation, qu'il accepte, comme toujours, avec une admirable résignation.

17° CORPS D'ARMÉE   Châteauroux, le 18 mai 1880.

Division d'Infanterie

CABINET DU GÉNÉRAL   « Mon Révérend et bien cher Père,

« Je vous remercie de votre bonne et affectueuse « lettre ; oui, me voilà à Châteauroux, dans une vilaine « ville, une vilaine rue, une vilaine maison, toutes « choses que j'accepterais volontiers si le logement « était mesuré au nombre de mes enfants. Mais mes « prédécesseurs étaient, paraît-il, plus souvent sur « le pavé de Paris qu'ici, et nous sommes entassés les « uns sur les autres dans le plus triste des logis.

« J'ai appris mon transfert de la 20° à la 17° division « en ouvrant mon courrier. Il faut être en république « aimable pour être l'objet de pareils procédés. Au-« trefois on n'eût pas séparé un général de division « de ses troupes sans son agrément.

« Mais autres temps, autres mœurs !

« Cette mauvaise nouvelle m'est arrivée au moment « où mon fils aîné venait de perdre le dernier de ses « enfants et ma belle-fille était fort en danger, et le « mari lui-même était accablé par le malheur et la « fatigue.

« Je me suis dit que rien n'arrive sans la permis-
« sion du bon Dieu et je suis parti sans commen-
« taires.

« Je vous parle beaucoup de moi et je reviens en
« toute hâte à un sujet plus intéressant.

« Avant de l'aborder, laissez-moi vous remercier de
« votre volume reçu au moment où je quittais Saint-
« Servan : « La Vie de M. de la Tocnaye », par un de
« vos Pères de Nantes. J'allais monter en chemin de
« fer, et, sur la prière de mon fils, je lui ai laissé ce
« livre, que je me propose de lire plus tard. N'en
« connaissant pas l'auteur, je n'ai pas dû me tromper
« beaucoup en supposant que je le dois à votre aima-
« ble sympathie. Me suis-je trompé ?

« Je n'ai pas reçu l'ouvrage de M. l'abbé Allard et
« n'en ai point entendu parler. Quant aux petites mi-
« sères dont vous me parlez, le monde en est plein,
« le Purgatoire aussi ; mais c'est une poussière qu'il
« faut bien secouer pour entrer au Ciel.

« Mais arrivons au fait : Votre pensée de donner
« une mission à Loigny, pensée éclose sous l'œil de
« Dieu sur la terre qui a bu le sang des nôtres, ne
« peut manquer d'être féconde, et je vous engage de
« toute mon âme à la méditer.

« Que sera votre auditoire ? Je n'en sais rien, ayant
« peu de rapports avec le monde des zouaves, que
« j'aime plus que je ne le connais.

« Pour moi, vous savez que je suis réduit à l'état
« de quasi-immobilité, ne pouvant faire que quelques
« pas, non seulement toujours avec peine et presque
« jamais avec l'aide d'un bras..... Aussi ai-je renoncé

« à toute fatigue et resté-je confiné chez moi, ne
« sortant de mon logis que pour monter à cheval et
« trouver, grâce à Dieu, de cette manière, toute l'ac-
« tivité de mes collègues ; c'est vous dire, cher Père,
« que goûter l'édification de votre parole sur cette
« terre si pleine de souvenirs et d'enseignements,
« serait pour moi chose aussi difficile qu'elle est digne
« d'envie.

« J'aime à penser que ceux qui ont des jambes et
« dont le cœur a des ailes, se hâteront de répondre à
« votre appel. Je prie Dieu qu'il en soit ainsi, et au
« temps marqué je vous serai fidèlement uni à la
« sainte Table dans une toute petite chapelle des
« Clarisses que Notre-Seigneur a daigné mettre tout
« près de ma demeure, afin que je trouve toujours
« sur ce pauvre chemin semé de ronces et d'épines
« ce témoignage si touchant de sa tendre Providence.

« Oh ! qu'il est bon, ce cher Maître ! C'est ce que
« ne savent pas les malheureux qui sont au gouver-
« nail de notre pauvre barque ! Si vous connaissiez le
« don de Dieu, leur dirai-je, moi aussi, vous ne ten-
« teriez pas l'œuvre impossible que vous avez entre-
« prise, car, après tout, nous sommes les fils des
« martyrs, et, avec l'aide de Dieu, nous ne serons pas
« indignes de nos pères.

« Bien à Dieu, cher et Révérend Père. Veuillez
« trouver ici l'expression toujours fidèle de mon très
« humble et très affectueux respect.

« Général DE SONIS. »

Bien d'autres difficultés attendaient le général de Sonis à Châteauroux.

Quand le 29 mars 1880, parurent les iniques décrets qui frappaient l'Eglise en plein cœur, ce fut pour son âme si chrétienne et si française une amère douleur. Non qu'il craignît pour l'Eglise, sachant bien que la persécution la fortifie ; mais il trembla pour la France, car il savait, que d'inévitables catastrophes attendent les peuples persécuteurs et que les crimes nationaux sont toujours expiés par des ruines nationales. Il se promit de ne jamais prêter les mains à cette œuvre néfaste et d'abandonner sa carrière, si jamais il lui fallait, en quoi que ce soit, coopérer à l'exécution des décrets.

La persécution, après avoir d'abord atteint cette grande Compagnie de Jésus, qui est le plus solide rempart de la religion, de la vérité et de la science, s'attaqua ensuite à tous les ordres religieux, et le couvent des Pères Rédemptoristes de Châteauroux fut bientôt désigné aux coups des sectaires.

La division de Châteauroux fait partie du 17e corps d'armée dont le siège est à Tours. Le commandement en était alors confié au général de Galliffet, qui jadis avait guerroyé dans le Sud algérien avec Sonis.

Connaissant l'inébranlable fermeté de ses principes et de sa foi, le général de Galliffet était sûr que l'ancien soldat d'Afrique briserait sa carrière, plutôt que de donner à ses soldats l'ordre d'expulser les religieux, et voulant conserver à la France cette vaillante épée, il eut recours à un expédient : il télégraphia à Sonis d'arriver à Tours immédiatement et au général de brigade resté à Châteauroux de prêter son concours à l'expulsion des Rédemptoristes.

Mais le général de Galliffet se trompait : l'indomptable chrétien n'était point l'homme des capitulations de conscience, même déguisées. Elles révoltaient sa droiture.

Le premier mot du général de Sonis, en arrivant dans le cabinet de son chef, fut que si on réquisitionnait la troupe de Châteauroux pour l'exécution des décrets, il ne resterait pas à la tête de la division.

« — Calmez-vous, dit le marquis de Galliffet, c'est
« chose faite. J'ai envoyé les ordres moi-même. Votre
« responsabilité morale et votre conscience sont ab-
« solument dégagées. »

L'âme si loyale de Sonis ne connaissait pas ces nuances des compromis entre le bien et le mal, et il pria son chef de corps de le relever immédiatement de son commandement.

« ..... Ni les instances du général qui avait servi sous
« ses ordres en Afrique, ni la bonne volonté du ministre
« de la guerre qui comprenait ces exigences de l'hon-
« neur et de la foi » (1), ni même les conseils de plusieurs religieux qui l'engageaient, aussi bien dans l'intérêt de la Patrie que dans celui de ses enfants, à garder son commandement, rien ne put ébranler sa résolution.

Comme l'a dit son ami, M. Victor Canet, c'était,

(1) M. Victor Canet, *Univers* du 24 août 1887.

disait-il, une protestation que sa conscience lui imposait.

Sonis écrivit au général Farre, alors ministre de la
guerre, une lettre très simple et très digne pour
demander sa mise en non-activité. Elle se terminait
ainsi :

« .... En entrant dans l'armée, j'ai fait le sacrifice
« de ma vie, mais je n'ai pas entendu faire celui de
« mon honneur, et je veux, faute d'autre chose, lais-
« ser à mes enfants un nom respecté et honoré. »

En présence d'une volonté si fermement exprimée,
le ministre dut céder, et le général fut mis en disponibilité.

La famille de Sonis quitta aussitôt l'hôtel de la
division, mais elle resta à Châteauroux.

L'expulsion des Rédemptoristes avait eu lieu en
novembre 1880, alors que depuis six semaines l'année
scolaire était commencée.

Le général, ne voulant pas interrompre les études
de ses fils, ni s'en éloigner, se choisit une petite
maison sur la route de Déols. Il y vivait fort retiré,
ne sortant guère que pour aller à l'église ou faire
quelques promenades à cheval avec sa fille aînée
qu'il appelait en riant : son officier d'ordonnance, et
il attendait, au milieu d'une douce vie de famille et
d'occupations toujours sanctifiées par la prière, qu'il
lui fût possible de servir encore son pays.

Le 10 janvier 1881, il écrivait de Châteauroux la
lettre suivante au vicomte de l'H... :

« Mon cher ami,

. . . .

« Je ne suis pas en retraite comme tu le crois,
« mais seulement en disponibilité ; j'ai demandé sim-
« plement à être relevé de mon commandement pour
« ne pas assumer de responsabilité des actes odieux
« qui ont été commis, et j'étais prêt à tous les sacri-
« fices !

« Mais je ne suis pas fâché que la décision du mi-
« nistre à mon égard me permette de faire sortir au
« besoin mon épée du fourreau.

« Nous sommes bien malades et agonisants. La
« France est-elle destinée à se relever de cette pour-
« riture ? C'est le secret de Dieu.

« Je te serre la main de tout cœur en vieil et bien
« fidèle ami.

« G. DE SONIS. »

Sonis resta six mois en disponibilité.

Enfin le 9 mai 1881 une décision ministérielle le
nomma inspecteur général permanent de cavalerie.

Rien ne pouvait être plus agréable à l'intrépide
officier de spahis et de chasseurs que de se retrouver
dans son ancien élément. D'ailleurs, malgré sa jambe
de bois il était encore un superbe cavalier et « faisait
l'admiration des hommes lorsque, menant une charge,
il passait les obstacles en tête de ses divisions (1).
Le général avait conservé son innocente coquetterie
d'écuyer, et montrait admirablement aux jeunes soldats le parti qu'un cavalier peut tirer de son cheval.

(1) *Revue de Cavalerie*, septembre 1887.

Cette situation d'inspecteur lui permettant de choisir sa résidence officielle, le général vint se fixer à Limoges, où, comme il l'avait si gracieusement écrit jadis à la vicomtesse de Jayac de Lagarde, il avait « laissé tout son cœur. »

Ce fut une vraie fête pour ses nombreux amis limousins, que cette installation qui les ramenait tous vers le passé. L'un d'eux, Henry Lamy de la Chapelle, mourut subitement peu de temps après son arrivée.

Sonis eut un profond chagrin de la mort de ce fidèle des bons et des mauvais jours. Il était en inspection et ne put même pas assister aux funérailles du parrain de son second fils, pour lequel il avait une fraternelle affection.

C'était encore un lien que Dieu brisait !

Ce séjour de Limoges, qui semblait devoir se prolonger indéfiniment, fut brusquement terminé quinze mois après par un accident.

Il passait une inspection de cavalerie à Tantonville. Dans une manœuvre son cheval s'effraya et, comme jadis à Rennes, se renversa sur son cavalier.

Le général fut tellement ébranlé par cette chute, elle lui occasionna de si grandes souffrances qu'il lui fallut bien se résigner et renoncer à la vie active ; c'était un des plus grands sacrifices que Dieu pût lui imposer. Il l'accepta comme il avait accepté tous les autres, avec cette résignation douce qui était un des grands charmes de sa nature.

Quelques années auparavant il avait écrit à un de ses amis, dom Victor Sarlat :

« Je me suis mis tout à fait entre les mains de Dieu
« qui me porte depuis si longtemps avec une ten-
« dresse toute maternelle. »

Et il ajoutait : « Béni soyez-vous, volonté adorable
« de mon Dieu qui êtes toute justice et toute sagesse.
« Je n'aime que vous ! »

En quittant Limoges, il reçut à la gare les adieux
de quelques amis. Au moment où le train partait, l'un
d'eux s'écria : « Au revoir ! »

Pour toute réponse le général montra le ciel.

C'est à ce suprême rendez-vous qu'il pensait sans
cesse. « ... Encore un peu de temps et nous prendrons
« notre vol pour l'éternel alleluia ! » écrivait-il en 1876
à dom Victor Sarlat.

Et un peu plus tard : « Je n'ai pas oublié qu'une
« bonne partie de mon corps est déjà réduite en pous-
« sière, et que, dégagé d'une partie du poids qui
« m'attache à la terre, je serais bien coupable si je
« n'obéissais pas à ce mouvement de la grâce qui
« m'attire en haut. »

C'est toujours la même pensée du *Sursum corda*,
qui revient sous une forme différente.

Sonis vint habiter Paris pour mieux surveiller l'éducation de ses fils.

Quand il fut rétabli, le ministre de la guerre le
nomma membre de la commission mixte des travaux
publics. Il assistait fort régulièrement aux séances,
faisant l'admiration de ses collègues par la justesse
de ses vues et la netteté de ses appréciations.

Il fit également partie du Comité de cavalerie comme membre adjoint.

Au ministère on avait un profond respect pour ce soldat sans peur et sans reproche, qui avait tenu si haut, partout et toujours le drapeau de la France.

Après la guerre, une très belle recette générale, dont on voulait lui fournir même le cautionnement, lui fut offerte. Le père de famille, en songeant à l'avenir de ses enfants, avait eu une seconde d'hésitation ; mais bientôt : « Non, dit-il avec un de ces accents fermes et résolus qui n'admettent pas de réplique, je veux mourir dans ma peau de soldat. »

Il loua un appartement dans le quartier de l'Etoile, non loin du bois de Boulogne et tout près de l'église Saint-Honoré, rue de Songtay.

Il vivait là, selon son expression, « dans un coin très retiré et très modeste ».

« C'est à peu près votre vie, écrivait-il à un reli-
« gieux. Je bénis Notre-Seigneur de m'avoir éloigné
« du monde et de m'avoir conduit dans cette soli-
« tude... où il parle au cœur de l'homme. »

Cette solitude n'était cependant pas assez grande pour qu'un certain nombre d'intimes n'aient pas le bonheur de venir s'asseoir à son foyer et se retremper à la parole de ce vaillant chrétien, toujours debout et ferme dans ses convictions et dans sa foi.

Ses amis s'effrayaient de voir « la souffrance achever
« son œuvre en épuisant peu à peu les forces d'un corps
« que l'âme ne parvenait plus à maîtriser », et ils

suppliaient le général de prendre quelques ménagements, d'adoucir la rigueur de ses jeûnes, mais Sonis
restait sourd à leurs instances comme à celles de sa
femme et de ses filles.

Son détachement des choses de ce monde était si
absolu, son amour de la pauvreté si grand, qu'il ne
voulait dans sa chambre que les meubles les plus
simples et n'avait jamais d'autre bibliothèque que
des planches en bois blanc.

Observateur scrupuleux des lois de l'Eglise, il
n'admettait pas qu'on s'en dispensât légèrement, et
loin de ressembler « à ces chrétiens irréfléchis qui
s'imaginent avoir remporté une victoire toutes les fois
qu'ils ont obtenu de l'Eglise une concession nouvelle
à leur mollesse (1) », il ne voulut jamais profiter pour
son compte personnel des dispenses les plus générales, et, jusqu'à la fin de sa vie, il pratiqua dans toute
son austérité les jeûnes du Carême, pendant lequel il
ne prenait aucun aliment gras.

Sa piété faisait l'édification de sa paroisse. Chaque
matin, le général se rendait à l'église Saint-Honoré
d'Eylau, appuyé sur le bras d'une de ses charmantes
filles. Il y faisait la sainte communion avec une ferveur angélique, et, pendant son action de grâces, il
restait absorbé dans une longue et muette adoration.
Il ne passait pas une après-midi sans faire sa visite
au Saint-Sacrement et sa seule vue inspirait l'amour
du Dieu caché dans le Tabernacle.

Il était tellement pénétré de la présence de Dieu,

____

(1) Cardinal Pie.

CONSÉCRATION DES ZOUAVES PONTIFICAUX AU SACRÉ-CŒUR

que sa foi ardente se répandait autour de lui. On était meilleur en le voyant prier, et on disait avec conviction : « Celui-là est un saint ! »

L'heure approchait où cette vie exemplaire allait recevoir son couronnement.

Comme la lampe du sanctuaire, elle achevait de se consumer.

Les traits du visage s'altéraient et les forces diminuaient chaque jour ; mais le Maître pouvait venir, son serviteur était prêt ; et si dans son long pèlerinage terrestre quelques grains de poussière avaient pu effleurer la beauté de son âme, maintenant grandie par l'épreuve, purifiée par la souffrance, sanctifiée par le pain eucharistique, elle pouvait paraître devant le souverain Juge. La tâche du Juste était achevée et ses bonnes œuvres allaient parler pour lui.

Le 14 août 1887, Mme de Sonis trouva le général plus faible et plus souffrant. Elle et ses filles s'inquiétèrent ; on courut chercher un médecin... Il ne vit pas le danger. Les fils du général étaient absents ; leur mère voulut les faire prévenir, redoutant une catastrophe qu'elle ne pouvait croire cependant aussi imminente ; mais elle désirait voir ses enfants réunis pour recevoir la dernière bénédiction et les adieux suprêmes de leur père.

Hélas ! cette pieuse consolation ne lui fut pas accordée, et quand les fils arrivèrent, l'âme de Sonis était au ciel.

Le 15 août, pendant que l'Eglise célébrait la fête de l'Assomption, la mort arriva, douce, calme et miséricordieuse. Sonis l'attendait et depuis longtemps il s'y préparait; le grand passage était devenu l'objet de ses méditations; il ne s'effraya donc pas ; un éclair illumina tout à coup ses yeux, qu'un objet invisible semblait attirer.

Etait-ce la vision du Paradis, où lui souriaient, parmi les anges, les deux petites filles qu'il avait perdues ?

Etait-ce la Vierge Immaculée de Lourdes qui choisissait le jour de sa fête pour associer à son triomphe son serviteur dévoué, et qui lui apparaissait belle et rayonnante, comme dans le champ désolé de Loigny ?

Toujours est-il que ses traits se détendirent, qu'une inexprimable sérénité se répandit sur son visage et que son dernier soupir s'exhala sans une plainte, sans une agonie... Il était entré dans l'éternelle possession du Dieu qu'il avait si tendrement aimé !

. . . .

A peine la nouvelle de la mort du général fut-elle connue qu'un hommage universel fut rendu à sa mémoire ; les journaux de toutes opinions publièrent d'élogieux articles ; ses amis, ses camarades, les religieux qu'il avait édifiés redisaient sa bonté, sa vaillance, son dévouement.

Le général Ferron, alors ministre de la guerre, s'empressa d'envoyer aussitôt à Mme de Sonis quelques lignes fort émues, qui sont l'irrécusable témoignage de la sympathie et de l'admiration qu'inspiraient les mérites et les vertus du général de Sonis.

« Madame,

« L'armée et le pays viennent de faire une perte
« irréparable et je m'associe à votre douleur en ren-
« dant hommage à une grande mémoire.

« Personne n'oubliera la conduite héroïque du géné-
« ral de Sonis qui, tombé tout sanglant sur le champ
« de bataille de Patay, n'avait qu'une préoccupation,
« le sort des troupes qu'il conduisait au combat.

« Ses blessures profondes, reçues en défendant la
« France, ont amené sa mort prématurée en enlevant
« à l'armée un de ses chefs les plus estimés et au mi-
« nistre de la guerre un de ses plus vaillants lieute-
« nants...

« Veuillez agréer, Madame, avec l'expression de
« tous mes regrets, l'hommage de mon profond res-
« pect.

« Général FERRON. »

Mais que pouvaient ces stériles consolations aux
âmes déchirées de la famille de Sonis? Seule, la religion était capable de faire sortir de ces cœurs brisés
par la souffrance le cri sublime du grand patient de
l'Idumée :

« Le Seigneur me l'avait donné, le Seigneur me l'a
enlevé, que le nom du Seigneur soit béni! (1) »

En apprenant le fatal dénouement, le général de

(1) Job, I, 21.

Charette, retenu, à son grand regret, loin de Paris, par des obligations de famille, avait adressé aux anciens volontaires de l'Ouest le télégramme suivant, sorte d'ordre du jour tout vibrant de foi et de patriotisme :

Châteauneuf-en-Bretagne, 17 août 1887.

« Mes chers camarades,

« Le général de Sonis est mort ; il a reçu la récom-
« pense de son long martyre.

« Il m'écrivait quelques jours avant Patay : « Tout
« doit être commun entre nous : joies, douleurs et
« sacrifices. »

« A lui revient l'honneur d'avoir déployé la ban-
« nière du Sacré-Cœur sur ce même champ de ba-
« taille, où quatre siècles auparavant flottait la ban-
« nière de Jeanne d'Arc.

« C'est au milieu de nous qu'il est tombé, soldat
« de la France, soldat de Dieu ! Toute sa vie peut se
« résumer en ces deux mots : Honneur et sacrifice !

« CHARETTE. »

On raconte que le général Schmitz avait dit un jour : « J'ai vu le général de Sonis, c'est l'*honneur*. »

La pensée du baron de Charette est plus complète et définit mieux cette sublime figure contemporaine :

Le général de Sonis était l'honneur, parce qu'il était le sacrifice.

Mais l'absence de son chef n'avait pas empêché le régiment légendaire de se réunir autour de la dépouille du héros de Loigny : officiers et soldats étaient accourus en grand nombre de tous les coins de la France.

Beaucoup de religieux et de prêtres se pressaient également dans l'église de Saint-Honoré d'Eylau, mêlés aux anciens compagnons d'armes du général, vieillis comme lui avant l'âge sous les angoisses de l'invasion.

A côté de ces vieux et dévoués serviteurs de la patrie, se groupaient des jeunes gens, espoir de notre armée, camarades des enfants de Sonis ou anciens subordonnés du général, pour lesquels il s'était montré jadis plein de sollicitude et de bienveillance.

Tous entreprenaient son éloge et beaucoup s'interrompaient par leurs soupirs et leurs larmes.

Le triste décret interdisant aux troupes l'entrée de l'église, avait profondément blessé les sentiments religieux du général de Sonis ; il voyait avec indignation l'attitude hostile prise par le gouvernement vis-à-vis du catholicisme, et il avait plusieurs fois exprimé sa volonté formelle que les honneurs militaires ne lui soient pas rendus à sa mort.

Respectueux de ce dernier désir, Mme de Sonis et ses enfants refusèrent donc l'escorte que le grade du héros et son titre de grand officier de la Légion d'honneur (1) devaient grouper autour de son cercueil.

En d'autres temps, c'est sous les voûtes de l'église des Invalides qu'aurait été célébré le service du glorieux mutilé. Sa dépouille mortelle aurait été à sa place au milieu de ces braves, blessés comme lui au service de la France, et dont quelques-uns peut-être avaient été sous ses ordres en Italie, en Afrique ou sur les bords de la Loire.

Mais l'Etat n'intervint en aucune façon; seul le ministre de la guerre se fit représenter par le général Lhotte.

Le deuil était conduit par les six fils du général, qui suivent dignement cette tradition de l'honneur et du devoir que leur a léguée leur père. Trois d'entre eux étaient revêtus de cet uniforme militaire que leur père avait si vaillamment porté. Puis venaient son frère, le général Théobald de Sonis (2), qui allait bientôt disparaître à son tour; son neveu, M. Flandin, le fils de cette sœur Aline, morte si jeune; les parents de Mᵐᵉ de Sonis auxquels il avait donné tant de preuves d'affection et de dévouement, et enfin, tout en larmes sous leurs voiles noirs, les trois plus jeunes filles du général, et leur belle-sœur, Mᵐᵉ Gaston de Sonis qui était venue prendre à ce pieux foyer la place laissée vide, en 1872, par le départ de Mˡˡᵉ Marie pour le couvent du Sacré-Cœur.

（1) Il était grand officier de la Légion d'honneur depuis le 12 juillet 1880.

(2) Le général Théobald de Sonis était sorti de Saint-Cyr en 1850. C'était un excellent et très brillant officier de cavalerie. Il avait épousé Mˡˡᵉ de Giseuil.

Cette sainte religieuse était alors à Colmar, et ne put venir s'agenouiller auprès de la dépouille paternelle. Ce fut le plus cruel sacrifice de sa vie d'immolation et de dévouement. Mais, ainsi que l'écrivait jadis le général en parlant d'elle, c'était « ... une belle âme, bien ardemment dévouée à Notre-Seigneur et soumise à sa volonté ».

Sonis ayant été pendant sa vie l'ennemi de toutes les vanités humaines, on voulut conserver à ses funérailles un très grand caractère de simplicité.

Le seul luxe du catafalque, c'étaient les magnifiques couronnes envoyées par le Collège de Juilly, les zouaves pontificaux, le régiment de dragons où servait l'un des jeunes de Sonis. C'étaient surtout cet uniforme usé au service du pays, ces croix si vaillamment gagnées, cette épée dont l'éclair avait resplendi sur tant de champs de bataille !

Après la messe, Mgr Sisson, curé de Saint-Honoré d'Eylau, donna l'absoute, puis le cercueil fut transporté sous le porche de l'église, afin de permettre au général Lhotte de dire un dernier adieu, au nom de l'armée, à ce défenseur de la France, dont le nom sera inscrit sur le *livre d'or* où rien ne s'efface.

Derrière les grilles sur la place, se pressait une foule émue et recueillie. Si simple, si modeste que fût Sonis, il était aimé de tous, des pauvres, des humbles, des malheureux, dont, malgré la modicité de sa fortune, il trouvait le moyen de soulager la misère, et bien des larmes connues de Dieu seul sont tombées sur son cercueil !

Voici la courte et touchante allocution prononcée par le général Lhotte :

« Appelé par le ministre de la guerre à l'honneur
« de le représenter en cette douloureuse cérémonie,
« je veux dire un dernier adieu à celui dont la dé-
« pouille mortelle est près de nous.

« La vie du général de Sonis est bien connue de
« tous et je n'essayerai pas de la retracer ici. Le de-
« voir, tel est le mot que l'on voit inscrit à la première
« page du livre de sa vie et que l'on voit encore au
« dernier feuillet de ce livre aujourd'hui fermé.

« Le général de Sonis a été le modèle de toutes les
« vertus militaires et de toutes les vertus privées ; il
« reste comme un exemple qui doit nous inspirer sans
« que nous puissions espérer d'y jamais atteindre.

« Une dernière fois, général, adieu, ou plutôt, avec
« l'espérance que donne la foi chrétienne, au revoir ! »

En entendant ces belles paroles qui résumaient si bien la vie et les sentiments du général de Sonis, un courant d'enthousiasme saisit la foule, et il fallut la profonde douleur de la famille et le respect qu'inspirait cette illustre dépouille pour empêcher les applaudissements d'éclater.

Après le discours, on transporta le corps du général dans les caveaux de l'église, en attendant que ses anciens soldats le ramenassent en triomphe à Loigny, près des victimes de cette inoubliable bataille.

Le général de Charette, qui s'était occupé activement de la construction de l'église, se réservant pour lui un modeste caveau dans les cryptes, voulait réunir le chef aux soldats et offrait une suprême hospitalité à Sonis.

On choisit, pour ces funérailles solennelles, le 22 septembre 1887, fête de saint Maurice et de ses compagnons, les saints patrons de l'armée.

Ce jour-là, la belle église de Loigny se trouvait trop petite pour contenir la foule qui se pressait sous ses voûtes ; toute la population de Loigny, d'Orléans et de Chartres voulait rendre un dernier hommage à l'héroïque défenseur de Patay.

La cérémonie funèbre fut digne de celui en l'honneur duquel elle s'accomplissait.

L'église était tendue de draperies noires ; de place en place, un écusson aux armes de Sonis retenait un groupe de drapeaux. Sous les écussons étaient inscrits les noms et les dates des batailles où le général s'était illustré : Solférino 1859, Maroc 1860, Metlili 1866, Aïn-Madhi 1869, Brou 1870, Loigny 1870.

Au fond de l'église, resplendissait un superbe vitrail représentant l'image du Sacré-Cœur.

On remarquait aussi deux lustres bizarres, formés avec de petits canons entourés d'obus, souvenirs de la sanglante bataille du 2 décembre.

A l'entrée du chœur, était dressé le catafalque, autour duquel étaient rangés deux cent cinquante prêtres. Parmi eux se trouvaient : M. l'abbé Roussillon, secrétaire général de l'Evêque de Chartres, représentant Mgr Regnault, que son grand âge empêchait d'assister à la cérémonie ; les supérieurs du grand et du petit seminaire de Chartres, les abbés Piou et

Ychard ; le curé de Loigny, l'abbé Theuré, qui avait prodigué ses soins aux victimes des combats du 1ᵉʳ et du 2 décembre ; enfin, l'abbé Bastard, l'aumônier du 16ᵉ corps, qui avait eu le bonheur de retrouver le général sur le champ de bataille.

L'uniforme du général, ses croix, ses médailles, son épée, le drapeau des zouaves teint de leur sang, se détachaient sur le drap mortuaire,.

Au premier rang, dans la nef, les fils du général, dont quatre en uniforme militaire, sa famille, ses amis, Charette, entouré de ses zouaves, MM. d'Albiousse, du Puget, de Couessin, de Falaiseau, de Meurville, Aubineau, du Plessis, de la Claye, de la Brière, de Boissieu, Lionel Royer, Langlois de. Laroche Macé.

Plusieurs notabilités militaires, entre autres le général Barry qui, le 2 décembre 1870, commanda avec la plus vaillante intrépidité une division du 16ᵉ corps ; le général d'Alloy, commandant une division de cavalerie. Enfin, le député des Côtes-du-Nord, M. Delangre ; les membres du Conseil général d'Eure-et- Loir, etc., etc.

Après l'office, présidé par le représentant de l'évêque de Chartres, Mgr Freppel monta en chaire et, au milieu d'un silence ému, sa voix si merveilleusement timbrée fit retentir ce verset de l'Ecriture qui allait être le texte de son discours :

« Il a aimé Dieu de tout son cœur et Dieu lui a donné la force en face de l'ennemi (1). »

____

(1) Ecclés., xlvii, 11.

« Le général de Sonis, continue l'éloquent évêque, a
« été le type achevé du héros chrétien.

« En lui, nous avons vu revivre les Bayard, les
« Catinat, les Drouot, toute cette lignée de capitaines
« pour lesquels la croix et l'épée étaient le double
« symbole d'un même sacrifice. »

L'évêque d'Angers raconte alors magnifiquement
la vie militaire du héros. Il nous le montre dans ses
débuts à Castres, à Limoges, en Algérie, travail-
leur infatigable et vaillant chrétien. Mais bientôt « ... le
cours des événements l'appela sur un autre théâtre
pour y faire éclater sa valeur. »

Et dans un langage digne de Bossuet, Mgr Freppel
raconte la campagne d'Italie et le beau fait d'armes
de Solférino.

« Il est trois heures de l'après-midi... Rien n'a pu
« réduire jusque-là l'infanterie autrichienne... Il faut
« rompre à tout prix cette muraille vivante. C'est au
« 3e chasseurs d'Afrique qu'échoit l'honneur d'exécu-
« ter la première charge. De Sonis qui le commande
« fait le signe de la croix et s'élance en avant. »

Après le récit de cette journée, que Sonis croyait
devoir être la plus terrible de sa vie, Mgr Freppel
ramène ses auditeurs en Afrique où pendant onze ans
le vaillant soldat va donner l'exemple de tous les dé-
vouements et de tous les courages.

« Que de qualités nécessaires dans l'exercice d'un

« commandement où il fallait joindre à la connaissance
« de la langue, celle des lieux, concevoir un plan ferme
« et précis, en suivre l'exécution dans ses moindres
« détails, prévoir des incidents toujours possibles,
« éviter les surprises, frapper à propos le coup dé-
« cisif et par dessus tout inspirer la confiance à des
« soldats, marchant vers l'inconnu au milieu des pri-
« vations et des souffrances.....

« Le commandant de Laghouat est là, toujours en
« éveil, ne livrant rien aux hasards, organisant des
« colonnes mobiles, payant de sa personne aux avant-
« postes, jusqu'à ce que le glorieux combat d'Aïn-
« Madhi termine la rébellion. »

En traits rapides l'orateur rappelle l'attitude du
courageux soldat en face de l'épidémie de choléra qui
décimait, en 1859, nos troupes sur les frontières marocaines ; sa piété tout à fait exceptionnelle, son refus
de faire partie de la maison de l'empereur par fidélité
à ses principes monarchiques. Mais cette fidélité qui
faisait refuser à Sonis un poste honorifique ne l'empêchait pas de servir la patrie sous n'importe quel
régime, et « ... plus tard, en 1870, il se rangera sous
les ordres de l'homme politique qui avait cru devoir
prendre sur lui la tâche glorieuse et redoutable de la
défense nationale... »

« ... L'invasion étrangère débordait, maîtresse de
l'Est et du Nord, et comme au temps de Jeanne d'Arc,
c'est autour d'Orléans qu'allait se dénouer ce drame
douloureux... »

Ce drame, nous en avons suivi toutes les sanglantes péripéties ; nous n'y reviendrons pas. Nous laisserons également dans l'ombre la belle esquisse des dernières années de la vie de Sonis, cette vie toute remplie par la souffrance courageusement et chrétiennement acceptée et la pratique admirable de tous les devoirs. Nous avons hâte d'arriver à la péroraison du discours de l'évêque d'Angers. La voici tout entière :

« Grand Dieu qui avez fait à notre pays la grâce de
« lui montrer dans le général de Sonis le type accom-
« pli du héros chrétien, continuez votre œuvre de
« miséricorde en multipliant sous nos yeux de si
« beaux exemples. Donnez à la France, pour l'aider
« à reprendre sa noble mission, donnez-lui des hom-
« mes d'intelligence, des hommes de cœur, des
« hommes de caractère ; mais surtout donnez-lui des
« saints qui, par leurs vertus, raniment autour d'eux
« l'esprit de sacrifice, relèvent le moral de la nation,
« inspirent l'amour du devoir et deviennent une
« force, la plus souveraine de toutes, en apparaissant
« au milieu de nous comme des modèles de foi,
« d'abnégation, de dévouement à la Religion et à la
« Patrie.

« Pour moi, c'est avec émotion que je vais quitter
« ces lieux, témoins de si grandes choses.

« Loigny, Loigny ! terre des braves, qui as bu le
« sang le meilleur et le plus généreux de la France,
« reçois ces dépouilles glorieuses qui n'auraient pu
« trouver nulle part ailleurs de place plus digne

« d'elles, en attendant le jour de la résurrection.
« C'est bien ici, sous l'égide du Sacré-Cœur, que
« devait être la dernière demeure du vaillant soldat,
« au milieu de ces compagnons d'armes, qui lui for-
« meront une garde d'honneur jusqu'au sein de la
« mort. Désormais, quand on voudra chercher les
« leçons les plus sublimes du patriotisme, on
« viendra se recueillir à Loigny, auprès de cette
« tombe, mémorial insigne de la bravoure française
« et de la piété chrétienne. Ce sera le pèlerinage du
« dévouement et de la vertu militaires.

« Je ne sais si, à la prière de la Foi, Dieu daignera
« faire briller le miracle dans ces lieux à jamais bé-
« nis ; je ne sais si l'Eglise, toujours désireuse de
« glorifier l'élite de ses fils, ne voudra pas quel-
« que jour faire resplendir d'un plus vif éclat une
« vie où les vertus chrétiennes se sont élevées jus-
« qu'à l'héroïsme, mais ce que l'admiration publi-
« que me permet dès maintenant d'affirmer sans
« crainte, c'est que la mémoire du général de Sonis
« traversera les générations entourée du respect et
« de la vénération de tous, car il a été grand devant
« Dieu et devant les hommes. »

Cette magnifique péroraison amena des larmes
dans les yeux de tous les assistants, vivement impres-
sionnés par cette oraison funèbre où Mgr Freppel
s'était élevé à la hauteur de ses illustres devanciers
du XVIIe siècle.

Grâce à lui, le nom du général de Sonis passera à

la postérité grandi encore, illustré et illuminé par la plus merveilleuse éloquence.

Un dernier adieu fut adressé au glorieux serviteur de la France qui allait, jusqu'au jour de l'éternelle résurrection, reposer dans le caveau du général de Charette, près des braves tombés autour de lui dans cette journée à jamais mémorable du 2 décembre 1870.

La foule s'écoula lentement, impressionnée par cette imposante cérémonie, et se dirigea vers le petit bois de cytises où sont morts pour Dieu et pour la France les vaillants zouaves pontificaux.

Un beau soleil de septembre éclairait ce champ des martyrs où l'on cherchait encore les traces de la sanglante moisson.

Des souffles mystérieux semblaient agiter l'air et des voix d'outre-tombe redisaient le cri de Jeanne la Lorraine, de Sonis et de Charette : *En avant !...*

Cri sublime, qui sera celui de tous ceux qui se souviennent, qui croient et qui espèrent ;

Cri d'amour et de patriotisme, avec lequel la France victorieuse sera sauvée : *En avant !...*

TABLE DES MATIÈRES

Bar-le-Duc. — Imprimerie Comte-Jacquet, 58 et 60, rue de la Rochelle.

» Quand il s'agit de littérature moderne, la difficulté se complique ; l'impartialité fait défaut, ou le goût, ou la simple lumière qui met en relief les écarts de nos gens de lettres, voire leurs folies. M. V. Jeanroy-Félix s'est tiré de tous ces mauvais pas dans sa *Nouvelle Histoire*, qui est vraiment *nouvelle.* Il y passe en revue les différents genres de prose et de vers.

. . . .

» M. V. Jeanroy-Félix est courageux : il ne va point par quatre chemins et dit vertement leur fait à chacun des sots, des impies et des libertins qu'il rencontre sur son chemin.... M. A. de Pontmartin l'en a félicité : « Ne nous décou- » rageons pas, écrit le doyen des critiques français, si le public, même parmi » les soi-disant conservateurs, se fait le complice d'une littérature ordurière et » athée, compagne inévitable d'une politique jacobine et d'une société pourrie. » M. V. Jeanroy-Félix ne s'est point découragé ; il a fait hardiment son devoir et appelé les choses et les gens par leur nom. — Si nous osions, en le remerciant, formuler une très légère critique et tout amicale, nous lui dirions naïvement qu'il a trop d'esprit : ce reproche, si reproche il y a, bien peu de gens le méritent, et l'on ne peut l'adresser qu'aux habiles. Le style de M. Jeanroy-Félix est éblouissant de verve, d'expressions piquantes, de métaphores, d'allusions heureuses mais continuelles. Preuve d'érudition très étendue et de désinvolture très souple ; mais la preuve est un peu trop faite. Ce défaut, quasi enviable, ne nuira point au succès d'ouvrages aussi intéressants et vaillants que la *Nouvelle Histoire de la littérature française.*   V. D. »

(Etudes religieuses des RR. PP. Jésuites.)

« Des qualités littéraires de M. Jeanroy, la principale, c'est une verve qui ne tarit jamais. De la première à la dernière ligne, qu'il s'agisse de prose ou de vers, de Béranger ou de Joseph de Maistre, de Lamartine ou de Roger Bontemps, vous le suivez sans effort, avec un intérêt croissant.

. . . .

» Avec la même verve, le même entrain, la même chaleur, la même passion littéraire, le critique nous conduit de la poésie à l'éloquence politique et religieuse, à l'histoire, à la philosophie, au roman, à la tragédie, à la comédie, à la satire, au romantisme.

» Il n'est aucun des personnages dont il nous raconte la vie, en la prenant par les *points saillants*, qu'il n'ait vu, connu, entretenu ; c'est certain. Il assistait, un jour d'hiver, aux funérailles navrantes de Lamennais ; il a été le témoin des derniers instants de J. de Maistre ; il a vécu de la vie des champs, aux côtés de M. de Bonald, un patriarche, aussi bon maître que grand écrivain.... »

(Bibliographie catholique.)

« Voici un excellent ouvrage de vulgarisation, fortement conçu, vigoureusement exécuté, mêlant à la fois l'utile et l'agréable, instructif et attrayant, parsemé de fines réflexions, de citations heureuses, le résumé le plus complet que nous possédions sur l'histoire de la littérature de 1789 à nos jours. L'auteur n'a rien négligé, rien omis.... »

(Revue de la Révolution.)

HISTOIRE DE FRANCE

RACONTÉE A MES ENFANTS

Par E. DE MOUSSAC

Avec introduction par M. le Marquis A. DE SÉGUR

1 vol. grand in 8° jésus, orné de 160 belles gravures ou Portraits. — Prix broché, *franco,* **6 fr. 50.** Reliure toile, fers spéciaux, **9 fr.**

Il existe une *multiplicité* d'histoires de notre pays, et cependant il manquait **une publication** qui s'adressât plus particulièrement à la **jeunesse.** Cette lacune vient d'être très heureusement comblée par l'**Histoire de**

France racontée à mes Enfants, de E. Moussac, ouvrage précédé d'une remarquable introduction par le marquis **A. de SEGUR**, dont le nom seul est la *meilleure recommandation* auprès du public lettré. Quoique éditée avec luxe, cette publication reste par son prix à la portée des bourses les plus modestes; elle a sa place marquée sur la table de la famille.

LA PATRIE FRANÇAISE

SES ORIGINES, SES GRANDEURS ET SES VICISSITUDES

Par Ch. BARTHÉLEMY

1 beau vol. in-8° illustré de seize gravures hors texte.
Prix, **5** fr.; *franco,* **5** fr. **50**

Ouvrage adopté par le Ministère de la guerre pour les bibliothèques de garnison

Au milieu du déluge des publications se disant patriotiques, nous sommes heureux de présenter au public **ce beau livre vraiment inspiré par l'amour du pays natal** et dont l'auteur, M. Charles Barthélemy, est avantageusement connu par ses longs et consciencieux travaux historiques. **C'est l'histoire de la formation du territoire national,** de ses vicissitudes, de ses gloires et aussi de ses douleurs, **l'esquisse animée et vigoureuse des travaux, des efforts et du dévouement dont la somme a constitué la patrie.**

HISTOIRE ANECDOTIQUE DE LA FRANCE

Par Ch. D'HÉRICAULT

Ouvrage publié en six volumes ou séries, formant chacun un tout complet et se vendant séparément.

1re Série. — LES ORIGINES DU PEUPLE FRANÇAIS

1 beau et fort vol in-8°, orné de *huit gravures hors texte.* — Prix : **5** fr.; *franco,* **5** fr. **50**

2e Série. — LE MOYEN AGE

1 beau vol. in-8°, orné de *huit gravures hors texte.* — Prix : **5** fr.; *franco,* **5** fr. **50**

3e Série. — LA RENAISSANCE

1 beau vol. in-8°, orné de *huit gravures hors texte.* — Prix : **5** fr.; *franco,* **5** fr. **50**

4e Série. — L'ANCIEN RÉGIME

1 beau vol. in-8°, orné de *huit gravures hors texte.* — Prix : **5** fr.; *franco,* **5** fr. **50**

Le meilleur moyen de connaître les choses et de comprendre les gens, c'est évidemment de voir les unes et d'écouter les autres. C'est cette idée fort simple qui a inspiré le plan de la présente histoire de France. L'auteur a procuré au lecteur une entrevue avec les illustres personnages de toutes les époques. Il leur demande ce qu'ils savent, ils le disent, et l'on a ainsi une histoire vivante, colorée, variée, où l'on voit sans fatigue, comme en une série de petits tableaux, d'un ton très vif, se dérouler l'existence de la patrie française. L'auteur n'est **en** quelque sorte qu'un *cicerone* qui intervient brièvement, et **se** contente de résumer les traits principaux de cette innombrable série de tableaux, lorsque cela paraît nécessaire pour les faire mieux comprendre.

Cette histoire, qui se compose surtout de documents, est donc destinée à compléter toutes celles qui ont paru jusqu'ici. Elle permettra particulièrement aux jeunes esprits de s'emparer définitivement des notions historiques que leur ont données les livres de la classe. Elle fixera et ornera leur mémoire comme leur imagination. Ils n'oublieront plus et ils comprendront mieux les faits que les livres n'ont pu qu'esquisser et les personnages qu'on leur a seulement nommés, quand ils auront vu les uns et les autres colorés et vivants de la couleur comme de la vie qu'ils eurent réellement.

L'histoire de France se divise naturellement en six périodes : les **Origines,** le **Moyen Age,** la **Renaissance,** l'**Ancien Régime,** la **Révolution,** la **France contemporaine.** Notre ouvrage suivra ces divisions naturelles. *Chaque volume formera d'ailleurs un tout complet et séparé.*

Le nom de l'écrivain suffit à recommander cet ouvrage et à en faire valoir les mérites. Le public est persuadé d'avance que cette œuvre patriotique et chrétienne ne pouvait être confiée à de meilleures mains.

FAUTEUILS

DE

L'ACADÉMIE FRANÇAISE

Par Prosper VEDRENNE

4 beaux et forts vol. in-8°, ornés de *quarante beaux portraits hors texte.*
Prix : **20** fr. ; *franco,* **22** fr.

Ouvrage honoré d'une souscription du Ministère de la Guerre.

Nous croyons devoir reproduire sur les *Fauteuils de l'Académie française* les quelques appréciations suivantes dues à la plume des juges les plus autorisés et qui, mieux que ce que nous saurions dire, feront connaître le mérite historique et littéraire de l'œuvre de P. VEDRENNE.

« M. Vedrenne n'est pas le premier qui ait traité ce vaste et intéressant sujet ; il a eu des devanciers dont les plus éminents sont Pélisson, d'Olivet, M. l'abbé Maynard. Son droit, nous dirons même son devoir, était d'utiliser leurs travaux ; il a pu encore mettre à profit les éloges des académiciens prononcés au sein de l'Académie elle-même, et le nombre en est grand. Il l'a fait sans que son originalité en ait souffert. Il s'est emparé fortement d'une matière qui était du domaine commun, et l'a faite sienne en lui imposant une forme tout à fait neuve et bien à lui.

» On le sait, la forme définitivement adoptée par la critique moderne, c'est la causerie, la causerie absolument libre et qui prend tous les tons et toutes les nuances de tons, depuis le plus familier jusqu'au plus élevé. Elle recherche les curieuses anecdotes, les bons mots et ces détails intimes qui montrent l'homme derrière l'auteur. Elle s'efforce d'assaisonner le bon goût par l'esprit. C'est le genre le plus commode pour instruire sans fatiguer : *Omne tulit punctum.* Aucune partie du domaine de la pensée ne lui est interdite. Elle peut le parcourir dans tous les sens.

» Voilà une idée du genre. M. Vedrenne y réussit à merveille : il cause agréablement des choses les plus diverses et les plus variées. Il parle tour à tour et selon le besoin, théologie, géométrie, philosophie, poésie ou histoire, et il paraît toujours être dans son rôle et ne jamais sortir de sa compétence. Il écrit sur Blot ou Fourier aussi pertinemment que sur Fénelon, Montesquieu, Jules Simon ou Alexandre Dumas.

» Un critique sans doctrine, comme il y en a tant, est un pilote sans boussole. M. Vedrenne a une doctrine : il est catholique, grande garantie pour la sûreté de ses jugements. Ce dernier avantage achève de donner beaucoup de valeur à son livre. »   (*Bibliographie catholique*.)

« M. P. Vedrenne s'est-il borné, comme cela a été fait, à de sèches biographies ? A-t-il fait œuvre de critique littéraire en même temps que d'historien ? Les personnages plus ou moins marquants qui ont passé à l'Académie française, depuis sa fondation par Richelieu, lui ont-ils fourni l'occasion de faire dans l'histoire littéraire, et même dans l'histoire générale de la France, des excursions intéressantes ? Nous pouvons dire que l'auteur a plutôt étendu que restreint son cadre, et ceux qui le liront, nous ne doutons pas qu'ils soient nombreux, ne s'en plaindront pas. Ils rencontreront là quantité de récits et de faits intéressants. M. Vedrenne a su consulter avec profit les mémoires, les correspondances, les anecdotes recueillies par les contemporains : il y a fait une ample moisson dont il fait bénéficier ses lecteurs. Il sait aussi, à l'occasion, peindre rapidement par quelques traits heureux les mœurs d'une époque. Tout cela lui a permis d'échapper à la monotonie qui était à craindre dans une suite de biographies littéraires comme celles-là. Ajoutons que, généralement, M. Vedrenne juge bien au point de vue littéraire comme au point de vue plus général de l'histoire ; il est catholique et il ne le dissimule nullement Aussi, sans accepter tous ses jugements, pouvons-nous signaler aux nombreux lecteurs que cela intéresse cette histoire de l'Académie.... » (*Revue littéraire de l'Univers*.)

Mgr A. RICARD, professeur honoraire à la Faculté d'Aix, auteur des intéressantes études sur le P. Lacordaire, Lamennais, Gerbet, les *Jansénistes*, etc., apprécie en ces termes le travail de P. VEDRENNE :

« Nous venons de lire la plupart de ces notices, érudites et neuves de forme, écrites avec un rare brio, qui exclut la sécheresse et la monotonie, deux écueils en pareille promenade à travers nos trois grands siècles littéraires, car, il faut le répéter sans se lasser, l'histoire de notre grande et belle littérature française, c'est l'histoire même de l'Académie.

» Est-ce à dire que quelques légères erreurs d'appréciation ou de fait ne se sont pas glissées dans cette masse considérable de documents, sur lesquels l'habile vulgarisateur a travaillé ? M. Vedrenne ne nous pardonnerait pas de l'avoir prétendu. Les éplucheurs trouveront que Boileau a laissé plus de bien que n'en dit la Notice (page 329) ; que Maury méritait mieux, pour les services rendus à l'Eglise et au roi, surtout après la recommandation solennelle de Pie VII, s'irritant contre ceux qui disaient, en sa présence, du mal de l'éloquent et généreux rival de Mirabeau, après la mort du cardinal à Rome.... Mais qu'est-ce que cela, au milieu de tant de bonnes et jolies pages, consacrées à vêtir chaque académicien de la façon qui lui convient le mieux, avec une variété de couleurs et une souplesse d'étoffes vraiment charmantes !

» M. Vedrenne écrit surtout pour la jeunesse lettrée. Il y a très bien réussi vraiment. On sent que l'auteur aime les jeunes gens, les connaît pour les avoir pratiqués et les dirige, en tenant compte des infirmités comme des côtés généreux de l'adolescence. C'est dire que toutes ces pages peuvent être parcourues sans danger, et qu'elles sont irréprochables au double point de vue de la morale et de l'orthodoxie. »   (*Revue du Midi*.)

LES GRANDS ARTISTES DU XVIIIe SIÈCLE

PEINTRES — SCULPTEURS — MUSICIENS

Par C. DE BEAULIEU

1 beau vol. in 8° illustré de *seize portraits* hors texte. — Prix : **5 fr.**, *franco*, **5 fr. 50**

Bien qu'il n'ait rien omis de ce qui est nécessaire à la connaissance du mouvement artistique du XVIIIe siècle, les très intéressantes biographies de M. C. de BEAULIEU *peuvent être mises entre toutes les mains.*

GAULOIS & GERMAINS

RÉCITS MILITAIRES

Par le général AMBERT

Ouvrage couronné par l'Académie française, adopté par le Ministère de la Guerre pour les bibliothèques de garnison.

1re série. — L'INVASION

1 beau volume in-8°, orné de *huit portraits* hors texte. Prix : **5 fr.** ; *franco*, **5 fr. 50**. — 17e édition.

La première série renferme le récit de tous les événements militaires, depuis la déclaration de guerre en juillet 1870 jusques et y compris la capitulation de Sedan, le 2 septembre.

2e série. — APRÈS SEDAN

1 beau volume in-8°, orné de *huit portraits* hors texte. Prix : **5 fr.** ; *franco*, **5 fr. 50** — 13e édition.

Voici le titre des chapitres divers de la deuxième série :

Beauce, Normandie, Armée du Nord, Tours, Versailles, Mobiles, Zouaves pontificaux, Retraite du 13e corps, Napoléon III et l'armée française en 1870.

3e série. — LA LOIRE & L'EST

1 beau volume in-8°, orné de *huit portraits* hors texte. Prix : **5 fr.** ; *franco*. **5 fr. 50** — 13e édition.

Cette troisième série comprend les événements accomplis sur les bords de la Loire, la lutte héroïque de Chanzy et les opérations militaires dans les Vosges et dans l'Est. Elle complète ainsi l'histoire de la guerre en province.

4e et dernière série. - LE SIÈGE DE PARIS

1 beau volume in-8°, orné de *huit portraits* hors texte. Prix : **5 fr.** ; *franco*, **5 fr. 50** — 11e édition.

SOMMAIRES PRINCIPAUX : Défense, armement et approvisionnement de Paris. — Les ballons, les pigeons. — Châtillon, Bicêtre, Champigny. — Ambulances. — Trochu, Vinoy, Ducrot. — Les Marins. — Les Frères. — Les Allemands autour de Paris. — Buzenval. — La Commune.

Chaque série forme un tout absolument complet et se vend séparément.

La presse française, tant de Paris que des départements, *sans distinction de parti*, a salué d'unanimes applaudissements l'apparition des patriotiques et émouvants *Récits militaires* du général Ambert, le plus grand succès de librairie de l'époque ; plus de *quatre-vingt mille* volumes écoulés en moins de six ans. Nous ne citerons, faute d'espace, que l'appréciation suivante :

« La terrible guerre de 1870-71 ne pouvait trouver un interprète plus émouvant et un plus juste appréciateur des événements et des hommes. Pour écrire ces quatre attachants volumes, ayant pour titre : *l'Invasion*; *Après Sedan*; *le Siège de Paris*; *la Loire et l'Est*, le général AMBERT a dû consulter non seulement tout ce qui a été publié sur ce sujet, en France et à l'étranger, mais se procurer, en outre, de nombreux matériaux particuliers : lettres écrites pendant la guerre par des Français et même par des étrangers, documents puisés dans les archives, au dépôt de la Guerre, aux Affaires étrangères, à l'Intérieur, etc.

» Le vieux maréchal de Brissac, gouverneur de Paris, sortant de la représentation du *Siège de Calais*, s'écria : « **Cette pièce est le brandevin de l'honneur !** » Nous dirons, nous : « **Ce livre du général Ambert est le brandevin du patriotisme.** »   (*Revue historique.*)

LES FRANÇAIS EN AFRIQUE

RÉCITS ALGÉRIENS

Par E. PERRET, ancien capitaine de zouaves

Ouvrage adopté par le Ministère de la Guerre pour les Bibliothèques de garnison

4ᵉ Edition. — 1ʳᵉ SÉRIE.

1 beau vol. in-8°. orné de *huit portraits* hors texte. — Prix : **5** fr. : *franco*. **5** fr. **50**

Dans la *première série* se trouve l'exposé de tous les événements survenus en Algérie depuis notre déclaration de guerre au dey d'Alger, le débarquement de nos troupes en Afrique (1830) jusqu'à la révolution de 1848.

4ᵉ Edition. — 2ᵉ SÉRIE.

1 beau vol. in-8°, orné de *huit portraits* hors texte. — Prix : **5** fr. : *franco*, **5** fr. **50**

Cette *deuxième série* est l'histoire complète de notre colonie africaine depuis la chute du roi Louis-Philippe jusqu'à nos jours.

Chaque série forme un tout complet et se vend séparément.

LES FRANÇAIS EN ORIENT

RÉCITS DE CRIMÉE
(1854-1856)

Par E. PERRET, ancien capitaine de zouaves

Ouvrage adopté par le Ministère de la Guerre pour les Bibliothèques de garnison

1 beau vol. in-8°, orné de *huit portraits* hors texte. — Prix : **5** fr. ;
franco, **5** fr. **50**

« M. E. Perret n'en est pas à son coup d'essai comme écrivain militaire. et ses *Récits algériens*, c'est-à-dire l'histoire de la conquête d'Afrique, l'avaient préparé à écrire son nouvel ouvrage. Il a, de plus, un grand avantage sur d'autres écrivains : il a vu — on dirait vécu aujourd'hui — les événements qu'il raconte, et enfin, en sa qualité d'ancien capitaine de zouaves, il a des connaissances pratiques que ne possèdent pas toujours les historiens militaires. On comprend donc tout d'abord l'intérêt que doivent offrir les *Récits de Crimée*. En suivant cette campagne laborieuse autant que glorieuse, le sentiment patriotique s'émeut et l'on admire de nouveau nos vaillants soldats.

» Mais si notre admiration va tout d'abord et naturellement à l'armée française, il ressort également des récits de M. E. Perret que l'armée russe a aussi de grands et incontestables mérites, et par le temps qui court cette constatation ne laisse pas d'être consolante, puisque, si nous avons combattu les Russes en 1854, l'avenir nous réserve peut-être de les avoir pour alliés dans une autre guerre

» Quoi qu'il en soit, et en restant uniquement dans le passé, disons que les *Récits de Crimée* forment un livre fortifiant, plein d'attraits de tout genre et qu'on ne saurait trop recommander. »   (Journal *le Monde*.)

LES ILLUSTRATIONS & LES CÉLÉBRITÉS

DU XIXe SIÈCLE

Chaque série *(un beau vol. in-8°, titre rouge et noir)* forme un tout complet et se vend *séparément.* — Prix, *franco,* **4** fr.

1re *Série.* — **Léon XIII**, par Louis Teste. — **Le général Vinoy**, par le général Ambert. — Le **Frère Philippe**, par J. d'Arsac. — **Montalembert**, par J. Fourier. — **Drouot**, par le général Ambert. — **Sœur Rosalie**, par J.-H. Olivier. — **Jasmin**, par Camille d'Arvor. — **Comtesse de Chambord**, par P. Vedrenne. — Le **maréchal Moncey**, par le général Ambert. — **Armand de Melun**, par dom Piolin. — **Eugénie et Maurice de Guérin**, par C. d'Arvor, 1 vol.

2e *Série.* — **Le général de Lamoricière**, par A. Rastoul. — **Le docteur Larrey**, par le général Ambert. — **Augustin Cochin**, par G. Pinta. — **Henri Monnier**, par J.-M. Villefranche. — Le **maréchal de Saint-Arnaud**, par le général Ambert. — Le **nouvel académicien Pasteur**, par H. Davy. — **Louis Veuillot**, par H. de Mongeot. — **Chateaubriand**, par P. Vedrenne. — **R. P. de Ravignan**, par A. Vivier. 1 vol.

3e *Série.* — Le **prince impérial**, par F. de Barghon Fort-Rion. — **Dom Prosper-Louis-Pascal Guéranger**, par dom Piolin. — **M. Lainé**, par Ch. de Negrondes. — **H. Flandrin**, par C. de Beaulieu. — **Dupuytren**, par le docteur de Puyset. — **Le prince G. Poniatowski**, par le général Ambert. — **Charles X**, par P. Vedrenne. — **Abraham Lincoln**, par A. Tachy. — **Boïeldieu**, par J. d'Apprieu. — Le **duc de Reichstadt**, par Jean Mandé. — Le **maréchal Pélissier, duc de Malakoff**, par le général Ambert. — **David Livingstone**, par J. d'Arsac. — **Jean Reboul**, par le baron de Prinsac. — **Marie-Amélie**, reine des Français, par Alexis Saüer. 1 vol.

4e *Série.* — **Hyacinthe-Louis de Quélen**, archevêque de Paris, par J. Guillermin. — L'**amiral de la Roncière le Noury**, par J. S Girard. — Le **général J.-A. Garfield**, par A. Tachy. — Le **général Cavaignac**, par le général Ambert. — Le **Père Félix**, par Alexis Franck. — **Étienne-Geoffroy Saint-Hilaire**, par Joseph Lebrun. — Le **duc de Richelieu**, ministre de Louis XVIII, par P. Vedrenne. — **David d'Angers**, par C. de Beaulieu. — **Cavour**, par Edmond Robert. — Le **général Margueritte**, par le général Ambert. — **Mme Récamier**, par J. de Cherzoubre. — **Paul Bezanson**, le dernier maire français de Metz, par J. d'Arsac. — **Joseph et Xavier de Maistre**, par J. des Aperts. — Le **général La Fayette**, par Anatole de Gallier. 1 vol.

5e *série.* — **Silvio Pellico**, par J. d'Apprieu. — **Le comte Henri de Riancey**, par Ch. de Montrevel. — **Bugeaud**, par le général Ambert. — **Ozanam**, par dom Piolin. — **Mgr Affre**, par J. Guillermin. — **Le général Foy**, par Élie Fleury. — **Auguste Barbier**, par J. d'Apprieu. — **Les Frères Hauy**, par Joseph Lebrun. — **Schneider**, par J. S. Girard. — **Royer-Collard**, par P. Vedrenne. — **Le Play**, par A. Rastoul. — **Mgr Gerbet**, par dom Piolin. — **Daniel Manin**, dictateur de Venise, par J. Morey. — Le **colonel Taillant**, défenseur de Phalsbourg, par le général Ambert. 1 vol.

6e *Série.* — **Rossini**, par le comte de Sars. — **Thénard**, par le docteur Alfred Tixier. — **Edgar Quinet**, par J.-M. Villefranche. — **Ingres**, par C. de Beaulieu. — Les **quatre sergents de la Rochelle** (Bories, Goubin, Pommier, Raoult), par C. de Négrondes. — **Rostopchine**, par le marquis de Ségur. — **Jean-Marie de la Mennais**, fondateur de l'Institut des Frères de l'instruction chrétienne, par J. d'Arsac. — **Léopold Ier**, roi des Belges, par C.-J. Drioux. — **La comtesse de Ségur**, née Rostopchine, par le marquis de Ségur. — **Maximilien Ier**, empereur du Mexique, par J d'Apprieu. — **Casimir Delavigne**, par Ch. de Négrondes. — **Auguste Sibour**, archevêque de Paris, par J.-M. Guillermin. — **Villemain**, par Victor Jeanroy. — **Joseph Jacquard**, par J. Lebrun. — **Lord Palmerston**, par Jean Mandé. — Le dessinateur **Cham** (comte de Noé), par C. de Beaulieu. 1 vol.

7e *Série.* — **Louis-Philippe Ier**, roi des Français, par J.-S. Girard. — **Charles Nodier**, par le baron de Prinsac. — **Mgr Dupanloup**, par J. Morey. — **Adolphe Thiers**, par J.-M. Villefranche. — Le **général Cambriels**, par Ch. de Montrevel. — Le **général Chanzy**, par J. de Baudoncourt. — V. de **Verna**, premier président de l'œuvre de la Propagation de la foi, par le général Ambert. — Le **général baron Ambert**, par le général Ambert, son fils. — Le **duc et la duchesse d'Orléans**, par Ch. de Montrevel. 1 vol.

8e *Série.* — **Napoléon III**, par le général Ambert. — **Madame Swetchine**, par J. de Cherzoubre. — Le **cardinal Consalvi**, par F. de Montagney. — **Carnot**, par J. Nicolas. — Le **cardinal Guibert**, par H. Demesse. — **Joubert**, par le marquis de Ségur. — **Jouffroy**, par V. Jeanroy. — **M. de Martignac**, par Prosper Vedrenne. — **Cuvier**, par dom Piolin. — **Gœthe**, par J. d'Apprieu. — **Charles-Albert**, roi de Sardaigne, par A. Tachy. — **Mgr de Ségur**, par le marquis de Ségur. — **Eugène Delacroix**, par C. de Beaulieu. — Le **sergent Blandan**, par E. Perret, capitaine de zouaves. 1 vol.

9e *Série.* — Le **T. H. Frère Philippe et les Frères pendant la guerre de 1870-1871**, par le général Ambert. — **Dumouriez**, par Elie Fleury. — Le **R. P. Captier**, par J. d'Arsac. — **Victor Cousin**, par J. des Aperts. — Le **maréchal Ney**, par E. Perret, capitaine de zouaves. — Le **prince de Metternich**, par Albert Lepître. — Le **cardinal Maury**, par J. Nicolas. — **Viollet-Leduc**, par F. Bournand. — **Lord Byron**, par J. d'Apprieu. — Le **R. P. Rey**, fondateur de la colonie agricole de Citeaux, par J. Guillermin. — **Sieyès**, par J. Morey. — Le **prince Eugène de Beauharnais**, par le comte de Sars. 1 vol.

10e *Série.* — Le **général Daumesnil**, par le général Ambert. — **Proudhon**, par J.-M. de Baudoncourt. — **Marie-Christine de Savoie**, par Jacques de la Faye. — Le **vicomte de Narbonne-Lara**, par Victor Jeanroy. — Le **maréchal Davoust**, par Marcel Poullin. — **Jean-Baptiste Isabey**, par C. de Beaulieu. — Le **cardinal Morlot**, par J. Guillermin. — **Francis Garnier**, par le colonel F.-A. Protche. — Le **vice-amiral Bouet-Willaumez**, par A. Dupré-Lassalle. — **Gustave Doré**, par C.-A. de Beaulieu. — Le **général Pajol**, par le général Ambert. — **Pie VIII**, par dom Piolin. 1 vol.

11e *Série.* — **Général Decaen**, par le comte de Sars — **Gambetta**, par J.-M. Villefranche — **Duchesse d'Angoulême**, par René de Saint-Chéron. — **Claude Bernard**, par Alfred Tixier — **Louis XVIII**, par J. Nicolas. — **Antoine de Salinis**, par dom Piolin. — **Ponsard**, par J. d'Apprieu. — **Nicolas Ier**, par Aimé Giron. — **O'Connell**, par A. Lepître. — **Masséna**, par E. Perret. — Les volontaires de l'Ouest (1870-71) : **Cathelineau**, par Alexis Franck. 1 vol.

12e *Série.* — Le **Père Lacordaire**, par J. Guillermin. — **François II**, roi des Deux-Siciles, par Ch. de Montrevel. — Le **maréchal Soult**, par le général Ambert. — Le **duc de Berry**, par Ch. de Négrondes. — **Berryer**, par Albert Lepître. — L'**amiral de Mackau**, par Jacques de la Faye — **Ampère**, par J.-B. Jeannin — **Frayssinous**, par J. Nicolas. — **Guizot**, par Ch. Barthélemy. — **Félicité de Lamennais**, par Mgr Ricard. — Le **Pape Léon XII**, par dom Piolin. 1 vol.

« Les *Illustrations du dix-neuvième siècle* en sont à leur douzième série : près de soixante mille volumes se sont écoulés en quatre ans, et vraiment elles méritent l'accueil flatteur que leur a fait le monde littéraire. Ce sont des biographies écrites avec talent par des auteurs connus, tels que le général Ambert, dom Piolin, Rastoul, le colonel Protche, etc., etc. On y rencontre les personnages les plus divers. Dans le premier volume, je note en courant Léon XIII, le général Vinoy, Montalembert, Drouot, la touchante figure de sœur Rosalie, Eugénie et Maurice de Guérin, etc. ; dans la douzième série, paraissent Lacordaire, Berryer, Ampère, Frayssinous, Lamennais, etc. Tous ces portraits, que des anecdotes choisies avec soin rendent plus ressemblants, forment une sorte de galerie fort intéressante, où l'on peut sans fatigue se mettre au courant de l'histoire contemporaine, et puiser dans l'exemple de nos gloires nationales l'amour de la France et de l'Église   P. M. »

(Etudes religieuses des RR. PP. Jésuites.)

BIOGRAPHIES DU XIXe SIÈCLE

Chaque série ou volume forme un tout complet et se vend séparément

Prix. *franco*, **3** fr.

1re *Série*. — **Général de Pimodan**, par Jacques de la Faye. — **Victor-Emmanuel II**, par Ch. de Montrevel. — **Duc de Morny**, par Adolphe Racot. — **H. Perreyve**, par V. A. Lertora — **Général de Ségur**, par le marquis de Ségur — **A. de Tocqueville**, par J. Nicolas. — **Alexandre Ier, empereur de Russie**, par le marquis de Ségur. — 1 beau volume in-8°, orné de sept portraits *hors texte*.

2e *Série*. — **Paul Ier, empereur de Russie**, par le marquis de Ségur. — **R. P. Milleriot**, par Alexis Franck — **Marquis de Jouffroy**, par P. de Pradel. — **Drouyn de Lhuys**, par Paul Antonini. — **Sainte-Beuve**, par J. Guillermin — **Amiral Courbet**, par E. Perret. — **William Pitt**, par M. A. Lepitre — 1 beau volume in-8°, orné de 7 portraits *hors texte*.

3e *Série*. — **Augustin Thierry**, par Ch. Barthélemy. — **Baron de Stein**, par Reué de Saint-Cheron. — **R. P. Gratry**, par Napoléon Peyrat. — **Fouché**, par A. Lepitre. — **Abd-el-Kader**, par E. Perret. — **Gaillard**, peintre, par C. de Beaulieu. — **Général de Brauer**, par A. de Sars. — **Amiral Dumont d'Urville**, par G. d'Aurgel. — 1 beau volume in-8°, orné de 8 portraits *hors texte*.

4e *Série*. — **Georges Cadoudal**, par le commandant Grandin. — **Schiller**, par J. d'Apprieu — **Théodore Aubanel**, par A. Ricard. — **J.-B Dumas**, par René de Chazelles. — **Ferdinand IV et Marie-Caroline**, roi et reine de Naples, par Jacques de la Faye. — **Le cardinal de Bonnechose**, par dom Piolin. — **Michelet**, par A. Lepitre. — **Le général Moreau**, par E. Perret. — 1 beau volume in-8°, orné de 7 portraits *hors texte*.

Ces biographies, écrites par des littérateurs de talent, ayant tous fait leurs preuves, et la plupart ayant connu les personnages qu'ils mettent en scène, forment une étude des plus intéressantes sur l'*histoire contemporaine*, où l'on apprend par quels moyens l'homme se forme, s'élève, conçoit de hautes pensées et réalise de grands desseins.

Les anecdotes, les faits particuliers, qui aident singulièrement à la vraie reproduction de la physionomie de l'homme, font des *Biographies du XIXe siècle* une œuvre des plus attrayantes, une bibliothèque nationale et morale tout à la fois, pouvant être mise dans toutes les mains, servir de guide à l'esprit et au cœur, et appropriée aux besoins du temps; elle sait instruire en intéressant, et faire aimer la religion et la France, en un moment où l'esprit de foi et de patriotisme, battu en brèche par la Révolution, tend à s'affaiblir, sinon à disparaître.

HISTOIRE POPULAIRE DU CANADA

D'après les Documents Français & Américains

Par J.-M. DE BAUDONCOURT

1 beau vol. in-8°, 2° *édition*. — Prix : **5** fr. ; *franco*, **5** fr. **50**

Ouvrage adopté par le Ministère de la Guerre pour les Bibliothèques de garnison

HISTOIRE DU GÉNÉRAL CHANZY

Par J.-M. VILLEFRANCHE

1 beau vol. in-8°. — Prix : **4** fr. ; *franco*, **4** fr. **50**

Parmi les généraux qui tirèrent le meilleur parti des tronçons d'armes brisées qui restaient à la France après d'immenses désastres ; parmi ceux qui, à la tête d'une armée de recrues, se mesurèrent sans pâlir avec des vétérans habitués à la victoire, leur disputèrent le terrain pied à pied et plus d'une fois les arrêtèrent et les firent reculer, aucun ne se montra plus intrépide, plus fécond en ressources, plus inébranlable que Chanzy.

Chanzy et Gambetta nous apparaissent encore, après vingt ans, comme les deux personnifications de la Défense nationale ; toutefois la figure de Chanzy est plus pure et plus haute, parce qu'il n'était point l'homme d'un parti et ne songeait qu'à la patrie.

Grand capitaine et grand citoyen, Chanzy fut en outre un grand chrétien. Cet homme simple, taillé à l'antique, ne connut qu'une chose dans toutes les phases et sous tous les aspects de sa vie : faire son devoir.

Quant à son nouvel historien, les lecteurs sérieux n'ont pas besoin qu'on le leur présente. Ils savent quelle sagacité et quelle netteté dans le coup d'œil, quelle élégante sobriété dans le style, quelle clarté et quel intérêt dans le récit distinguent M. J.-M. Villefranche, et l'on peut annoncer à l'*Histoire de Chanzy* le même succès qu'à celles de *Pie IX* et de *Dom Bosco*.

VIE DE DOM BOSCO

FONDATEUR DE LA SOCIÉTÉ SALÉSIENNE

Par **J.-M. VILLEFRANCHE**, auteur de l'*Histoire de Pie IX*

1 beau vol. in-8°, 7° *édition*. — Prix : **4** fr. ; *franco*, **4** fr. **50**

Un éminent collaborateur de **dom Bosco**, celui-là même auquel il confiait en 1881 l'établissement de l'*Œuvre salésienne* en Espagne, **dom Branda**, écrivait de Barcelone, le 6 juillet 1888, à l'auteur, qui peu de jours auparavant avait reçu les *très sympathiques remerciements* de **dom Rua**, le digne et vénéré successeur de **dom Bosco** à l'Oratoire salésien de Turin :

« Monsieur J.-M. Villefranche,

» J'ai reçu avec le plus grand bonheur la *Vie* de notre Père et fondateur D. Bosco que dans un élan de zèle et de charité envers la jeunesse vous avez fait paraître

» Je l'ai déjà lue en partie et je m'abstiens de porter mon jugement, ne connaissant pas assez la langue française. D'autres, plus compétents que moi, feront connaître et apprécier la *Vie de D. Bosco*.

» Mes confrères et moi nous n'avons qu'à adresser à votre Seign¹° Ill° l'hommage de notre profonde reconnaissance. Que la divine bonté daigne accorder ses meilleures bénédictions à vous et à votre famille en récompense du travail que vous avez entrepris pour la gloire de ce fidèle serviteur de Dieu.

» Maintenant je m'efforcerai de trouver un traducteur digne de l'éminent écrivain, qui puisse reproduire tout ce qu'il y a de beau et de substantiel dans ce livre.... Jean BRANDA, *prêtre.* »

AU PAYS DE CHINE

Par Paul ANTONINI

1 vol. in-8°, orné de *huit gravures* hors texte. — Prix, *franco,* **4** fr.

Le Pays de Chine. — Ses habitants. — Mœurs, usages, institutions. — L'œuvre du catholicisme. — Persécuteurs et Martyrs.

DU MÊME AUTEUR :

AU PAYS D'ANNAM

1 beau vol. in-8°. — Prix, *franco,* **4** fr.

La nouvelle étude sur l'extrême Orient que vient de faire M. Paul Antonini est toute d'actualité. Elle comprend trois grandes divisions : 1° l'Indo-Chine, sa géographie, ses ressources, ses habitants ; 2° l'histoire du christianisme en Indo-Chine ; 3° l'histoire de l'intervention française en extrème Orient depuis Colbert jusqu'en 1889.

Cette simple indication fait comprendre quel peut être l'intérêt d'un livre où se trouvent réunis, non seulement des détails précis sur les mœurs d'un peuple dont les destinées sont sous la protection de la France, mais encore tous les épisodes religieux ou militaires de la lutte soutenue par les missionnaires et nos soldats en ces régions lointaines.

FLEURS DES PETITS BOLLANDISTES

VIE DES SAINTS

POUR TOUS LES JOURS DE L'ANNÉE

Par M. l'abbé PROVOST

Ancien directeur au grand séminaire de Séez, chanoine honoraire de Séez, curé-archiprêtre de Mortagne

Ouvrage approuvé par Mᵍʳ TRÉGARO, évêque de Séez

2 beaux vol. in-8°. Prix : **8** fr. ; *franco,* **10** fr.

Cette nouvelle *Vie des Saints,* ainsi que le titre l'indique, est une réduction du célèbre ouvrage de Mᵍʳ Guérin : *les Petits Bollandistes;* nous sommes persuadés qu'elle remplira parfaitement le but que s'est proposé l'auteur en la publiant. Faites pour l'utilité de tout le monde, ces *Vies* sont toutefois plus spécialement destinées à la jeunesse et aux familles, et pour les familles surtout, il faut des lectures substantielles mais courtes. Elles ont été composées de manière à ce que chaque jour cette lecture ne dure pas plus de dix à douze minutes.

La brièveté cependant ne doit pas nuire à l'intérêt; ici les faits sont choisis et racontés de manière à satisfaire tout à la fois et la piété et une légitime curiosité. On a eu soin de n'en point éloigner, comme l'ont fait quelquefois certains hagiographes, le surnaturel et le miracle; sans cela que serait en effet la vie des saints, si ce n'est un corps sans âme, une fleur sans parfum?

On a choisi de préférence, pour chaque jour, la vie des saints dont l'Eglise fait l'office public dans le Bréviaire. Pour les ecclésiastiques surtout, il y a un avantage évident dans ce rapprochement de l'office et de la légende du saint. Mais pour remplir les lacunes que laissent assez souvent encore les jours réservés par l'Eglise aux autres fêtes ou à la férie, on a puisé dans les premiers siècles comme dans les derniers ce qui a paru de plus intéressant et de plus édifiant dans la vie des saints. Il y a là un écrin dans lequel abondent les perles les plus précieuses, et l'on peut se convaincre qu'aucun âge de l'Eglise n'est déshérité de la sainteté, et que la sainteté est une fleur qui s'épanouit sous toutes les latitudes et sous tous les climats.

Pour bien juger l'ouvrage nouveau que nous présentons au public, nous demandons qu'on emploie la méthode de saint Augustin : *Prenez et lisez*, et l'on n'aura pas à se repentir d'en avoir essayé la lecture.

L'HYPNOTISME

SES PHÉNOMÈNES & SES DANGERS

Par le R. P. TOUROUDE

1 volume in-8° écu. — Prix, *franco*, **2 fr 50**

Beaucoup de personnes ne soupçonnent pas à quels dangers elles s'exposent, soit en se prêtant, soit en assistant aux représentations publiques d'hypnotisme. Comme ces sortes de spectacles font fureur dans presque toutes les villes où l'on a l'imprudence de les permettre, on a pressé le R. P. TOUROUDE de publier le présent ouvrage pour montrer combien ces expériences sont pernicieuses au point de vue de la santé, de la morale et de la religion.

LE MOYEN AGE

FUT-IL UNE ÉPOQUE DE TÉNÈBRES ET DE SERVITUDE

ÉTUDES

Par M. Georges ROMAIN

1 vol. in-8°. — Prix : **4 fr.**; *franco*, **4 fr. 50**

Voici un livre aussi attrayant par le sujet que par la manière **vive**, claire, intéressante dont il est traité. Il était impossible de condenser en moins de pages le résumé des travaux de la science historique contemporaine sur cette période importante de tout un *millénaire*, qui a vu le christianisme prendre possession du monde en remplaçant le paganisme et la barbarie.

La conversion des barbares par l'Eglise, le développement des lettres, des sciences et des arts qu'elle a sauvés et qu'elle fait revivre, l'avènement graduel de la liberté par l'abolition de l'esclavage remplacé successivement par la servitude et le servage, puis enfin l'affranchissement total de l'homme et la fondation des communes, la douceur paternelle de la royauté, le triomphe de la justice et des mœurs, voilà le tableau vivant du Moyen Age esquissé avec une chaleur communicative par l'auteur.

En dehors du développement des lumières et de la liberté en général au

Moyen Age, des chapitres consacrés aux croisades, à la chevalerie, aux corporations, à l'astrologie, à la sorcellerie, à la dîme, à la corvée, aux oubliettes même, font connaître cette époque sous tous ses aspects, et font de ce livre une lecture attrayante comme un roman, instructive comme l'histoire et de nature surtout à détruire bien des préjugés.

LES SPLENDEURS DE LA TERRE SAINTE

SES SANCTUAIRES ET LEURS GARDIENS

Par M. SODAR DE VAULX

Ouvrage dédié à S. E. le cardinal SANFELICE, archevêque de Naples, et honoré des approbations du R^{me} FERNARDIN DE PORTOGRUARO, ministre général des Franciscains, et de NN. SS. les archevêques et évêques de Malines, Namur, Limoges, Verdun, etc.

1 très fort vol. in-8ᵃ de xx-547 pages, orné d'une carte de la Palestine en trois couleurs. — Prix, **6** fr.; *franco*, 6 fr. **75**

Les **Splendeurs de la Terre Sainte** sont un ouvrage absolument complet et rigoureusement exact, chaque partie ayant été contrôlée sur les lieux par les Pères de Terre Sainte, *ce qui lui donne, si l'on peut s'exprimer ainsi,* **un caractère officiel.** Nous n'avons pas à parler du mérite littéraire de l'auteur, dont le séjour en Palestine a été de plusieurs années et auquel l'éminent critique de la *Gazette de France,* M. A. de Pontmartin, a adressé l'éloge suivant : « **Ce livre doit être, selon moi, le manuel par excellence** *de quiconque visitera la Terre Sainte et de quiconque, forcé de renoncer à cet admirable pèlerinage, voudra s'en donner l'illusion.* »

VIENT DE PARAITRE : Sixième édition

DICTIONNAIRE CLASSIQUE

DE LA LANGUE FRANÇAISE

LE PLUS EXACT ET LE PLUS COMPLET DE TOUS LES OUVRAGES DE CE GENRE

et le seul où l'on trouve la solution de toutes les difficultés **grammaticales et** généralement de toutes les difficultés inhérentes à la langue française

Suivi d'un Dictionnaire géographique, historique, biographique & mythologique

Par H. BESCHERELLE jeune

Officier d'Académie, membre de plusieurs Sociétés savantes

1 très fort vol. grand in-8° raisin sur fort papier (à deux colonnes) de 1,232 pages, imprimé en caractères neufs, et renfermant la matière de 8 vol. in-8° ordinaires

Prix, *franco* : broché, **11** fr.; relié toile pleine, **13** fr.;
relié demi-chagrin, **13** fr. **60**

Les mérites divers de cet ouvrage, qui est venu combler des **lacunes** et des **omissions** regrettables dans les dictionnaires les plus récents, le mettent absolument **hors de pair** parmi les publications du même genre.
1° Il donne la solution de **toutes les difficultés** de la grammaire et de l'usage;
2° Après avoir fixé le sens précis du mot, M. **H BESCHERELLE** jeune

groupe à la suite ses divers synonymes, de sorte que chacun puisse employer le **mot propre**, chose précieuse, surtout lorsqu'on écrit. Cette partie du Diction-naire est ainsi traitée, expliquée, qu'elle est pour ainsi dire la *philosophie de chaque mot de notre belle langue ;*

3° Il ne se borne pas à définir ; des exemples bien choisis appuient les défi-nitions ; de plus, il n'a point, comme ses devanciers, négligé ces formes de lan-gage appelées **figures de rhétorique**, qui donnent au discours plus de grâce et de vivacité, et sous ce rapport son Dictionnaire peut, en beaucoup de cas, remplacer avec avantage un **traité de littérature ;**

4° La prononciation des mots difficiles s'y trouve **figurée ;**

5° Enfin un **Dictionnaire géographique, historique, biogra-phique et mythologique,** très complet également, termine la partie lexi-cographique.

Ce volume, qui renferme près de la moitié de matière de plus que les diction-naires classiques les plus nouveaux, est ainsi une véritable **ENCYCLOPEDIE GRAMMATICALE, LITTERAIRE, HISTORIQUE** et **GEO-GRAPHIQUE,** une œuvre utile à tous, à ceux qui savent comme à ceux qui ne savent pas, car il peut être mis entre toutes les mains.

On le voit, sans rien exagérer, ce livre sera une bonne for-tune pour quiconque ayant besoin d'un Dictionnaire, ne veut pas consacrer 50 ou 100 francs à une publication de ce genre.

LA GAZETTE DU DIMANCHE

Revue hebdomadaire illustrée (10ᵉ année)

Abonnement : France, **10** fr. ; Europe, **13** fr. : hors d'Europe, **15** fr.

PRINCIPAUX COLLABORATEURS : Général **Ambert**. — **Charles d'Hé-ricault** — Marquis **A. de Ségur**. — Commandant **Grandin**. — Le capitaine **E. Perret**. — Mᵍʳ **A. Ricard**. — Dom **Piolin**. — **Edmond Robert**. — **A. Rastoul**. — **A. Lepitre**, professeur à la Faculté catholique de Lyon. — **J.-M. Villefranche** — **J. d'Arsac**. — **J. Guillermin**. — **C. de Beaulieu**. — **Aimé Giron**. — **V. Jean-roy-Félix**. — **Georges du Vallon**. — **M Maryan** — **S. Blandy**. — **G. d'Ethampes** — **Etienne Marcel**. — Mᵐᵉ **Napoléon Pey-rat**. — Vicomtesse **de Pitray**, née de Ségur, etc., etc.

Dès sa fondation en février 1881, la **GAZETTE DU DIMANCHE** reçut du public littéraire, et particulièrement des **familles** conservatrices et catho-liques, l'accueil le plus flatteur ; elle occupe, à cette heure, une place **distin-guée** parmi les recueils hebdomadaires **les plus estimés.**

La rédaction de cette **Revue**, dès son origine, a été confiée exclusivement à la plume de publicistes éminents dans tous les genres, dont le nom et le talent connus du public sont honorés et honorables et offrent toute garantie de **mo-ralité et d'intérêt.**

Si la *Gazette* aime l'esprit, elle n'aime pas moins le caractère ; c'est assez dire que le lecteur est toujours **respecté.**

Alerte comme le journal, **instructive** comme la revue, la *Gazette du Dimanche* s'adresse et convient spécialement aux pères de famille qui (pour eux-mêmes et leurs enfants grands et petits) cherchent d'**utiles et intéres-santes** lectures sous une forme **littéraire et soignée.** Son programme est *sain et attrayant*, le sérieux s'y marie agréablement à la fan-taisie et l'agréable n'est pas tout entier sacrifié à l'utile.

Envoi gratuit de numéros spécimens sur demande.

GABRIEL

OU

LA FIN DE LA PIRATERIE SOUS L'EMPEREUR CONSTANTIN

Par M. J. REYMOND

2 volumes in-8°. — Prix, *franco*, **6 fr.**

Ce dramatique récit, semé d'aventures et d'épisodes émouvants, est soutenu par un style coulant, correct, imagé et animé parfois d'un souffle poétique qui en augmente l'attrait.

BIBLIOTHÈQUE DU DIMANCHE

Collection in-18 jésus : **3** *fr. le volume.* — *Titre rouge et noir*

Les ouvrages qui entrent dans notre collection n'y sont admis qu'après sérieux examen. Bien qu'ils aient la forme et l'attrait du roman de nos jours, on n'y trouve rien qui surexcite l'imagination, parce que les pensées et les sentiments y ont été surveillés et maintenus dans les bornes d'une irréprochable convenance.

Considérés au point de vue du mérite littéraire, ces ouvrages se recommandent encore par l'élégance du style et les noms bien connus qui les ont signés.

Le Prieuré, par M. Maryan, 1 vol.

Petite Reine, par M. Maryan, 1 vol.

Les Ruines de Fougueil, par G. d'Elhampes, 1 vol.

La Dernière des Ravaudeuses, par le vicomte H. du Mesnil, 1 vol.

Autour d'une héritière, par G. du Vallon, 1 vol.

Les Iles sauvages, par Raoul de Navery, 1 vol.

L'héritière du Colonel, par G. d'Elhampes, 1 vol.

Françoise de Chaverny, par J. de Cherzoubre, 1 vol.

La Roche d'Enfer, par G. du Vallon, 1 vol.

Un oncle à héritage, par S. Blandy, 1 vol.

La Veuve du Garde, par Raoul de Navery, 1 vol.

Lucie, par Mme Gabrielle d'Arvor, 1 vol.

Roseline, par A. Franck, 1 vol.

Le Récit de Catherine, par Célanie Carissan, 1 vol.

La Cassette du baron du Faouédic, par C. d'Arvor, 1 vol.

Les Coiffes de sainte Catherine, par Raoul de Navery, 1 vol.

Maxime Dufournel, par Mme Gabrielle d'Arvor, 1 vol.

Les Dupes, par Raoul de Navery, 1 vol.

Histoire d'une Fermière. — Faustine, par Mme Bourdon, 1 vol.

L'Héritier des Montveil, par Marie Guerrier de Haupt, lauréat de l'Académie, 1 vol.

La Dette de Zeéna, par S. Blandy, 1 vol.

Un Roman dans une cave, par Claire de Chandeneux, 1 vol.

Les Chemins de la vie, par M. Maryan, 1 vol.

Les Neveux de la chanoinesse, roman patriotique, par Tony Lix, 1 vol.

HISTOIRE DU GÉNÉRAL DE SONIS

Par J. DE LA FAYE

Ouvrage dédié au général de Charette

Un beau volume in-8°, orné de huit *portraits ou gravures hors texte. — Prix,* **4** *fr.; franco,* **4** *fr.* **50**.

Le général de Sonis n'est pas un moderne ; par l'ardeur de sa foi, l'inébranlable fermeté de ses convictions et de son caractère, il est le contemporain de *ces chevaliers sans peur et sans reproches,* dont les noms rayonnent aux premières pages de nos annales et pour lesquels, suivant la belle pensée de Mgr Freppel, la *croix* et l'*épée* étaient le double symbole d'un même sacrifice.

La *croix* et l'*épée,* ces deux mots qui résument toute la vie du général de Sonis expliquent également le motif qui a fait entreprendre son histoire et le but que s'est proposé M. J. DE LA FAYE.

Montrer aux esprits troublés et démoralisés par cent ans de révolutions et de scepticisme la sublime grandeur d'une âme vraiment chrétienne et rappeler en même temps les événements militaires auxquels le général de Sonis s'est trouvé mêlé : nos expéditions d'Afrique, la campagne d'Italie et plus particulièrement la guerre de 1870.

Puisée aux sources les plus authentiques, cette HISTOIRE est d'autant plus intéressante qu'elle nous fait mieux connaître le courage, l'abnégation, le dévouement de nos officiers et de nos soldats sur tous les champs de bataille pendant près d'un demi-siècle.

Le rôle joué par le général de Sonis dans cette triste et douloureuse épopée qui s'appelle la guerre de 1870-71 est d'ailleurs inoubliable.

Arrivé en France dans les premiers jours de novembre, il commande d'abord une division de cavalerie, puis le 17e corps d'armée. Après avoir arrêté un instant l'ennemi aux portes de Vendôme, le brave soldat d'Afrique et d'Italie se jette intrépidement au devant des Prussiens, dans la fameuse journée du 2 décembre et, le genou brisé, tombe sur le champ de bataille, sauvant d'un immense désastre l'armée tout entière.

Il est impossible de parler du fait d'armes de Loigny, sans évoquer aussitôt le légendaire souvenir des zouaves de Charette et de leur drapeau devenu en ce jour d'héroïque sacrifice le fanion du général de Sonis. Faire revivre cette page de notre histoire, c'est rappeler un acte sublime de foi et de patriotisme.

Après dix-sept ans de souffrances vaillamment supportées, de services modestement rendus, malgré son amputation, Sonis s'endort du dernier sommeil le jour de l'Assomption, comme si la Vierge Marie, qu'il avait si tendrement aimée, eût voulu l'associer à son triomphe.

Raconter les détails d'une existence si bien remplie est faire œuvre de chrétien et de Français : car les hommes comme le général de Sonis glorifient, non seulement la famille à laquelle ils appartiennent, mais encore l'Eglise et la Patrie. Nous félicitons vivement l'auteur des intéressantes biographies de *Pimodan,* de *Victor-Emmanuel,* et de *François II,* M. J. DE LA FAYE, de nous avoir donné ce beau livre, écrit à la fois avec simplicité et un *brio* vraiment remarquable. A quelque opinion politique qu'il appartienne, le lecteur n'ouvrira pas l'*Histoire du général de Sonis* sans l'achever d'un trait.

Un pareil ouvrage ne saurait être vraiment trop recommandé, car faire connaître et aimer le général de Sonis, c'est faire connaître et aimer tout ce qu'il a servi ici-bas avec un dévouement sans égal : « Dieu et la France ! »

LES SOLDATS FRANÇAIS
DANS LES PRISONS D'ALLEMAGNE
Par le Chanoine GUERS
Missionnaire apostolique, ancien Aumônier à l'armée du Rhin,
au 17e corps d'armée et en Tunisie.

Un beau volume in-8°, orné de **huit** *portraits hors texte.*
Prix : 4 fr. — Franco : 4 fr. **50.**

A l'histoire des graves événements de 1870-71 il manquait jusqu'ici un livre présentant l'*historique complet* de nos armées captives et disséminées dans toute l'Allemagne. Si les opérations militaires accomplies depuis la déclaration de guerre jusqu'à la fin du siège de Paris ont fait l'objet de nombreuses études, on pouvait néanmoins se demander encore : « *Quel fut, au delà du Rhin, le sort des quatre cent mille Français prisonniers entre les mains de leurs vainqueurs ?* »

Les rares monographies publiées à ce sujet ne concernant qu'un nombre très restreint de places allemandes, cette question, quel que fût son suprême intérêt, restait irrésolue.

Un aumônier militaire, M. le chanoine Guers, dont toute la vie n'a été qu'un long dévouement au service de nos soldats, tant en France qu'aux colonies, vient de combler magistralement cette lacune. Chargé d'une mission *pour ainsi dire officielle*, qui le mit en relation avec tous les principaux personnages de l'Allemagne, il parcourut alors l'Empire germanique depuis le Rhin jusqu'à la Vistule et le Weser pour secourir, consoler et sauver tant d'infortunés ; mieux que personne, il pouvait écrire leur histoire avec autorité et compétence. Aussi, de la première à la dernière page, ses récits, d'un émouvant et patriotique intérêt, subjuguent-ils l'attention du lecteur.

Dédié à la Jeunesse Française, ce livre raconte tour à tour les épreuves, les tourments et les martyres de cette génération (encore la nôtre), sur la terre du lointain exil. L'auteur nous décrit également avec charme les principales curiosités d'outre-Rhin, les mœurs, les coutumes, les qualités et les vices de nos vainqueurs. S'il est vrai que connaître son ennemi, c'est déjà pouvoir lui tenir tête, nous croyons que cette publication sera un véritable service rendu au pays.

Rarement, on peut le dire, l'armée prussienne avec sa tactique, sa discipline, ses usages et ses finesses, a été étudiée avec autant de netteté. Il est à souhaiter, nous devons le dire, que ce livre parvienne non seulement entre les mains de tous nos soldats, mais aussi sous les yeux de leurs vaillants chefs. Il y a des pages dont les uns et les autres pourront faire le plus large profit.

Le clergé ne lira pas avec moins de fruits ces études saisissantes sur l'action de ses principaux membres au milieu de nos armées prisonnières. A cette heure où nos ordres religieux, nos prêtres, nos séminaristes eux-mêmes, comme tout ce qui touche à la religion, sont traités pour ainsi dire en ennemis, il est bon que le clergé français rappelle et répète bien haut ce qu'il a fait pour la patrie aux heures cruelles de ses malheurs.

Le docteur Stieber — mort préfet de police à Berlin — chargé pendant l'invasion de veiller à la sûreté du roi Guillaume et de son état-major — écrivait à sa femme dans les derniers mois de 1870 : *Nos principaux adversaires sont les curés.* Les membres du clergé, dont la conduite fut admirable en France, on l'oublie aujourd'hui, ne témoignèrent pas d'un moindre patriotisme en allant secourir nos soldats dans les forteresses et les casemates de l'Allemagne.